当代中国劳动关系发展研究

RESEARCH ON THE DEVELOPMENT OF LABOR RELATIONS IN CONTEMPORARY CHINA

袁朝辉 著

中国工人出版社

目　录

总　论　当代中国劳动关系的回顾、总结与展望

第一部分　劳动关系主体

第三部分　劳动关系调整机制

| 总　论 |

当代中国劳动关系的回顾、总结与展望

劳动关系是生产关系的重要组成部分，是最基本、最重要的社会关系之一。劳动关系是否和谐，事关广大职工和企业的切身利益，事关经济发展与社会和谐。中国劳动关系历经70多年的探索，特别是改革开放以来的不断发展，与中国特色社会主义经济体制相适应的市场化劳动关系及其运行体制已初步建立起来。当前，我国正处于经济社会转型时期，劳动关系主体及其利益诉求越来越多元化，劳动关系矛盾进入凸显期和多发期，构建和谐劳动关系的任务艰巨繁重。在此，对新中国成立以来劳动关系的发展演进进行回顾和研究，探寻其历史变革背后的动因以及发展的内在规律，全面审视当前我国劳动关系发展面临的问题和挑战，破解当前面临的主要矛盾和问题，是打开通向第二个百年奋斗目标之门的一把金钥匙。

一、改革开放前劳动关系的发展演进（1949—1978年）

新中国成立后，通过社会主义三大改造，我国经济实现了由多种经济成分并存向高度集中的计划经济的转变。与此相对应，我国劳动关系也经历了由过渡时期多种形式并存（1949—1956年）向计划经济时期（1956—1978年）的发展演进。

（一）过渡时期多种形式并存的劳动关系（1949—1956年）

新中国成立后，政府采取接收和没收的方式，把官僚资本转变为国营经济。到1949年底，全国共计没收官僚资本企业2858个，2400多家银行，十几家垄断性的贸易公司，以及国民党政府所属的全部交通运输业[①]，从而形成了具有新中国建设初期特色和性质的国营经济运行体系。同时，新中国成立初期，为了恢复经济，减轻失业压力，国家允许和鼓励私营工商业发展，从而形成了国营经济、合作社经济、私人资本主义经济、个体经济和国家资本主义经济等多种经济成分并存的格局，这在客观上必然要求有多种形式的劳动关系与之相适应。

过渡时期，国家出台了一系列正确处理劳动关系的方针政策。一是以工代赈、生产自救、转业训练、还乡生产、发放救济金等多种救济方式，安置城镇失业无业人员。二是实行“统一介绍就业与自行就业相结合”的方针，形成了多种方式、多渠道就业的格局。三是在国营企业推行管理民主化，吸收工人参加企业管理，确立工人在企业中的主人翁地位。四是对私营工商业采取“公私兼顾、劳资两利”的方针，出台《关于劳资关系暂行处理办法》《关于劳动争议解决程序的规定》《关于在私营企业中设立劳资协商会议的指示》等一系列法律法规，规范和协调私营工商业劳资关系。五是针对私营企业工资形式混乱、工资水平高低不一的情况，在“五反”以后对私营企业工资进行调整和改革。

1953 年 6 月，毛泽东在中央政治局会议上第一次比较完整地阐述了党在过渡时期总路线和总任务的基本内容，我国开始向单一公有制和计划经济的社会主义过渡。到 1956 年底，我国就基本上完成了生产资料的社会主义改造，在城市建立了以国营和集体

① 邓力群. 中华人民共和国国史百科全书（1949—1999）[M]. 北京：中国大百科全书出版社，1999.

经济为主体的所有制结构，个体私营经济及其劳动关系趋于消亡。

（二）计划经济时期的劳动关系（1956—1978 年）

计划经济体制，又称指令型经济，是对生产、资源分配以及产品消费事先进行计划的经济体制，其特点主要包括：一是公有制经济在所有制结构中占据主导地位；二是资源的配置和使用依靠政府的一系列计划来实现，国家对经济活动采取直接指令性行政管理；三是经济决策权高度集中，企业作为既定生产计划的执行者而成为政府的附属物；四是经济结构呈现明显的城乡分化和二元结构，对外贸易规模十分有限等。我国计划经济时期的劳动关系从 20 世纪 50 年代中期发轫，到 60 年代后期定型，一直延续到 80 年代中后期。

在劳动关系主体方面，生产资料归全民或集体所有，由政府代表全体人民行使相关产权，政府与劳动者实际上形成了一种潜在的劳动关系，政府成为劳动关系的实际主体。计划经济体制下的劳动关系本质上是一种行政从属关系，它由国家、企业和劳动者组成，企业只是行政系统的中介，劳动者是行政系统的组成部分。

在就业制度方面，1955 年，劳动部明确规定了劳动力统一招收和调配的基本原则和办法，要求企业招用工人统一经过劳动部门进行。1957 年 1 月，国务院下发《关于有效地控制企业、事业单位人员增加，制止盲目招收工人和职员的现象的通知》，要求企业一律停止从社会上招收工作人员，临时工人应当从现有企事业单位和国家机关工作人员中调剂，企业用人权进一步集中到政府劳动部门。至此，以统包统配和固定工为主要特征的劳动就业制度得以确立。1956年，全国有3500多万名职工，其中固定工有3200多万人，占职工总数的91%。①

在工资制度方面，我国通过1952年和1956年两次工资制度改革，逐步形成了由政府决定职工工资的体制，确立了以技术、职务、行业、地区四个基本因素为参照标准的按劳分配制度，同时对一些部门实行计件工资制度，对企业及职工实行与效益挂钩的奖励制度。此后，计件工资制和奖励制度两度被取消，按劳分配原则遭到破坏，挫伤了职工群众的劳动积极性。计划经济时期，我国实行的按劳分配，其实质是略有差别的平均主义分配，并没有真正贯彻按劳分配原则，造成劳动者收入平均化趋势极为明显。

在劳动社会保障方面，政务院于1951年2月和6月先后颁布了《劳动保险条例》《关于各级人民政府、党派、团体及所属事业单位国家工作人员实行公费医疗预防指示》，以此为基础，我国逐步建立起了以国有企业职工养老保险和劳保医疗制度、机关事业单位养老保险和公费医疗制度为主要内容的劳动保险制度。

在户籍管理方面，1958年1月颁布的《户口登记条例》及其配套制度，为限制农村人口流入城市提供了详细的制度安排。自此，我国形成了农村户口和城市户口“二元结构”的户籍管理体制。1961年之后，要成为国营企业工人一般首先要有城市户口，

① 乔健．略论我国劳动关系的转型及当前特征［J］．中国劳动关系学院学报，2007（02）．

从而限制了农村劳动力自由流入城市的通道。

（三）计划经济时期劳动关系的特点

单一公有制的确立使企业用工权进一步集中到了劳动行政部门，劳动关系直接表现为劳动行政关系，劳动关系各领域都由国家统一计划、统一部署、统一实施，由此形成了计划经济时期的劳动关系。其特点主要表现在以下几个方面：

一是劳动关系类型单一化。在全国范围内，只有一种单一的公有制经济劳动关系，用人单位基本上是清一色的国营企业和集体企业。劳动者身份也基本都是固定工，短期工、临时工比例非常低。

二是劳动关系主体利益一致化。在资本主义工商业社会主义改造基本完成后，国家、企业、劳动者的根本利益是一致的，劳动关系矛盾大量减少，1955 年 7 月以后，全国各级劳动争议仲裁机构陆续被撤销，劳动争议处理由信访部门承担。

三是劳动关系建立和运行行政化。企业和劳动者建立劳动关系是通过政府的行政指令来实现的，企业没有用人自主权，劳动者也没有择业自主权。劳动关系一旦建立，没有政府的行政指令，终身不变。工人、干部两类身份人员不能随意转换，工人提拔到干部有严格的限制。劳动条件、劳动标准、劳动工时也由国家行政决定，企业必须严格执行。

四是建立了与当时劳动关系相配套的工资福利和劳动保险制度。我国通过 1956 年工资制度改革形成了全国统一的工资制度，在一定程度上保证了劳动者在劳动报酬和劳动地位上的“平等”；建立了以养老保险和劳保医疗为主要内容的劳动保险制度，保障了国有和区县以上大集体企业职工的养老与医疗问题。同时，企业还普遍举办了集体福利设施、补贴费用以及发放实物等各类职工福利，承担着办医院、幼儿园与福利分房等大量社会职能。

五是工会发挥作用有限。由于长期坚持“以生产为中心，生产、生活、教育三位一体”的方针，没有把维护职工权益纳入主要工作内容，工会更多的是发挥国家和单位行政助手的作用。

二、改革开放后劳动关系的转型发展（1978—2012年）

1978年12月，党的十一届三中全会作出了把党和国家的工作重心转移到经济建设上来的战略决策，标志着我国从此进入了改革开放的历史新时期。这一时期，党和国家通过经济体制改革释放了长期被束缚的生产力，推动了劳动关系逐步走向市场化、契约化、法制化。与经济体制改革相适应，这一时期劳动关系的发展可进一步分为三个不同阶段，即市场化劳动关系的起步阶段（1978—1992年）、市场化劳动关系的建立阶段（1992—2002年）、市场化劳动关系的发展完善阶段（2002—2012年）。

（一）市场化劳动关系的起步阶段（1978—1992年）

从1978年党的十一届三中全会到1992年党的十四大，这一阶段是改革开放的启动和目标探索阶段，主要任务是逐步加大市场经济的作用范围，确立市场在社会主义经济中的地位和作用，逐步明确改革的市场取向。在此背景下，我国国有企业进行了以放权让利、实行承包制为主要内容的改革，企业用工制度和分配制度也相应调整，计划经济体制下形成的单一的劳动行政关系逐步被打破。同时，非公有制经济逐步得到恢复和发展，雇佣制劳动关系开始出现。

1. 国有企业形成了固定工与合同工并存的劳动用工制度

1978 年党的十一届三中全会后，国有企业改革开始启动，这一阶段改革的主要措施是放权让利和实行承包经营责任制。1979 年 7 月，国务院先后颁布了《关于扩大国营工业企业经营管理自主权的若干规定》《关于国营企业实行利润留成的规定》等五个文件，通过扩大企业自主权的改革，使企业有了一定的生产自主权，企业和职工的积极性都有所提高。1983 年，我国又实行了明确国家和企业之间利益关系的利改税政策。1984 年 10 月，党的十二届三中全会创造性地提出了社会主义经济是有计划的商品经济这一新论断，改革的重点逐渐从农村转向城市，以搞活国有企业为中心环节全面展开。改革的主要措施是实行厂长（经理）责任制，并在大多数国有企业实行承包经营责任制。据统计，到 1988 年底，实行承包制的国有企业比重达 90%，其中大中型国有企业比重达 95%。[①]

与此相对应，国有企业用工制度改革也经历了两个阶段的发展。一是多渠道用工的固定工制度阶段（1978—1984 年）。在国家统筹规划和指导下，实行劳动部门介绍就业、自愿组织起来就

① 洪功翔. 国有企业改革 40 年：成就、经验与展望［J］. 理论探索，2018（06）.

业和自谋职业相结合的“三结合”方针。在这一阶段，企业拥有了一定的劳动用工权，首次突破了城市劳动力配置的完全计划化。二是内部双轨制用工阶段（1984—1992年）。1986年7月，国务院发布《国营企业实行劳动合同制暂行规定》《国营企业招用工人暂行规定》《国营企业辞退违纪职工暂行规定》和《国营企业职工待业保险暂行规定》，要求国营企业在新招收工人中统一实行劳动合同制。不过，这项改革和其他改革一样，实行的是渐进式的增量改革方式，并未触及已有的固定工制度，国有企业内部由此形成了合同工和固定工两种用工制度并存的局面。据统计，到1991年底，全国全民所有制单位中合同制职工为1588.64万人，占全民所有制单位职工总数的14.9%。20世纪80年代后期，国有企业开始了优化劳动组合等不同形式的改革试点，促进了企业内不同岗位间的劳动力流动。但优化劳动组合也存在无法突破的体制性障碍，即对于未被组合的富余人员，政府要求企业必须妥善安置。

2. 非公有制经济市场化劳动关系开始产生并不断发展

改革开放后，国家在有序推进农村改革的同时发展非公有制经济，为劳动力市场的形成提供了前提。随着多种所有制形式和多种经营方式的发展，个体户、私营企业、外资企业、乡镇企业不断发展壮大，创造了大量就业。到1991年，全国个体户、私营企业、外资企业分别发展到1417万户、10.78万户、3.72万户，从业人员分别达到2258万人、184万人、165万人。①

① 张厚义，明立志，梁传运. 中国私营企业发展报告No.3（2001）[M]. 北京：社会科学文献出版社，2002.

个体户是我国改革开放后最先出现的雇主。1979年，国家工商总局给中央写报告，申请允许办个体户，搞个体经济，得到中央批准。1981年10月，中共中央、国务院发布《关于广开门路，搞活经济，解决城镇就业问题的若干决定》，允许个体户雇工，但不能超过7人。

外资企业中出现了受管制的市场化劳动关系。1980年4月，我国第一家中外合资企业——北京航空食品有限公司批准成立。外商投资企业中的劳动关系具有主体明确、利益分化、雇主主导等典型的市场经济特征，但这种劳动关系起初受到较多的行政管制，尤其是在员工招募和工资确定等方面。随着改革的深入，对外商投资企业的行政约束也在不断放松。1986年11月，劳动人事部出台《关于外商投资企业用人自主权和职工工资、保险福利费用的规定》，进一步促进了外商投资企业的劳动关系走向市场化。

1984年11月，由姜维创建的光彩实业有限公司经国务院特批成立，成为改革开放后的第一家私营企业。私营企业自产生之日起，就存在雇主和劳动者两大市场化劳动关系的主体，1988年7月起实施的《私营企业暂行条例》规定："本条例所称私营企业是指企业资产属于私人所有、雇工八人以上的营利性的经济组织。"明确了私营企业雇主的身份。不过当时的私营企业多是家族企业，劳动关系还不规范，劳动关系矛盾也不突出。

乡镇企业在改革开放后率先走向市场，在竞争中运用低成本的劳动力、灵活的营销手段得以快速发展。1984年，乡镇企业吸纳农村劳动力5208.11万人，占农村劳动力的比重为14.5%；1992

年，吸纳农村劳动力为10624.59万人，占农村劳动力的比重达到24.26%。[①]1984年以前，乡镇企业被称为社队企业，其劳动关系与国有企业相似。1984年以后，乡镇企业大都实行了以承包制为基本形式的经济责任制，企业开始拥有较大的用工自主权，劳动关系逐渐转向雇佣制。

这一时期，市场化的劳动关系主要在乡镇企业和外商投资企业中孕育和发展，但由于劳动者处于弱势地位及相关劳动法律法规不健全，这些企业中的劳动关系还不规范，出现了侵犯劳动者权益的现象，亟须政府出面干预和规范。其中，乡镇企业由于劳动关系灵活松散、生产设备简陋等原因，存在劳动合同签订比例较低、劳动条件差、劳动保护不到位等问题，加之当时劳动法律法规不健全，“私了”成为双方解决劳动争议的主要方式。

3. 改革开放初期劳动关系的特点

一是劳动关系类型从单一化走向多元化。改革开放后，计划经济体制下单一的公有制劳动关系发生了根本变化，个体经济、私营经济、外资经济劳动关系等迅速增多，出现了多种类型的劳动关系。

二是劳动关系主体利益分化。改革开放后，传统的劳动关系逐渐出现松动，企业和劳动者的利益诉求开始分化，劳动关系中的双方利益主体逐步形成，劳动关系的矛盾日渐增多。

三是劳动关系呈现出向市场化转型的趋势。改革开放初期是

---

① 国家统计局农村社会经济调查总队．新中国五十年农业统计资料［M］．北京：中国统计出版社，2000．

我国劳动关系转型发展的起步阶段，计划和市场两种资源配置方式同时在起作用，尽管政府在劳动关系调节中仍起着主导作用，但企业在劳动关系确立和管理中的权限不断增大，劳动关系呈现出向市场化转型的趋势。

四是劳动争议处理制度得以重建。1986 年 7 月，国务院在《关于发布改革劳动制度四个规定的通知》中提出，要加强劳动人事部门的组织建设，相应地建立劳动争议仲裁机构。根据上述要求，1987 年 7 月，国务院发布了《国营企业劳动争议处理暂行规定》，使长期中断的劳动争议处理制度得以重建。

（二）市场化劳动关系的建立阶段（1992—2002 年）

1992 年，党的十四大明确我国经济体制改革的目标是建立社会主义市场经济体制后，改革措施不再是对计划经济体制的修修补补，而是进行根本性改革，建立能够使市场在资源配置中起基础性作用的、充满生机活力的社会主义市场经济体制。到 2002 年，我国社会主义市场经济体制的基本框架已初步建立。与此相适应，我国劳动关系加速转型，基本实现了市场化、契约化和法制化。

1. 国有企业全面建立起市场化、契约化的劳动关系

1992 年以前的国有企业改革难以真正做到政企分开。1992 年以后，国有企业改革的主线转变到制度创新上来，主要措施是建立现代企业制度和对国有企业实施战略性改组。1993 年 11 月，党的十四届三中全会明确提出国企改革的方向是建立适应市场经济

和社会化大生产要求的、产权清晰、权责明确、政企分开和管理科学的现代企业制度。为此，国家和地方层面还分别在 100 家和 2700 多家国有企业中建立现代企业制度的试点。1995 年 9 月，党的十四届五中全会通过《中共中央关于制定国民经济和社会发展“九五”计划和 2010 年远景目标的建议》，明确要求对国有企业实施战略性改组，提出“这种改组要以市场和产业政策为导向，搞好大的，放活小的”，“减员增效，下岗分流”成为这一阶段国有企业改革的关键词。

与这一阶段的国有企业改革措施相对应，国有企业的劳动关系也开启了市场化、契约化进程。1994 年 7 月，《劳动法》正式颁布，这是新中国成立以来第一部全面调整劳动关系的法律，为市场化劳动关系的建立、维护和解除提供了法律依据。随后劳动部下发《关于全面实行劳动合同制的通知》，要求劳动合同制在全国范围内实行。同年 11 月，《企业经济性裁减人员规定》颁布，允许企业按照劳动合同解雇、辞退富余人员。根据《1996 年度劳动事业发展统计公报》的数据，到 1996 年底，全国城镇企业职工签订劳动合同的人数达 1.06 亿人，占城镇企业职工总数的 96.4%，城镇企业实现了全面建立劳动合同制度的目标。至此，国有企业固定工身份被彻底打破，国有企业与职工之间的劳动关系更加市场化和契约化。20 世纪 90 年代中后期，国有企业改革进入“抓大放小”的战略性改组阶段，“减员增效，下岗分流”成为这一时期国有企业改革的重要内容。为此，我国采取了积极的就业政策缓解就业压力，出台了《关于进一步做好下岗失业人员再就业工作的通知》，推动下岗职工基本生活保障和再就业问题的解决，下岗职工进入劳动力市场的速度明显加快。1998年至2003年，中央财政共安排国有企业下岗职工基本生活保障和再就业资金731亿元。2003年，经过全国各级政府的共同努力，共有440万名下岗失业人员实现了再就业。①

2. 非公有制经济的发展推动劳动关系快速走向市场化

在这一阶段，非公有制经济获得前所未有的发展机遇。1992年，邓小平“南方谈话”中“三个有利于”标准为非公有制经济发展扫除了理论上的障碍。1995年，党的十四届四中全会明确了非公有制经济与公有制经济在市场中可以平等竞争。1997年，党的十五大确定公有制为主体、多种所有制经济共同发展，是我国社会主义初级阶段的一项基本经济制度。这些都促使我国的非公有制经济进入了快速发展阶段。

1992年，邓小平“南方谈话”后，全国上下创业激情高涨，由此大大推动了个体经济、私营经济等非公有制经济的发展。20世纪90年代中后期，伴随着国有企业“抓大放小”改革战略的实施，大量国有企业改制，产权开始流转，使私营企业迎来历史性发展机遇。根据国家统计局数据，1997年至2001年，全国国有企业从业人员从7237.9万人减少到3953.8万人，同期私营企业从业人员数从1350万人增加到2714万人。20世纪90年代以后，乡镇企业推进产权改革，与乡村行政组织“脱钩”，以个人独资和混合

① 中国的就业状况和政策[EB/OL]. 中国政府网，2005-05-27.

制形式重新创业，进一步发展壮大了非公有制经济的力量。据农业部统计，到2006年，全国168万家乡镇企业中，95%实行了各种形式的产权制度改革，其中20万家转成了股份制和股份合作制企业，139万家转成了个体私营企业[①]。由于私营企业、乡镇企业以及非国有部门中的股份制经济、外商投资经济等企业基本上实行市场化劳动关系的管理模式，大大提升了我国市场化劳动关系的比重。

为了推动非公企业劳动合同制度建设，1996年，劳动部、农业部等部门先后下发了《关于私营企业和个体工商户全面实行劳动合同制度的通知》《关于乡镇企业实行劳动合同制度的通知》。到1999年底，城镇私营企业实行劳动合同制的从业人员为612万人；签订劳动合同的个体工商户雇工人数为474.7万人；乡村集体企业实行劳动合同制的从业人员为2326万人。

3. 这一阶段我国劳动关系的特点

在这个阶段，随着社会主义市场经济体制的逐步建立，我国劳动关系市场化转型的任务基本完成，劳动关系实现了向契约化、法制化的转变。

劳动关系走向市场化。通过建立现代企业制度和实行“抓大放小”改革战略，国有企业劳动就业逐渐从过去的统包统配转向就业市场化和失业公开化，劳动关系的变更与终止逐渐从过去的行政管理方式转向市场调节方式，劳动关系主体的权利和义务主

① 我国已有95%乡镇企业完成各种形式产权制度改革[EB/OL]. 中国政府网，2006-09-22.

要由主体双方按照市场规则自行决定，劳动关系的性质转变为企业和劳动者两个独立的利益主体所构成的市场化劳动关系。

劳动关系走向契约化。经过20世纪90年代中晚期我国劳动力市场的改革，全社会绝大多数劳动者已经转化为雇佣劳动者，企业与劳动者通过签订劳动合同普遍建立起契约化的劳动关系。

劳动关系走向法制化。劳动关系市场化的进程实际上也是法制化的进程，市场化是法治化的前提，而法治化是市场化的保证。由于强资本、弱劳动的问题在我国一直存在，劳动关系市场化更容易导致劳动者权益受损，必须用法律手段保护劳动者的利益。1994年7月，《劳动法》正式颁布，全面地规范了劳动关系的方方面面，奠定了我国劳动法律制度的基础。为配合《劳动法》的贯彻落实，此后我国又陆续颁布了一系列与之配套的法律法规，批准了若干国际劳工公约，劳动关系在构成、运行和处理等方面都逐步走向了法制化。政府不再直接干预企业的劳动关系，而是通过法律及行政规章的贯彻、监督来间接调节劳动关系。

探索建立了与新型劳动关系相配套的劳动用工、工资分配、社会保险制度。按照社会主义市场经济体制要求，我国出台了“劳动者自主就业、市场调节就业、政府促进就业”的就业方针；初步建立起以按劳分配为主体的“市场机制决定，企业自主分配，政府监督调控”的工资分配新体制，出台了《企业最低工资规定》；1994年至1999年，《企业职工生育保险试行办法》《企业职工工伤保险试行办法》《关于建立统一的企业职工基本养老保险制度的决定》《关于建立城镇职工基本医疗保险制度的决定》《失业保险条例》先后出台，我国城镇职工社会保险制度的框架基本形成。

伴随着非公经济的急速增长，我国工会参与率（工会会员数/城镇就业人数）自20世纪90年代以后略有下降。1989年工会参与率约为68.9%，随着20世纪90年代私有部门的扩张（其工会参与率低于公有部门）和大量非正规就业岗位的涌现，1999年工会参与率有所下降。2001年，新修订的《工会法》颁布实施，强化了工会建立的保障，之后在政策的强力推动下，到2003年以后工会参与率逐步回升。

（三）市场化劳动关系的发展完善阶段（2002—2012年）

2003年10月，党的十六届三中全会审议通过了《中共中央关于完善社会主义市场经济体制若干问题的决定》，对完善社会主义市场经济体制作出全面部署。2006年10月，党的十六届六中全会通过了《中共中央关于构建社会主义和谐社会若干重大问题的决定》，首次提出“发展和谐劳动关系”的主张，表明党中央清醒地认识到，改革开放后在物质财富快速增长的同时积累了许多发展失衡的问题，不解决这些问题就不可能实现持续发展。

1. 进入21世纪市场化劳动关系得到进一步发展

一是国有企业改革不断推进，国有企业市场化劳动关系得到不断完善。2003年国务院国资委成立后，国有资产出资人制度初步建立，国有资本不断向关系国家安全和国民经济命脉的重要行业和关键领域集中。与此同时，通过主辅分离辅业改制、分离企业办社会职能、企业重组，以及劳动、人事、分配三项制度等专项改革，大大激发了企业内在的发展活力，国有企业普遍建立起管理者能上能下、职工能进能出、工资能升能降的新机制。二是劳动立法进程加快，进一步推动了市场化劳动关系的发展。在这一时期，我国相继颁布实施了《职业病防治法》《安全生产法》《劳动合同法》《就业促进法》《劳动争议调解仲裁法》《社会保险法》等重要法律，出台了《集体合同规定》《劳动保障监察条例》《企业民主管理规定》等重要法规，特别是2008年实施的《劳动合同法》，在很多内容上作出了促进劳动关系市场化的规定，标志着我国调整劳动关系的法律法规体系进一步完善。三是进一步完善了社会保险制度。在这一阶段，社会保险主要是向个体工商户、灵活就业人员和城乡居民扩面，并颁布了《社会保险法》，标志着我国社会保险制度框架基本形成。四是建立了劳动关系三方协调机制。2001年8月，我国建立了由劳动和社会保障部、全国总工会、中国企联组成的国家协调劳动关系三方会议制度，在劳动立法、促进就业、预防和化解劳动关系领域突出矛盾等方面发挥了积极作用。五是建立健全集体协商和集体合同制度，大力推动工资集体协商。2003年12月，劳动和社会保障部通过了新修订的《集体合同规定》，进一步推进了集体协商、集体合同工作的制度化、规范化。2010年7月，全国总工会旗帜鲜明地提出了“两个普遍”，将工资集体协商工作摆上了重中之重的位置，极大地推动了工资集体协商工作的开展。六是劳动保障监察和劳动争议处理工作得到加强。2004年11月，国务院颁布《劳动保障监察条例》，为维护广大劳动者合法权益提供了有力的法律武器。2007 年 12 月，《劳动争议调解仲裁法》出台，一套适合劳动关系特点又适合我国国情的劳动争议处理模式初步建立。

2. 21 世纪劳动关系发展的特点

一是加入 WTO 促进劳动关系全球化。我国劳动关系在主体结构、劳动标准、调整方式等方面都出现了国际化的趋向。首先，劳动关系主体结构国际化。加入 WTO 后，国际资本大举进入，外商投资企业发展成为我国劳动关系的重要主体。外商投资企业一般都在一定程度上参照投资方所在国的劳动关系处理模式，从而对我国劳动关系发展形成影响。其次，适用规则国际化。加入 WTO 后，涉外劳动关系的发展要求中国劳动关系的运作更加符合国际惯例，我国大多数的立法活动除了认真总结国内的实践经验外，还要大量地研究和借鉴国际劳工标准的内容，这些国际公约都具有国内法的效力，成为我国劳动立法的法律渊源之一。最后，调整方式国际化。加入 WTO 后，我国协调劳动关系的手段也在更多地借鉴通行的国际惯例，比较典型的是适时建立健全了集体协商和集体合同制度，并与国际劳工组织合作引入了劳动关系三方协调机制。

二是劳动关系进一步走向复杂化。首先，国有企业由原来长期的、固化的劳动关系逐渐向相对松动的劳动关系转变，劳务派遣等新型用工形式被大量采用。其次，劳动力流动频率加快，劳动关系短期化趋势明显，这在新生代农民工群体中表现得最为明显。2012 年，清华大学发布的《农民工“短工化”就业趋势研究报告》显示，有66%的农民工更换过工作，有25%的农民工在近7个月内更换了工作。最后，小时工等就业人员大幅增加，致使灵活多样就业形式下的劳动关系呈现出非正规、动态和不稳定等特点。根据数据统计，1992年至2009年，我国城镇非正规就业人数占城镇就业比重从17.2%上升至61%。①

三是劳动关系矛盾从隐性化走向显性化。长期以来，在劳动力市场严重供大于求、经济发展方式重物轻人、劳动法制建设相对滞后的背景下，劳动者往往采取隐忍的方式淡化侵权遭遇，导致社会上存在的劳资纠纷处于隐性状态。2008年以后，劳动力市场供求格局逐渐趋好，相关劳动法律法规不断完善，以人为本的社会氛围渐浓，劳动者的维权意识逐渐增强，社会对劳资冲突公开化的容忍度也有所提高，这些因素共同推动了企业劳资冲突不断从台后涌向台前、由隐性走向显性。

3. 这一阶段劳动关系运行中的不足

一是部分用人单位未严格遵守《劳动合同法》规定，采取各种手段规避法律、侵犯劳动者合法权益。一些企业担心签两次之后劳动合同就要转为无固定期限，为降低用工成本开始大量使用劳务派遣工，一度造成全国范围内劳务派遣工“滥用”。

二是劳动者基本权益受损现象仍较突出，由再就业困难的下岗职工和农民工组成的相对弱势群体初步形成。一些民营企业雇主基于对利润最大化的强烈动机，随意侵犯劳动者利益，导致劳

① 胡鞍钢，马伟．现代中国经济社会转型：从二元结构到四元结构（1949—2009）[J]．清华大学学报（哲学社会科学版），2012（01）．

资关系复杂化，典型做法包括克扣和拖欠工资、延长工作时间、不缴纳社保、不遵守劳动安全卫生方面的规定等。21 世纪初是我国劳动年龄人口增长最为迅速的时期，加之国有企业大量职工下岗，在劳动力市场供过于求的情况下，再就业困难的下岗职工和农民工为了在竞争中获得一个普通的就业岗位，通常不得不放弃自己的一些合法权益，以至出现了“有劳动没关系”的现象，劳动权益和生存状况有待改善。

三、新时代和谐劳动关系的构建（2012 年至今）

进入新时代，人民对美好生活的向往总体上已经从“有没有”向“好不好”转变。在此背景下，2015 年，中共中央、国务院印发了《关于构建和谐劳动关系的意见》，强调探索构建中国特色和谐劳动关系之路。随后，各地区和各部门共同努力，推动构建和谐劳动关系体制机制逐步完善，促进了广大劳动者实现体面劳动、全面发展。

（一）多措并举构建和谐劳动关系

一是构建和谐劳动关系工作形成新格局。全国 31 个省（区、市）出台了关于构建和谐劳动关系的具体实施意见，把其纳入当地经济社会发展规划和政府目标责任考核体系。党委领导、政府负责、社会协同、企业和职工参与、法治保障的工作体制基本建立，源头治理、动态管理、应急处置相结合的工作机制日益完善，劳动关系双方自主协商、社会三方协调、政府依法调整的工作格局基本形成，构建和谐劳动关系的工作合力不断增强。

二是劳动关系协调机制建设迈出新步伐。在这一时期，我国修订《劳动合同法》，规范劳务派遣，出台《女职工劳动保护特别规定》等规章制度，劳动关系法律体系进一步健全；以小企业和农民工为重点推动企业与职工签订劳动合同，劳动合同签订率和履行质量不断提高；实施集体合同制度“彩虹计划”和“攻坚计划”，出台《关于提升集体协商质量增强集体合同实效的意见》，集体协商覆盖范围进一步扩大，实效性逐步增强；劳动关系三方协调机制的职能定位、组织模式和运行机制进一步明确，作用不断增强。根据人力资源社会保障部数据统计，截至 2021 年底，全国各级劳动关系三方协调机制共 21986 个。

三是推动实现更加充分和更高质量就业。党的十八大报告首次提出推动实现更高质量就业，表明我国就业领域的关注焦点从就业数量逐步转向就业质量。面对 2018 年中美贸易摩擦，我国坚持实施就业优先战略和积极的就业政策，有力推动了更加充分和更高质量就业目标的实现。

四是完善社会保障制度，覆盖城乡的社会保障体系基本建立。我国全面推进机关事业单位养老保险制度改革，实现机关事业单位和企业的养老保险制度并轨；建立统一的城乡居民基本养老保险制度，整合城乡居民基本医疗保险制度；降低养老保险、失业保险、工伤保险和生育保险的费率，减轻企业缴费压力。

五是加强争议调解仲裁和劳动保障监察。在这一时期，我国修订劳动人事争议仲裁办案规则和组织规则，推进仲裁机构实体化建设，积极探索建立调解仲裁与诉讼程序有效衔接、裁审标准统一的新规则、新制度，劳动争议处理制度更加完善，为当事人提供了更加公正高效的服务。劳动保障监察制度建设进一步强化，2019 年 12 月，国务院颁布《保障农民工工资支付条例》，开启了依法治欠的新阶段。根据《人力资源和社会保障事业发展“十四五”规划》的数据，被欠薪的农民工比重从 2015 年底的 1% 下降到 2020 年底的 0.16%。

（二）新时代劳动关系领域出现的新情况

进入新时代，我国人口红利渐失，劳动力供求趋于平衡，劳动力供求不匹配的结构性矛盾逐渐发展成为就业领域的主要矛盾。这一时期，我国劳动关系领域出现了以下几方面的新情况。

一是劳动者利益诉求出现了由“法定型”向“发展型”的转变。进入新时代，劳动者对就业的诉求已从“有没有”向“好不好”转变，从追求生存权益向追求发展权益转变，从追求物质权益向追求民主权利、精神权益转变。原来基于最低保障水平的“法定型”诉求已不能满足劳动者的愿望，寻求分享经济社会发展成果的“发展型”诉求逐渐占据上风。

二是工资集体协商覆盖面大幅提升，但合同形式化较强。一些集体协商存在走过场现象，对保障劳动者权益的作用有限，反映出职工不敢和企业对话、企业不愿和职工对话、工会不会代表职工和企业对话的窘境。同西方主要市场经济国家集体谈判制度经过长时间变迁才成熟相比，我国真正在法律上予以明确并开始大规模推广实施并没有多长时间，集体协商制度难免存有诸多不完善之处，作用还没有得到充分发挥。

三是新就业形态劳动者数量大幅增加，其权益保障迫切需要加强。在互联网时代，“平台 + 个人”新型灵活用工模式兴起，各种新就业形态层出不穷，其特点可以归纳为组织方式平台化、工作时间地点灵活化、全职就业兼职化、就业契约去劳动关系化等几个方面。与之相伴，新就业形态劳动者面临的职业伤害风险较大、社会保障不足、就业质量不高、话语权缺失等问题日益凸显，迫切需要补齐相关法律短板，加强其劳动权益保障。

四是经济全球化遭遇逆流和新冠疫情全球蔓延影响了我国劳动关系的稳定。一些出口导向型企业、传统劳动密集型企业、中小微企业的生产经营面临较大压力和困难，经济领域矛盾风险将持续向劳动领域传导，职工就业、工资等权益受到影响，劳动争议有所增加，对部分区域、行业的劳动关系稳定带来影响。

四、总结与展望

中国的市场化劳动关系，不同于西方主要市场经济国家由自然发展而形成，而是通过自上而下的社会变革转型实现的，具有明显的中国特色，体现在坚持党的领导、政府主导、以个体劳动关系为主等方面。展望未来，我国市场化劳动关系呈现出以下三个方面的发展趋势：构建集体劳动关系成为新时代劳动关系发展的重要方向、国际贸易中的劳工条款将对我国劳动关系产生中长期影响、“三新”经济的发展促使劳动关系走向灵活化。

（一）构建集体劳动关系成为劳动关系发展的重要方向

个别劳动关系是指劳动者个人与雇主之间的关系，是劳动关系的最基本组成和基本形态，集体劳动关系通常是以工会为代表的劳方与用人单位就劳动条件、劳动待遇、劳动标准、利益分配以及集体争议解决等劳动者共同权益进行协商谈判而形成的劳动关系，是在个别劳动关系的基础上形成和发展起来的。与个别劳动关系的从属性相比，集体劳动关系具有对等性的特点。[①]

在我国市场化劳动关系形成过程中，因劳资双方地位差距较大，劳动者利益容易得不到有效保护。为稳定劳动关系，国家陆续出台了一系列劳动法律，试图通过立法决定劳动条件，扭转劳资力量失衡的状况。但这些劳动法律大都以调整个别劳动关系为主，仅是对劳动者个体法定权利的最低保护，要想获得更高程度的保护与利益，必须通过集体谈判、职工民主管理、集体争议处理等机制才能实现。2008 年 1 月，《劳动合同法》正式实施，劳动者权益得到进一步的倾斜保护，标志着我国劳动关系的个别调整在法律建构上已经基本完成。此后，在多重因素推动下，我国劳动关系开始从个别劳动关系逐渐向个别和集体劳动关系并重转变，构建集体劳动关系成为劳动关系发展的重要方向。

一是新生代劳动者的权益诉求发生明显变化。随着“80后”“90 后”新生代劳动者逐步成为我国劳动者队伍主体，他们的

---

① 常凯．劳动关系学［M］．北京：中国劳动社会保障出版社，2004.

权益诉求已不仅仅满足于法律规定的基本权益，而是更加关注劳动条件的整体改善和自身的职业发展，更加希望能够分享企业发展的成果。当劳动者诉求从权利诉求向利益诉求转变时，需要构建集体劳动关系。据统计，新生代农民工当权益受到侵害，采取投诉行为时，以集体投诉方式进行的占 45.5%，高出传统农民工 17.6 个百分点。① 二是劳动力供需格局发生了有利于劳动者的变化。随着我国人口红利逐渐消失，劳动力供需格局也随之发生改变，不少企业甚至发生招工难问题，劳动者在劳动关系中的话语权逐步增强，这也为集体劳动关系的发展创造了良好的外部条件。三是“两个普遍”的落实加速了集体劳动关系的发展。2010 年 7 月，中华全国总工会十五届四次执委会议提出“两个普遍”，要求企业普遍建立工会组织，普遍开展工资集体协商，以维护和谐稳定的劳动关系。为此，全国总工会还启动了三年规划。2014 年，全国总工会又出台了《关于提升集体协商质量增强集体合同实效的意见》。四是国家层面更加重视集体劳动关系的培育和发展。2015 年，中共中央、国务院颁布《关于构建和谐劳动关系的意见》，提出以推动集体协商和集体合同为重点健全劳动关系协调机制，以健全完善职代会制度为重点加强企业民主管理制度建设。

---

① 全国总工会新生代农民工问题课题组．关于新生代农民工问题的研究报告［J］．江苏纺织，2010（08）．

（二）国际贸易中的劳工条款将对我国劳动关系产生中长期影响

劳工标准是对劳动者应有的合法权益的保护和巩固，是人类社会物质文明和精神文明发展的体现。一般认为，劳工标准包括政治性和经济性双重内容。例如，劳工权利就涉及非经济内容。随着国际贸易的发展，发达国家越来越多地在国际贸易规则中引入劳工标准问题，大有使之成为新的非关税国际贸易壁垒的趋势，以遏制发展中国家劳动力密集型产业的优势。无论对劳工标准问题纳入贸易协定的目的做何解读，一个不争的事实是，国际贸易和劳工标准问题实际上已紧密联系在一起。在过去十年缔结的国际贸易协定中，有超过一半包含劳工条款，贸易协定中的劳工条款已经成为全球劳工治理的重要工具。

RCEP 是中国加入的第一个真正意义上的区域自贸协定，其内容和重点主要属于“WTO+”的范畴。2021 年，中国正式申请加入 CPTPP。在 CPTPP 中，环境、劳工、国有企业与指定垄断条款都是单独的一章，而 RCEP 中则没有这些条款。中国现行立法与 CPTPP 中的劳工标准还存在很大差距，一旦 CPTPP 生效，贸易转移效应等因素将对经济、产业和企业，进而对劳动者产生影响。另外，在劳工标准问题上，中国在国际贸易成本方面面临劳动力成本远低于中国的发展中国家追赶的压力。在这种情况下，提高劳工标准其实是一把双刃剑，可以在中长期内倒逼国内深化体制改革，包括修改和完善劳动立法，进而有利于提升我国劳动者的权益保障水平。

（三）“三新”经济的发展促使劳动关系走向灵活化

狭义的灵活用工包括传统零工（非全日制用工、兼职、日结、自雇合作）、实习和互联网平台用工这类在多数情形下不必受到劳动关系刚性约束的用工类型，而广义的灵活用工还包括劳务派遣、业务外包、人力资源外包等类型。

随着新技术、新业态、新模式的快速发展，我国劳动关系出现了明显的灵活化趋势，这主要体现在以灵活用工进行人力资源配置的方式不断增加上。首先，随着近年来“三新”经济的迅速发展，依托互联网平台就业的网约车司机、外卖配送员、快递员、货车司机、互联网营销师等劳动者数量大幅增加，由此大大提高了劳动力市场的灵活性，深化了灵活用工的内涵。其次，东南沿海的制造业企业许多都是订单式的生产方式，拿到订单马上就要开始生产，订单完成后用工需求又大大下降，这也产生了较大的灵活用工需求。最后，劳务外包也越来越多地被采用。随着数字技术的快速发展，各种应用层出不穷。越来越多的企业为了提升核心竞争力，会寻求专业 IT 人才外包服务公司引进软件人才，达到用人不养人、减少常规性人力资源管理费用支出等目的。而国有企业在劳务派遣使用受限后，也逐渐转为采用劳务外包。2021年，我国灵活用工人数规模在 1 亿左右，约是全国企事业单位总用工人数的 27%。超过六成的企业使用灵活用工，超过四成的企业采用狭义灵活用工。稳定或扩大使用灵活用工规模的企业比例从 2020 年的 29.32%攀升至 2021 年的 51.80%，表明企业使用灵活用工的倾向正在增强。[①]

灵活用工的非标准劳动关系增强了劳动力市场的灵活性，但劳动关系的行为主体身份也变得模糊了，不少劳动者实际上处于劳动关系的保护之外。与劳务派遣等其他灵活用工方式相比，以互联网技术为基础的平台用工具有更明显的“去组织化”特点，劳动者更乐意接受按件式、接单式的工作，这也增加了其权益保障的难度。根据《中国灵活用工发展报告（2022）》，传统零工、平台用工、实习这三种狭义灵活用工类型的劳动权益保障程度总体处于非常低的水准。平台用工的合规性最低，其次为实习，传统零工的合规性相对较高。在三种广义灵活用工类型内部，劳务派遣的劳动权益保障程度和用工合规性均明显低于人力资源外包和业务外包。当前，灵活用工规范的重点和难点在互联网平台用工，部分平台公司有意淡化其与劳动者的雇佣关系，而认为他们是某种“合作或伙伴关系”，平台公司也因此不必为劳动者的收入、福利、保险、培训承担责任，由此出现了劳动者权益保护的灰色地带。2021 年 7 月，人力资源社会保障部等八部门共同颁布《关于维护新就业形态劳动者劳动保障权益的指导意见》，正式引入了“劳动三分法”这一概念，将外卖配送员、网约车司机等灵活就业群体单独归为一类，并赋予其相应的劳动权益与保障，填补了“劳动二分法”遗留的制度空白。这是新就业形态劳动者权益保障的一个制度框架，需在实践中不断发展完善。

---

① 杨伟国，吴清军，张建国．中国灵活用工发展报告（2022）[M]．北京：社会科学文献出版社，2022.

| 第一部分 |

劳动关系主体

研究劳动关系，必须对劳动关系的主体进行界定和分析，这是进行劳动关系研究的基本的和首要的问题。劳动关系主体作为一种法律关系主体，是指依照劳动法律的规范要件，参与到劳动关系中享有权利和承担义务的当事人。从狭义上讲，劳动关系的主体包括两方：一方是劳动者（或称员工、雇员）以及工会组织；另一方是用人单位（或称雇主）。从广义上讲，政府也是劳动关系的主体。有学者支持这种观点，明确将劳动关系主体分为劳方（劳动者与工会）、雇主方（雇主与雇主协会）和政府。相关国际公约也有明确规定：会员国承诺保证国际劳工组织的活动有关事宜应该在政府、雇主、工人代表之间进行有效协商。

第一章 劳动者

新中国成立 70 多年特别是改革开放以来，我国劳动者的内涵和构成都发生了深刻的变化。劳动者队伍迅速发展壮大，数量庞大的农民工成为重要的新生力量，第三产业成为吸纳就业的主渠道，新兴职业群体不断涌现。与此同时，劳动关系也发生了很大的变化，国有企业职工由固定工演变成劳动合同制工人，农民工在劳动关系中弱势地位明显，新就业形态的劳动关系呈现复杂性和难以界定的特征。

一、劳动关系中的劳动者

劳动者是对从事劳作活动一类人的统称。劳动者是一个含义非常广泛的概念。一般认为，凡是具有劳动能力，以从事劳动获取合法收入作为生活资料来源的公民都可称为劳动者。但本书主要研究劳动关系中的劳动者。

（一）《劳动法》对劳动者概念的有关规定

由于历史和现实的因素，《劳动法》以及相关配套法规并未对劳动者的概念进行直接规定，而是通过界定用人单位的范围从而确认劳动者。《劳动法》规定："在中华人民共和国境内的企业、个体经济组织和与之形成劳动关系的劳动者，适用本法。国家机关、事业组织、社会团体和与之建立劳动合同关系的劳动者，依照本法执行。[①]"《劳动法》还规定了劳动者的权利和义务：劳动者享有平等就业和选择职业的权利、取得劳动报酬的权利、休息休假的权利、获得劳动安全卫生保护的权利、接受职业技能培训的权利、享受社会保险和福利的权利、提请劳动争议处理的权利以及法律规定的其他劳动权利；劳动者应当完成劳动任务，提高职业技能，执行劳动安全卫生规程，遵守劳动纪律和职业道德。

《社会保险法》作为福利法，出于对社会大众覆盖性兜底保护的角度，对劳动者的适用范围作了扩大化解释。例如，基本养老保险的适用范围是：职工、无雇工的个体工商户、非全日制从业人员以及其他灵活就业人员。由此，《社会保险法》把没有劳动关系的自营劳动者和其他灵活就业人员纳入社会保险的保障范围内。

我国劳动人事行政管理部门对劳动者的定义是，具有劳动能力，从事一定社会劳动并取得相应的劳动报酬或经营收入的公民。劳动者的条件是，在法定年龄范围之内，具有一定体力和智力的人，从事一定的社会劳动，具有劳动权的公民，有相应的劳动报酬或经营收入。据此，劳动者的主体资格始于劳动者最低用工年龄（除特种工作外为16周岁），终于法定退休年龄。劳动者达到法定退休年龄后即丧失劳动者主体资格，不能再与单位形成劳动关系。

① 中华人民共和国劳动法 [EB/OL]. 中国政府网，2019-01-07.

《劳动法》对劳动者概念的规定，与经典劳动经济学略有差异。经典劳动经济学中的劳动者不仅可以受雇于公司和机构，还可以受雇于个人，即：劳动者是指受雇于个人、公司或机构，使用雇主的劳动工具或设备，在工作中执行上级的指令，由雇主给付工资的工作人员。[①] 劳动的从属性和劳动的有偿性，是劳动者所从事劳动的两大主要特点。就社会经济关系的实质而言，劳动者体现和反映的是一种现代经济社会中的雇佣关系，劳动者一般是指雇佣劳动者或工资劳动者。按照这一标准，在现代社会生产过程中，尽管也从事着某种社会性的劳动，但只要不是作为受雇者而劳动，便不是劳动关系中的劳动者。所以，农民、个体劳动者、自由职业者、企业主以及代表资产所有者并向其负责的经营管理人员，都不属于劳动关系中的劳动者。

（二）“劳动三分法”下的劳动者

任何形式的劳动用工都是作为生产要素的劳动力和生产资料的结合。劳动力所有者和生产资料占有者的地位与关系，因劳动力和生产资料组合模式的不同而有所差异。依据劳动力和生产资料是否归属于同一主体，劳动用工的形式可以分为三种。[②] 第一种是本人劳动力与他人生产资料相结合，因生产资料占有者较之劳

① 常凯．关于我国劳动关系中的劳动者的界定与特点［J］．中国劳动关系学院学报，1997（02）.

② 王全兴，王茜．我国“网约工”的劳动关系认定及权益保护 [J]．法学，2018（04）.

动力所有者具有强制地位，而被称为受雇劳动和从属劳动；第二种是本人劳动力与本人生产资料相结合，因劳动力和生产资料归属同一主体而被称为自营劳动和独立劳动；第三种是本人劳动力与本人及他人生产资料相结合，是前两种形式的混合，兼具两种劳动的一些特征，但在“自主”和“受控”两方面均与独立劳动和从属劳动不同。例如，以网约车司机为代表的互联网平台从业者，除自供生产资料外，互联网平台及其提供的信息服务是不可或缺的生产资料，他们的劳动已经无法简单归为从属劳动和独立劳动中的任何一种，可归入第三种劳动。

从事第一种受雇劳动和从属劳动的劳动者属于劳动关系中的劳动者；从事第二种自营劳动和独立劳动的劳动者，以及从事第三种混合劳动的劳动者不属于劳动关系中的劳动者。我国原有劳动法律法规是按传统劳动关系制定的，只保护从属劳动，即有劳动关系的劳动者。没有劳动关系的劳动者不受劳动法保护，只能按民事关系接受民法调整，这就是所谓非此即彼的“劳动二分法”。因强调对劳动者倾斜性的保护，相对来说，劳动法对劳动者的保护是比较充分的，而强调双方当事人平等、缺乏大量强制性规范的民法对劳动者的保护相对是较少的。

近年来，随着新技术、新产业、新业态、新模式的快速发展，平台经济迅速发展，网约车司机、外卖配送员等新就业形态劳动者的数量也在不断攀升，如何对这一劳动群体进行界定并给予切实的保障，一直为社会各方所关注。2021 年 7 月，人力资源社会保障部等八部门联合印发《关于维护新就业形态劳动者劳动保障权益的指导意见》，将平台用工分为三种类型：一是符合确立劳动关系的；二是不完全符合确立劳动关系情形但企业对劳动者进行劳动管理的；三是个人依托平台自主经营或从事自由职业的。“不完全符合确立劳动关系情形”是首次出现在我国规范性文件体系中，标志着我国劳动制度正式引入了第三种劳动形式，与之相关的一系列保障措施具有填补劳动法与民法之间制度空白的意义，表明我国劳动法律框架向“劳动三分法”转型。

二、职工队伍发展状况

职工是指依靠工资为生的劳动者阶级，依据《工会法》有关规定，在中国境内的企业、事业单位、机关、社会组织中以工资收入为主要生活来源的体力劳动者和脑力劳动者，都可以划入中国工人阶级，即职工。由于数据的可得性，本节把劳动关系中劳动者的考察范围扩大至职工。

（一）职工队伍规模不断扩大

1. 职工队伍规模在波动中增长（1949—1978 年）

新中国成立之初，我国工业基础薄弱、服务业发展滞后，绝大多数劳动者以农业为生。1952 年，第一产业就业人数为 1.73 亿人，占总就业人数的 83.5%，第二、三产业就业人员占比仅分别为 7.4% 和 9.1%。随着门类比较齐全的现代工业基础初步形成，第二、三产业就业人员迅速增加，尤其第二产业就业比例迅速提高。1975 年第二产业就业人数增加至 0.52 亿人（见图 1-1），比

1952 年扩大了 2.37 倍，占总就业比例提高至 13.5%。

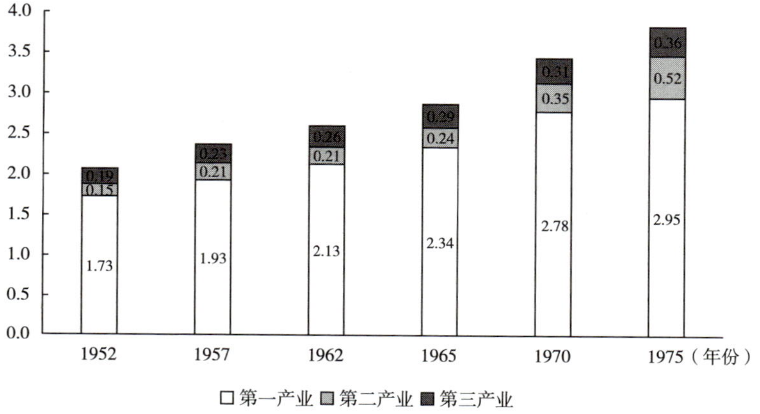

图 1–1　改革开放前我国不同产业就业规模（单位：亿人）

资料来源：《中国统计年鉴（2020）》。

改革开放前我国职工队伍发展状况。根据《中国工会统计年鉴（1991）》的数据，新中国成立时我国职工人数只有 800 万人，1952 年迅速增长到 1603 万人（见图 1–2），占全国总人口的 2.78%。自 1953 年起，我国开始大规模以工业建设为中心的第一个五年计划（以下简称"一五"），到 1957 年底，我国职工人数达到 3103 万人，相比 1952 年扩大了将近一倍。此后，我国职工人数迅猛增长，到 1960 年底达到 5969 万人，占总人口的 9.01%。随后，国民经济进入了调整期，大批职工被精减，1962 年底，职工人数减少到 4321 万人。之后我国国民经济逐渐得到恢复和发展，职工人数也有所增长，1965 年底达到 4965 万人。20 世纪 70 年代，职工人数又有所增加，1976 年达到 8673 万人，占全国人口总数的 9.29%。

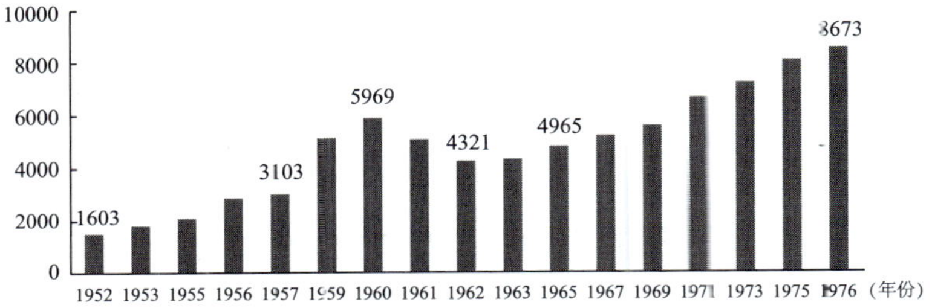

图 1–2　改革开放前我国职工队伍的规模（单位：万人）

资料来源:《中国工会统计年鉴（1991）》。

2. 职工数量大幅增长（1978—2012 年）

全国总工会统计的数据表明，1978 年全国职工总数为 12339 万人，占全部从业人员的 30.7%；1992 年全国职工总数为 26074 万人，占全部从业人员的 39.8%；1997 年底全国职工总人数已接近 3.5 亿人，占全部从业人员的 50%。[①] 其中，国有、集体和其他所有制经济职工 1.47 亿人，私营经济从业人员 615 万人，乡镇企业职工 1.3 亿人，个体工商户中的雇工、雇员 1600 万人，外出农民工 5000 万人，工薪劳动者人数已经超过其他社会劳动者。

随着社会主义市场经济的不断发展，工业化、城镇化进程加速，职工队伍不断发展壮大，大批乡镇企业员工、进城农民工、非公企业和新兴产业员工源源不断地加入职工队伍。全国总工会的统计部门在国家统计局有关统计资料的基础上计算得出，2002

① 本书编辑组. 中国职工状况调查报告（1978—2018）[M]. 北京：中国工人出版社，2018.

年全国职工（指企业、事业单位、机关团体以及城镇个体经济单位中以工资为生的体力和脑力劳动者）总数达 2.07 亿人。其中，企业职工 1.69 亿人。企业职工中国有企业职工 4446 万人，集体企业职工 1388 万人，其他形式企业职工 2786 万人，城镇私营企业雇工 1579 万人，城镇个体单位雇工 1106 万人，乡镇企业职工 5511 万人，事业单位职工 2723 万人，机关团体职工 1073 万人。同时，根据国家统计局农调总队统计，2002 年全国外出农民工达 8000 万人，其中有些人员已在上述统计，还有不少人因流动性大、职业身份转换频繁而未被统计在职工队伍人数中。

根据全国总工会统计部门测算，2006 年底，全国职工总人数增加到 2.70 亿人。其中，各类企业、机关事业单位在岗职工 2.04 亿人，城镇个体经营户中的雇工 5467 万人，仍与原单位保留劳动关系的下岗职工、内退人员 1176 万人。此后，随着我国劳动年龄人口的不断增长，第二、三产业不断发展，农村富余劳动力向城镇转移，我国职工队伍规模进一步壮大。从第二、三产业从业人员的变化可以清楚地反映出近年来职工队伍规模的发展变化趋势。我国第二、三产业从业人员从 2007 年的 4.5 亿人增加到 2011 年的 5.0 亿人，增长 11.7%；第二、三产业从业人员占全部从业人员的比例从 2007 年的 59.2%上升到 2011 年的 65.2%。农村富余劳动力转移形成的农民工大军成为职工队伍的一支重要力量。据国家统计局有关农民工的监测调查显示，我国农民工总量从 2008 年的 2.3 亿人增加到 2012 年的 2.6 亿人，增长 16.5%，其中大部分成为职工队伍的成员。根据全国总工会统计部门测算，截至 2011 年底，全国职工人数为35061.4万人，比2007年增加6262.6万人，增长21.7%，年均增长5.0%，其中包含了劳动关系比较稳定的农民工。

3. 职工队伍规模日益扩大（2012年至今）

2016年底，全国职工总人数已达到了3.91亿人。其中，非公单位就业职工不断增加，达到3.24亿人，占职工总人数的82.9%。国有和集体单位职工总数为0.67亿人，占职工总人数的17.1%。农民工总量达到2.82亿人，比2012年增加1910万人，增长7.3%；其中，外出农民工从2012年的1.63亿人增长到2016年的1.69亿人。战略性新兴产业职工人数迅猛增长，从业人员达2362万人。

根据全国总工会最新测算，2021年底，全国职工总数达到4.02亿人。在组成结构上，以货车司机、网约车司机、快递员、外卖配送员等为代表的新就业形态劳动者大幅增加。农民工总量从2012年的26261万人增加到2021年的29251万人。2022年，我国农民工总量达到29562万人，比2021年又增长了1.1%。其中，外出农民工17190万人，增长0.1%，本地农民工12372万人，增长2.4%。

（二）职工队伍结构不断优化

科学文化和技能素质稳步提高。2007年、2012年和2017年，职工平均受教育年限分别为11.48年、12.95年、13.6年，大学本科及以上学历的职工占比分别为8.9%、21.8%和31.9%。根据全国总工会最新测算，职工平均受教育年限达到13.8年，大学本科以上学历占35.5%。至“十三五”末，全国技能人才总量超过2亿人，高技能人才总量已超过5000万人，分别比“十二五”末增加0.7亿人和1600万人。

非公企业就业人数大量增加。1978年，在国有经济单位、城镇集体经济单位就业的职工占就业总人数的77%，在乡镇企业就业的职工占就业总人数的22.9%，而在非公有制企业就业的人数微乎其微。到1992年、1997年、2002年和2006年，非公有制企业职工占职工总数的比重分别增长到3.8%、9.6%、26.90%和42.3%。到2016年末，非公单位职工总数为3.24亿人，占职工总数的82.9%，已占据绝对多数。

第三产业就业比重持续增加。全国总工会数据显示，1978年，职工在第一、二、三产业就业的比重分别为11.7%、56.3%、32.0%；1997年时分别为3.2%、58.6%和38.3%。而到了2016年，职工在第一、二、三产业就业的比重分别为4.1%、45.3%和50.6%，第三产业就业比重超过一半。

战略性新兴产业职工迅猛增加。以节能环保、新一代信息技术、高端装备制造、新能源及新能源汽车、新材料为代表的战略性新兴产业实现跨越式发展，职工人数不断增加。仅2015年战略性新兴产业新设市场主体就吸纳就业人数500多万人，从业人员达到2362万人，互联网+金融、信息传输计算机服务和软件业等行业用人需求远高于传统产业。

（三）职工队伍内部构成不断演变

在不同历史时期，我国职工队伍的内部构成是不断发展变化的。

改革开放前我国职工队伍的内部构成。新中国成立后，工人阶级成为新社会的领导阶级。随着社会主义三大改造的基本完成，我国进入社会主义社会，社会阶级阶层也随之发生重大变化，小资产阶级、民族资产阶级趋于消失，只剩下工人和农民两大阶级，以及知识分子阶层，形成了“二阶级一阶层”的社会结构。工人阶级的内部构成日益丰富，管理阶层不再独立，职员也被纳入工会管理，成为工人阶级的组成部分。这时候的工人阶级涵盖中国社会中一切具有城镇户口、通过劳动获得工资收入的“职工”，主要由国有企业、集体企业、政府机关和事业单位的职工组成。工人阶级内部分为干部和工人两个稳定的阶层。

改革开放后我国职工队伍的内部构成。1978 年，党的十一届三中全会作出了改革开放的重大决策。随着经济体制改革的不断深入，多种经济成分都获得较快发展，与此相适应，我国职工队伍的内部构成也出现了显著变化。从改革开放前的工人、干部两个阶层，到改革开放初期的干部、工人、知识分子三个阶层，再到 20 世纪 90 年代的国家管理者、企业管理者、专业技术人员、工人。20 世纪末到 21 世纪初，随着国有企业改革的加快推进，以及农村进城务工人员的大量增加，职工队伍内部结构发生深刻变化。根据第五次中国职工状况调查，职工队伍事实上形成了七个主要群体，即普通职工群体、专业技术人员群体、经营管理人员群体、进城务工人员（即农民工）群体、公务员群体、下岗失业职工群体、离退休职工群体。可见，这个时期我国职工队伍内部出现了一系列新的阶层，他们或者是在改革开放中从自身分化出来的，如企业经理层和下岗失业工人阶层；或者是从其他阶层中分化而来的，如农民工阶层。

进入新时代，在经济发展新常态下，我国职工队伍内部构成出现了一些新情况。根据第八次中国职工状况调查，职工队伍结构趋向离散化，公务员、经营管理人员、专业技术人员、新经济组织新社会组织群体、普通工人、困难职工、劳务派遣工和农民工等群体出现分化，各群体之间的界限、利益关系逐渐明晰。

三、从固定工到劳动合同工

改革开放以来，作为我国经济体制改革中心环节的国有企业，先后通过放权让利、承包经营、建立现代企业制度、“抓大放小”的战略性重组等改革，逐渐发展成为独立的经济实体和市场竞争主体。国有企业劳动关系也发生了根本性的变化，企业职工由计划经济体制下的固定工转变为市场经济体制下的劳动合同制工人。我国国有企业的劳动用工制度改革大概经历了四个阶段。

（一）新招工人全面试行劳动合同制阶段

改革开放初期，国有企业其实还不是真正意义上的企业，它不仅是一个生产单位，还承担着大量的社会职能。改革开放后，随着国有企业改革的逐步深入，其用人制度也开始发生改变。

1986 年 7 月，国务院发布《国营企业实行劳动合同制暂行规定》，要求新招工人全面试行劳动合同制。自此，国有企业在用工制度上开始有了一定自主权。不过，国有企业用工制度改革和其他改革一样，实行的是渐进式的增量改革方式，并没有改变原有职工的“固定工”身份。1987 年劳动人事部要求，凡实行了承包经营责任制的企业都应当进行劳动组合、择优上岗、合同化管理等多种形式的试点，以提高劳动效率，改善劳动管理。

（二）劳动合同制全面推行阶段

1992 年，劳动部等部门先后发布《关于深化企业劳动人事、工资分配、社会保险制度改革的意见》《关于扩大试行全员劳动合同制的通知》，要求逐步推行全员劳动合同制，打破企业中固定工和新招收合同工的界限。1994 年 7 月，我国颁布《劳动法》，规定“建立劳动关系应当订立劳动合同”，为国有企业劳动用工制度改革提供了法律依据。同年 8 月，劳动部发出《关于全面实行劳动合同制的通知》，要求各地积极贯彻实施《劳动法》中的规定，促进劳动合同制的建立和运行。通过这些改革，“大锅饭”“铁交椅”被彻底打破，国有企业劳动人事、工资分配制度发生了根本性的变化，企业经营管理人员能上能下、职工能进能出、收入能高能低的新机制初步形成。

（三）“减员增效”“下岗再就业”阶段

20 世纪 90 年代末期，我国推行了以“抓大放小”为主的国有企业改革。国务院按照鼓励兼并、规范破产、下岗分流、减员增效，实施再就业工程的改革思路，全面打响国有企业三年脱困攻坚战。在这次改革中，有的国有企业职工以下岗和失业等方式被分离出原有的旧体制，先后进入了市场化就业的领域；有的职工随着国有企业民营化，转入改制后的民营企业；还有的职工仍保留在国有企业中，由原来的固定工转变为市场经济体制下的劳动合同工。部分地方采取了被称为“买断工龄”“身份置换”的做法，职工在领取国有企业支付的一笔经济补偿金后，便不再拥有国有企业职工的身份。

（四）劳动关系更趋松散化和多样化阶段

进入21世纪，我国社会主义市场经济体制已初步建立。随着国有资产管理体制改革的不断深化，国有企业内部的运行机制也发生了深刻变化。全员劳动合同制、全员竞争上岗和以岗位工资为主的工资制度等方面的制度建设，不断深入国有企业改革之中。与此同时，我国还总结、探索和出台了工资集体协商制度、企业经营者年薪制和股权期权激励制度等。这一阶段，国有企业劳动关系进一步契约化、规范化、市场化，劳动关系的基本格局比国有企业结构调整阶段更趋松散化和多样化，一是国有企业劳动力流动频率加快，劳动用工趋于中短期化；二是用工形式也更加灵活和多样，使国有企业动态的、不稳定的劳动关系比重略有上升。

四、从农民工到产业工人主体

农业劳动力向非农产业转移，是世界各国工业化、城镇化过程中的普遍规律。改革开放以来，我国从基本国情出发，在工业化、城镇化过程中积极解决农民工就业和生活问题，使农民工从农村剩余劳动力逐渐发展成为产业工人主体。

（一）农民工的形成

20 世纪 80 年代，乡镇企业迅速崛起，吸纳了大量农村富余劳动力，形成了“离土不离乡、就地进工厂”的农民工发展的第一个阶段。20 世纪 90 年代，随着社会主义市场经济的发展，东部沿海地区和大城市对劳动力的需求日益旺盛，大批农村富余劳动力进城务工经商，形成了“离土又离乡，进城进工厂”的农民工发展的第二个阶段。进入 21 世纪，我国政府明确提出取消对农民进城就业的不合理限制，适逢我国加入 WTO，工业化、城镇化发展加速，农村富余劳动力进入跨省转移，形成农民工发展的第三个阶段。根据 CHNS 数据进行计算，发现农村劳动力向雇佣劳动的大规模转化，主要发生在中国加入 WTO 之后的短短数年间。2000—2004 年，至少有一名成员从事雇佣劳动的家庭数从占整个农村家庭的 25%，飞速上升到 75%。[①]2014 年 9 月，国务院印发的

① Xiao-Yuan Dong, Bowles Paul, and Chang Hongqin. *Managing Liberalization and Globalization in Rural China: Trends in Rural Labour Allocation, Income and Inequality*. *Global Labour Journal*, 2010 (01).

《关于进一步做好为农民工服务工作的意见》明确提出，有序推进农民工市民化，农民工发展进入“提升技能、融入城市”的市民化新阶段。根据国家发改委公布的数据，到2018年底，已有9000多万农业转移人口成为城镇居民。当前，农民工就业又出现了许多值得关注的新趋势，比较突出的是新生代农民工大量投身新就业形态之中，支撑起新业态的迅速发展。

（二）农民工的年龄和规模

根据国家统计局发布的2008—2021年《农民工监测调查报告》相关数据，2021年，农民工平均年龄为41.7岁，比2008年的34岁提高7.7岁，呈逐年上升趋势。2021年，农民工总量达到29251万人，比2008年增加6709万人（见图1-3）。近年来，农民工总量增速变动有三个特点：一是2010年以来增速呈持续回落态势，说明随着我国劳动年龄人口峰值的到来，农村剩余劳动力供给正面临拐点。二是本地农民工增长无论是数量还是速度都快于外出农民工，就地就近转移成为新特点。2021年外出农民工增长1.3%，本地农民工增长4.1%，表明中西部地区经济发展态势良好，促进了农村劳动力就地就近转移。三是农民工总体老龄化趋势明显，新生代农民工成为外出农民工的主力。2021年本地农民工平均年龄为46.0岁，外出农民工平均年龄为36.8岁。老一代的农民工正在返乡路上，更倾向于就地就近务工，新生代农民工则成为不少行业的用工主体。

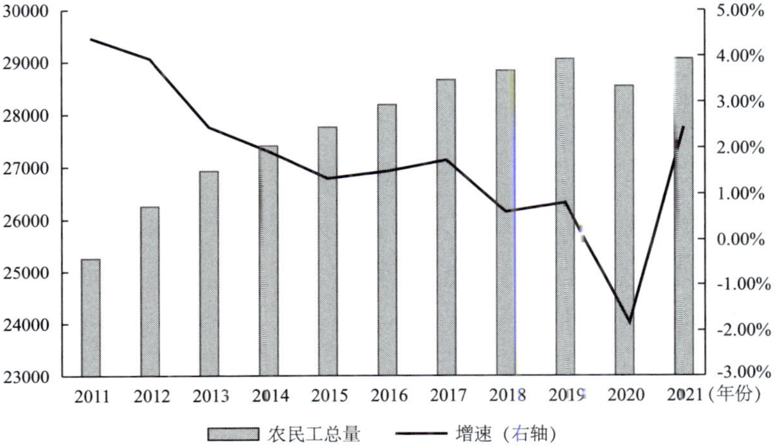

图 1-3　2011—2021 年我国农民工总量及增速（单位：万人）

资料来源：根据国家统计局公布的数据绘制。

（三）文化水平及技能培训情况

大专及以上文化程度农民工所占比重逐年上升。2021 年，在全部农民工中，未上过学的占 0.8%，小学文化程度的占 13.7%，初中文化程度的占 56%，高中文化程度的占 17%，大专及以上文化程度的占 12.6%。其中，大专及以上文化程度所占比重比 2011 年提高 9.2 个百分点。接受职业技能培训的农民工比重有所上升。2017 年，在全部农民工中，接受过农业或非农职业技能培训的农民工占 32.9%。其中，接受非农职业技能培训的占 30.6%，比 2010 年上升 4.4 个百分点。

（四）就业、工资和社会保险状况

在就业方面，体现出三方面特征。一是农民工受雇就业占比高。2015 年，以受雇方式就业的农民工所占比重为 83.4%，自营就业所占比重为 16.6%。其中，外出农民工中受雇就业的比重为 94.1%，与 2009 年的 93.6%相比变化不大。二是劳动合同签订率偏低。2016 年，与雇主或单位签订了劳动合同的农民工比重为 35.1%，与同期全国企业 90%以上的劳动合同签订率相比偏低。其中，外出农民工与雇主或单位签订劳动合同的比重为 38.2%，比 2009 年的 42.8%略有下降。三是农民工大多从事技术含量较低的体力劳动。2021 年，制造业、建筑业、批发零售业和居民服务业是农民工就业的主要行业，就业占比分别为 27.1%、19%、12.1%和 11.8%，与 2008 年相比分别变动 -10.1、+5.2、+3.1、-0.4 个百分点，就业向非制造业转移的趋势明显。

在收入方面，农民工工资水平普遍低于城市工人，且收入不稳定。根据国家统计局有关数据，2008—2021 年，全国城镇非私营单位就业人员、外出农民工年平均工资分别从 29229 元、17704 元增长到 106837 元、53184 元，年平均工资增速分别为 11.1%、9.6%（名义增长），外出农民工工资绝对数额明显偏低，增速也较慢。此外，由于农民工流动性大、就业不稳定、建筑业欠薪事件时有发生等原因，农民工还存在收入不稳定的问题。

在社会保险方面，农民工参加城镇职工养老和医疗保险的比例较低，保障水平不高。2016 年末，我国农民工总量达到 28171

万人，当年参加城镇职工基本养老保险的农民工人数为5940万人，参保比例仅为21.1%，远低于全国职工当年71.2%左右的参保水平；参加城镇基本医疗保险的农民工人数为4825万人，参保比例仅为17.1%，远低于全国职工当年55.5%左右的参保水平。与此同时，绝大部分农民工都在户籍地参加了城乡居民基本养老保险和"新农合"，保障水平相对较低。以"新农合"为例，2016年，城镇职工医保住院费用实际补偿水平为72.2%，城乡居民医保住院费用实际补偿水平为56.3%，两者之间存在较大差距。

（五）社会融合情况

在从农村向城市流动过程中，农民工的社会融入包括行为适应、身份认同、文化教育和经济整合等方面。一是近年来农民工对所在城市的归属感逐步提高。2021年，41.5%的农民工认为自己是所居住城市的"本地人"，83%的农民工对本地生活非常适应和比较适应，占比均呈上升之势。二是农民工居住状况逐年改善。2009—2018年，进城农民工中购房居住、租房居住的比重分别从0.8%、34.6%大幅上升至19%、51.8%，单位或雇主提供住房的比重从61.3%下降至12.9%。同时，农民工人均居住面积不断增大，2021年达到21.7平方米，居住设施不断改善，有取暖设施、能洗澡、能上网、有电冰箱、有洗衣机、有汽车的比重，2021年分别达到71.7%、86.5%、95.6%、68.9%、70.8%和34.1%。三是农民工随迁儿童受教育状况改善，但仍面临一些问题。2021年，3～5岁随迁儿童入园率为88.2%，义务教育年龄段随迁儿童在校率为 99.6%，比例均呈上升之势。但有部分农民工反映随迁子女在城市上学还面临一些问题，包括本地升学难、费用高、子女无法在本地参加高考等问题。四是进城农民工社会活动参与度不高，但呈逐年上升之势，2021 年有 30.4%的农民工参加过所在社区组织的活动。农民工加入工会数量和比例分别从 2009 年的 0.80 亿人和 34.9%，上升到 2017 年的 1.41 亿人和 49%，之后出现回落，2021 年为 1.02 亿人和 34.8%（见图 1-4）。

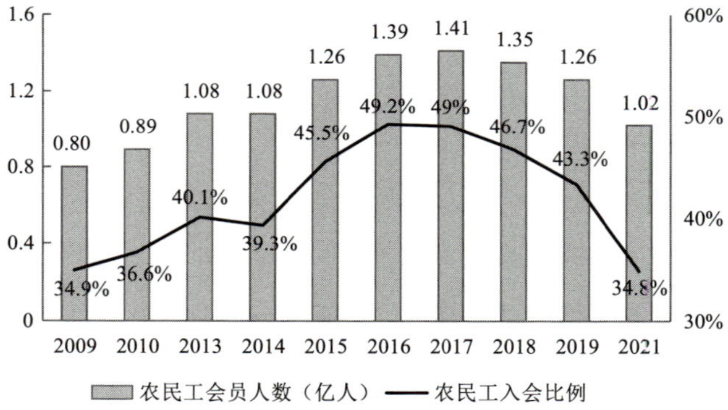

图 1-4　2009—2021 年我国农民工工会会员数量和入会比例

资料来源：历年《人力资源和社会保障事业发展统计公报》《中国工会统计年鉴》《中国工会统计年报》相关数据绘制。

五、新就业形态劳动者

近年来，随着“三新”经济的蓬勃发展，平台经济、共享经济迅速崛起，新的就业形态不断涌现。2015 年 10 月党的十八届五中全会和 2016 年《政府工作报告》中都提到“加强对灵活就业、新就业形态的支持”，首次提出新就业形态的概念。一般认为，新就业形态是指通过网络平台获得工作机会、提供服务并获取相应劳动报酬或经营收入的灵活就业方式。

（一）新就业形态的劳动关系

与传统劳动关系相比，新就业形态劳动者与平台企业之间的劳动关系不够清晰。绝大多数平台企业不与新就业形态劳动者签订正规的劳动合同，双方之间往往仅有一份简单的合作协议，并不构成传统法律意义上的劳动关系。2021 年，人力资源社会保障部等八部门发布的《关于维护新就业形态劳动者劳动保障权益的指导意见》，将新就业形态劳动关系归结为“不完全符合确立劳动关系情形但企业对劳动者进行劳动管理”的类型。从调研实际情况来看，新就业形态群体劳动合同签订率明显偏低。全国总工会“2021 年中国职工就业质量状况调查”数据显示，[①]50.6%的新就业形态劳动者签订了劳动合同，19.2%的新就业形态劳动者签订了劳务合同（劳务协议），3.8%的新就业形态劳动者表示“没有固定的企业，没有签订”，8.4%的新就业形态劳动者表示“企业不给签，没有签”，5.3%的新就业形态劳动者是创业者，还有 7.8%的新就业形态劳动者表示“不清楚”。

（二）新就业形态的特点

与传统就业形态相比，新就业形态的特点可以归纳为以下几

① 本次调查由全国总工会权益保障部牵头，各驻会全国产业工会参与，组织 31 个省（区、市）工会通过微信小程序发放网络调查问卷。

方面：组织方式平台化、就业契约去劳动关系化、全职就业兼职化、工作地点灵活化和工作时间碎片化等几个方面。一是组织方式平台化，随着共享经济的快速发展，越来越多的平台组织出现，劳动者灵活就业的方式通过平台得到了全新改变。平台型组织依靠先进的平台信息系统和智能化模型进行管理，供给和需求实现了即时性，大幅降低了交易成本。二是就业契约去劳动关系化。平台企业与依托平台就业的劳动者通过网络平台和虚拟化方式，遵守相应的约定和规则，共同完成一项劳务目标，实现劳务提供和给付的全过程。三是全职就业兼职化，雇佣关系多重化。许多有正式工作的人利用空闲时间兼职兼业，一个劳动者可能与多个平台之间有业务联系。四是工作地点灵活化，工作时间碎片化，不存在传统用工朝九晚五固定集中的工作地点和时间。

（三）新就业形态劳动者的规模

"互联网 +"带动的新就业形态，其外延是不断发展变化的。当前，新就业形态主要分为零售电商平台、共享交通、共享知识技能、共享生活服务等几个就业类型。

零售电商属于平台经济的范畴。阿里巴巴依托新零售新消费业态，持续带动就业和创造新岗位。根据《阿里巴巴全生态就业体系与就业质量研究报告》的有关数据，2019 年阿里巴巴中国零售平台创造了 4976 万个就业机会，其中属于新就业形态的交易型就业机会和支撑型就业机会（指从事快递物流、电商服务等与零售业务密切相关的就业机会）分别为 2010 万个和 707 万个，[①] 两者合计约为 2700 万个。参考阿里巴巴 58.2%的市场分额大致可以推算出，2019 年中国零售电商平台新就业形态从业规模约为 4600 万人。共享交通、共享知识技能和共享生活服务则属于共享经济的范畴，《中国共享经济发展年度报告（2020）》的数据表明，2019 年我国共享经济提供服务者人数约为 7800 万人。

（四）新就业形态劳动者的劳动权益状况

我国现行劳动法律法规都是针对正规单位和正规劳动关系设计的，各项劳动权益与劳动关系捆绑。没有劳动关系，用工单位没有义务为从业者提供劳动保护和缴纳城镇职工社会保险，从业者对平台企业的民主管理也没有发言权。根据现行《工伤保险条例》，有明确劳动关系是劳动者参加工伤保险的前提条件，从而把新就业形态人员排除在外，造成新就业形态劳动者职业伤害保障缺失。根据全国总工会调查数据，新就业形态劳动者参加各类社会保险的比例为 68.3%，低于全体职工参加各类社会保险 91.4% 的平均水平，有 11.2%的新就业形态劳动者自己购买了商业保险，还有 13.5%的新就业形态劳动者既没有社会保险也没有商业保险；新就业形态劳动者参加城镇职工基本养老保险和城镇职工基本医疗保险的比例分别仅有 43.5%和 35.7%，低于职工平均水平。此次调查还发现，新就业形态劳动者超时加班现象比较突出，每天

① 中国人民大学劳动人事学院课题组．阿里巴巴全生态就业体系与就业质量研究报告［R］．2020．

工作8小时以上的比例高达73.9%，每周休息一天及以下的比例为54.6%。不仅如此，由于没有明确的劳动关系，一旦发生劳动纠纷，平台从业者往往只能通过民法而不是劳动法调整彼此之间的利益关系，这对劳动者的权益保护是十分不利的。2021年7月，人力资源社会保障部等八部门发布《关于维护新就业形态劳动者劳动保障权益的指导意见》，建立了新就业形态劳动者公平就业、劳动报酬、休息、劳动安全、社会保险等方面的制度框架，强化了职业伤害保障，新就业形态劳动者权益保障开始迈入制度化、规范化阶段。

第二章　用人单位

新中国成立后，传统意义上的“雇主”组织不断被否定乃至消失，“政企合一”的公有制企业在高度集中的计划经济体制下占绝大多数。改革开放后，随着市场经济体制的逐步确立，非公有制企业大量产生，逐渐发展成为主要用人单位。近年来，随着新技术、新业态、新模式的蓬勃发展，“平台 + 个人”的新型灵活用工模式兴起，劳动关系走向灵活化及非标准化。

一、我国用人单位的基本情况

用人单位的定义。在国际上，雇主（或称雇佣者）是劳动关系的主体之一，它是指在一个组织中使用雇员进行有组织、有目的的活动，并向雇员支付工资报酬的法人或自然人。在我国，现行劳动立法中没有使用这一概念，而是采用用人单位。《劳动合同法》从正面明确规定了用人单位主体的范畴：“中华人民共和国境内的企业、个体经济组织、民办非企业单位等组织与劳动者建立劳动关系，订立、履行、变更、解除或者终止劳动合同，适用本法。国家机关、事业单位、社会团体和与其建立劳动关系的劳动者，订立、履行、变更、解除或者终止劳动合同，依照本法执行。”[①] 可见，我国的用人单位是指企业、个体经济组织、民办非企业单位以及与劳动者建立了劳动关系的国家机关、事业单位、社会团体，但不包括自然人。个体经济组织是指经工商部门批准登记注册，并领取营业执照的个体工商户。按照1998年国务院颁布的《民办非企业单位登记管理暂行条例》，民办非企业单位是指企业事业单位、社会团体和其他社会力量以及公民个人利用非国有资产举办的，从事非营利性社会服务活动的社会组织。

用人单位的权利和义务。用人单位的权利出自其对生产资料的占有权，也是为妥善处理与工会和工人的关系、维护自身利益和保证生产顺利进行所必需的权利，用人单位的权利主要包括：组织权、劳动指挥权、奖惩权以及闭厂权。劳动者所享有的一系列权利都构成用人单位所应承担的义务的内容，主要包括：平等雇佣劳动者的义务、提供劳动报酬的义务、保证劳动者休息休假权的义务、提供社会保险的义务、保证劳动者安全和健康的义务，以及提供职业培训的义务等。

我国的雇主组织。雇主组织是指由雇主依法组成的，旨在代表、维护雇主利益，并努力调整雇主与雇员以及雇主与工会之间关系的团体组织。18世纪后半期，英国和美国就已经形成了若干雇主协会。19世纪，雇主协会的力量表现得强大起来，它们经常在政府的协助下成功地阻挠工人联合罢工。20世纪30年代，西方国家普遍面临经济困难，这时雇主组织在发展经济方面起到了积

① 中华人民共和国劳动合同法 [M]. 北京：中国劳动社会保障出版社，2019.

极作用。第二次世界大战后，各国普遍加强了政府在劳资关系和经济生活中的作用，与此相对应，全国性雇主协会的地位也大大提升了。中国企联（中国企业联合会/中国企业家协会的简称）是经国务院批准成立、民政部注册登记、具有法人资格的全国性社会团体，它的业务主管部门是国务院国资委。2003年6月，国际雇主组织总理事会正式接受中国企联为该组织正式会员，并作为中国雇主组织的唯一合法代表与劳动部、全国总工会一道，组成我国“三方代表团”出席国际劳工大会，参与有关国际劳工标准、国际劳工公约的制订及修订工作，在国际上维护中国企业和企业家的利益。

二、国有企业

（一）计划经济时期的国营企业（1949—1978年）

新中国成立初期，我国国营企业主要通过发展解放区的公营企业、没收官僚资本主义企业、没收帝国主义在华企业、赎买民族工商业企业等途径建立起来。在归属管理上，按照企业的不同技术类型，国营企业归属于政府不同的职能部门进行直接管理。1956年底，随着社会主义三大改造的基本完成，集中统一的计划经济体制正式建立。国家对国营经济实行“统一计划、分级管理”的原则，对国营企业下达指令性计划，主要生产资料由各部门按计划供应，产品由商业物资部门收购或调拨。改革开放前，国营企业在国民经济中占有绝对比重。据统计，1977年我国工业总产值中，国营工业占83.2%，集体工业占16.8%；商业销售额中国营商业占92.2%，集体商业占7.7%，个体商业仅占0.1%。[①]

计划经济时期国营企业的劳动关系。改革开放前，我国国营企业实行的是“统包统配”的劳动用工制度。劳动关系呈现出浓厚的计划经济色彩，具有“国家包揽，身份差别，终身固定”的特征，由国家下达用工指标并统一分配就业，企业无用人自主权，劳动者也无自主择业权。这种劳动关系模式的优势是就业稳定，工资福利有保障，职工主人翁意识强；弊端是它阻碍了劳动力的正常流动，不利于调动劳动者的生产积极性，束缚了企业发展的活力。

（二）国营企业进入自主经营探索期（1978—1992年）

1978年党的十一届三中全会后，国营企业改革开始启动。这一阶段改革的主要措施是放权让利和实行承包经营责任制。1979年7月，国务院先后颁布了《关于扩大国营工业企业经营管理自主权的若干规定》等五个文件，通过扩大企业自主权的改革，企业有了一定的生产自主权，企业和职工的积极性都有所提高。1983年，我国又实行了明确国家和企业之间利益关系的利改税政策。1984年，党的十二届三中全会通过的《中共中央关于经济体制改革的决定》提出，国有企业改革的核心是确立国家和全民所有制企业之间、企业和职工之间的关系，而改革的关键措施是建

---

① 马立政．新中国70年来国有企业发展历程及主要经验：国有企业是中国社会主义经济实践的中流砥柱［J］．毛泽东邓小平理论研究，2019（06）．

立多种形式的经济责任制，强调所有权和经营权的分离。1987年，国务院决定在全国推行承包经营责任制，实行包死基数、确保上交、超收多留、歉收自补的原则。据统计，到1988年底，实行承包制的国有企业比重达90%，其中大中型国有企业比重达95%。①承包制改革通过实现两权分离，在一定程度上激发了企业管理层和员工的积极性，有利于增强企业活力，但无法真正实现政企分开，所以其效果也是有限的。

这个时期，计划用工制度开始松动，1986年7月，国务院公布了《国营企业实行劳动合同制暂行规定》《国营企业招用工人暂行规定》《国营企业辞退违纪职工暂行规定》《国营企业职工待业保险暂行规定》，国有企业在新招收工人中开始统一实行劳动合同制，企业内部形成了合同工和固定工两种用工制度并存的局面。1987年全国搞活固定工制度试点工作会议召开后，国有企业开始了以优化劳动组合、合同化管理、择优上岗为主要内容的改革试点，劳动者工作岗位和工作单位不再固定，企业自主用人、劳动者自主择业的格局初现。在这一时期，国有企业在职工录用、奖惩等方面的自主权不断扩大，职工吃企业“大锅饭”的局面开始被打破，企业和职工两大经济利益主体逐步孕育。

（三）国有企业进入制度创新时期（1992—2002年）

在这一时期，国有企业改革的主要内容是建立现代企业制度

① 洪功翔．国有企业改革40年：成就、经验与展望［J］．理论探索，2018（06）．

和“抓大放小”引入竞争淘汰机制。党的十四大报告要求，通过理顺产权关系，促进政企分开，使企业成为自主经营、自负盈亏、自我发展、自我约束的法人实体和市场竞争的主体。1993年，党的十四届三中全会提出，要建立产权清晰、权责明确、政企分开、管理科学的现代企业制度。1997年9月，党的十五大对国有企业改革进一步作出了重大部署，要着眼于搞好整个国有经济，抓好大的，放活小的，对国有企业实施战略性改组，实行鼓励兼并、规范破产、下岗分流、减员增效和再就业工程，形成企业优胜劣汰的竞争机制，国有企业改革由此进入“抓大放小”的战略阶段。在战略性改组过程中，国有企业职工经历了下岗分流的阵痛。但是经过努力，国有企业三年脱困的目标基本实现。《2000年国民经济和社会发展统计公报》数据显示，到2000年底，1997年亏损的6599户国有及国有控股大中型企业，已减少70%以上；2000年国有及国有控股工业企业实现利润2392亿元，为1997年的2.9倍。

在这一时期，国有企业劳动关系实现了由计划经济模式向市场经济模式的转型。实施政企分开，劳动关系主体逐渐明晰，市场供求已成为调节劳动关系主体双方行为的主要形式；实行全员劳动合同制，劳动者可根据自己意愿自主决定是否与企业建立劳动关系，企业也可以根据契约解除与劳动者的劳动关系；出台体现市场经济原则的《劳动法》，奠定了我国劳动法制建设的基础。但国企改革中也出现了职工下岗失业、经济社会地位下降等问题。另外，部分国企在拥有收入分配自主权后，由于缺乏自我约束和监督机制，收入严重向经营管理层倾斜，导致管理层与职工收入差距过大，加剧了相互之间的摩擦与矛盾。

（四）国有企业改革进入新阶段（2002—2012 年）

在这一时期，国企改革主要内容是国有资产管理体制改革和分类改革。党的十六大报告提出建立中央政府和地方政府分别代表国家行使出资人职责，同时"享有所有者权益，权利、义务和责任相统一，管资产和管人、管事相结合"的国有资产管理体制。2003 年，国务院国资委成立后，国有资产出资人制度初步建立，解决了多年存在的国有企业多头管理、责任不落实、国有资产管理体制不健全的问题，初步实现了出资人职能的一体化和集中化，国企改革进入新阶段。这一时期的改革产生了明显的积极效果，即在国有企业数量继续下降的基础上，实现了企业发展质量的大幅提升。中央企业数量由 2003 年的 196 家，减少到 2012 年的 117 家，进入《财富》世界 500 强的企业由 2003 年的 6 家增加到 2012 年的 54 家。[①]

（五）国有企业进入深化改革时期（2012 年至今）

以党的十八大召开为标志，国有企业进入分类改革的全新时期。党的十八届三中全会提出，以管资本为主加强国有资产监管。2015 年 8 月，中共中央、国务院发布《关于深化国有企业改革的

① 陶永山．增强国有经济活力、控制力、影响力［N］．学习时报，2013-5-27．

指导意见》，不同类型的国有企业，将会有不同的国资监管机制、混合所有制改革方案、公司治理机制以及国有经济战略性调整方向。

国有企业劳动关系进一步规范。通过主辅分离辅业改制、分离企业办社会职能、企业重组，以及劳动、人事、分配“三项制度”等专项改革，大大激发了企业的发展活力。2012—2014 年，我国以规范劳务派遣为重点对《劳动合同法》进行了修订，出台了《劳务派遣行政许可实施办法》《劳务派遣暂行规定》，部分国有企业滥用劳动派遣用工问题逐步得到治理。2015 年 8 月，中共中央、国务院发布的《关于深化国有企业改革的指导意见》要求，建立健全以合同管理为核心、以岗位管理为基础的市场化用工制度，建立与企业经济效益和劳动生产率挂钩的工资决定和正常增长机制，健全以职工代表大会为基本形式的企业民主管理制度等，国有企业劳动关系进一步规范。2016 年，人力资源社会保障部等七部门出台《关于在化解钢铁煤炭行业过剩产能实现脱困发展过程中做好职工安置工作的意见》，指导企业依法妥善处理职工劳动关系，促进了劳动关系的稳定。

三、私营企业和个体经济组织

我国对非公经济的认识及保护，有一个不断发展并逐渐深化的过程。改革开放后，伴随着非公经济的恢复和蓬勃发展，我国私营和个体经济劳动关系从不规范逐步走向和谐稳定。

（一）私营和个体经济发展经历了较大波折（1949—1978 年）

1949—1954 年为非公经济允许存在和发展阶段，这在 1949 年《中国人民政治协商会议共同纲领》和 1954 年《宪法》中都有明确规定。在 1952 年的工业总产值中，国有企业占比 41.5%，集体企业占比 3.3%，公私合营企业占比 4%，私营和个体经济占比 51.2%。1953 年，党中央提出了“一化三改”的过渡时期总路线。此后，国家通过“自上而下”的强制性制度变迁，对非公经济实行了限制、利用、改造、消灭，到 1956 年底社会主义三大改造基本完成，私营和个体经济几乎不存在了。统计数据显示，在 1956 年工业总产值中，国有企业占比 67.5%，公私合营企业占比 32.5%。

新中国成立初期，党和政府把“劳资两利”确定为处理非公经济劳资关系的基本政策，其包括保障私营企业工人的权益、保障资本家的正当权益、努力构建和谐的劳资关系三方面内容。同时，党中央在全国范围内进行了工商业调整，采取一系列国家资本主义的措施，帮助非公经济克服困难，从而缓解了劳资冲突，保持了劳资关系的基本稳定。

（二）私营和个体经济得到恢复和发展（1978—1992 年）

1978 年召开的党的十一届三中全会，为非公经济的发展打开了大门。1979 年，党中央和国务院提出了恢复和发展个体工商业、允许多种经济形式存在的方针，鼓励和扶持城镇待业人员自谋职业。1982 年，党的十二大报告提出，在农村和城市，都要鼓励劳动者个体经济在国家规定的范围内和工商行政管理下适当发展，作为公有制经济必要的、有益的补充。1984 年，党的十二届三中全会通过的《中共中央关于经济体制改革的决定》提出积极发展多种经济形式。1987 年，国务院颁布的《城乡个体工商户管理暂行条例》，为个体经济发展提供了基本规范和发展条件。同年，党的十三大首次明确提出，私营经济是存在雇佣劳动关系的经济成分，是公有制经济必要和有益的补充。1988 年，《宪法修正案》进一步明确，国家允许私营经济在法律规定的范围内存在并发展，国家保护私营经济的合法权利和利益，对私营经济实行引导、监督和管理。这标志着私营经济正式取得合法地位。全国个体经济从业人员从 1978 年的 14 万人快速增加到 1992 年的 2467.7 万人，私营企业从无到有，截至 1992 年发展到 13.9 万户。①

随着私营和个体经济的恢复，我国开始出现雇佣劳动关系。在这一阶段，私营企业逐步增多，劳动关系还不够规范，但由于多为家族企业，劳资矛盾并不突出。1989 年 9 月，劳动部颁布了《私营企业劳动管理暂行规定》，对劳资关系的各个方面都作了比较详细的规定。与此同时，乡镇企业异军突起，1987 年产值首次超过农业，从业人数也达到 8805 万人。乡镇企业改革开放后率先走向市场，在竞争中运用低成本的劳动力优势、灵活的营销手段

① 辜胜阻，韩龙艳．中国民营经济发展进入新的历史阶段［J］．求是，2017（07）．

得以快速发展。1984年以前，乡镇企业劳动关系与国营企业相似，1984年以后，大多数乡镇企业实行了各种形式的承包经营责任制，用工形式逐渐转向雇佣制。

（三）私营和个体经济发展步入快车道（1992—2002年）

1992年，党的十四大提出了建立社会主义市场经济体制的改革目标。1993年，党的十四届三中全会通过的《中共中央关于建立社会主义市场经济体制若干问题的决定》又提出，必须坚持以公有制为主体、多种所有制经济共同发展的方针。此后，一大批体制内人员纷纷下海创业，从人才、资源等方面大大增强了私营个体经济的实力。这一时期，大批乡镇企业实施改制，从集体所有制转变为私营企业。1997年以后，随着国有企业"抓大放小"改革战略的实施，国有经济战线收缩，非公经济进一步增长。1997年，党的十五大明确指出，公有制为主体，多种所有制共同发展，是我国社会主义初级阶段的一项基本经济制度。1999年，《宪法修正案》进一步从法律上对非公经济进行了肯定。根据国家统计局数据，1992—2002年，全国个体工商户由1534万户增加到2378万户，从业人员由2468万人增加到4743万人；私营企业由近14万户增加到244万户，从业人员由232万人增加到3410万人。

在这一时期，私营和个体经济的劳动关系逐步走向市场化、契约化、法制化。经过20世纪90年代中后期劳动力市场的改革，全社会绝大多数劳动者已转化为雇佣劳动者，私营个体经济就业人数大幅增加，进一步加速了劳动关系市场化的转型。1996年，劳动部等部门先后下发了《关于私营企业和个体工商户全面实行劳动合同制度的通知》《关于乡镇企业实行劳动合同制度的通知》。根据《1999年度劳动和社会保障事业发展统计公报》的数据显示，到1999年底，城镇私营企业实行劳动合同制的从业人员达到612万人，签订劳动合同的个体工商户雇工人数为474.7万人，乡村集体企业实行劳动合同制的从业人员为2326万人。在市场经济体制建立过程中，非公经济在劳动关系调整机制上还存在疏漏，劳动者的权益易受到侵犯。在此背景下，《劳动法》等法律法规的出台为规范企业用工行为提供了法律依据，使劳动力市场建设和劳动关系管理开始迈向法制化的轨道。

（四）私营和个体经济稳定发展（2002—2012年）

随着市场经济体制初步建立和中国加入WTO，非公经济发展带动中国成为“世界工厂”。为促进非公经济的发展，2002年，党的十六大提出坚持两个“毫不动摇”和“一个统一”；2004年，《宪法修正案》对保护非公有制经济的合法利益作了明确规定；2005年，国务院发布《关于鼓励支持和引导个体私营等非公有制经济发展的若干意见》；2007年，党的十七大首次提出了“两个平等”的思想。到2012年，我国私营企业达1085.72万户，占全国实有企业总数的79.4%，注册资金占全国实有企业总量的37.68%；个体工商户首次突破4000万户。个体私营经济社会贡献不断提升，占全国GDP比重超过60%，占税收比重约50%，占就业比重约80%。[1]

随着非公经济规模的扩大，劳动关系矛盾日益显现。劳动争议案件和劳资纠纷不断增多，劳动者权益受侵害现象增多，这主要体现为：一是不少私营和个体经济组织存在不规范用工问题，劳动者工资、社会保险、职业安全卫生等基本权益受损现象较为突出；二是劳动争议案件居高不下，停工等群体性事件时有发生；三是部分经济组织尚未建立工会，或已建工会发挥作用不理想。为此，我国出台了一系列政策措施，在一定程度上缓和了劳动关系矛盾，如2006年中共中央印发《关于构建社会主义和谐社会若干重大问题的决定》，2007年国家密集出台了《劳动合同法》《就业促进法》《劳动争议调解仲裁法》等重要法律。

（五）私营经济和个体经济不断发展壮大（2012年至今）

党的十八大以来，党中央高度重视非公经济发展，多次提出平等保护非公经济，消除各种隐性壁垒，相继出台《国务院关于创新重点领域投融资机制鼓励社会投资的指导意见》《国务院关于大力推进大众创业万众创新若干政策措施的意见》《国务院办公厅关于进一步激发民间有效投资活力促进经济持续健康发展的指导意见》《关于深化投融资体制改革的意见》等一系列促进民间投资和民营经济发展的政策措施，为非公经济发展营造了更加公平、开放、宽松的环境。在一些行业特别是餐饮等劳动密集型行

① 刘玉江，能建国．改革开放三十五年来非公有制经济发展的回顾与启示［J］．中央社会主义学院学报，2013（04）．

业，有的小个体户逐步发展成拥有百人以上员工的大个体户。还有一些个体工商户经过不断的滚动发展和资本积累，经营规模逐渐扩大，转为公司制企业、合伙企业或个人独资企业的形式，谋求更大的发展。根据国家统计局数据，2012—2019 年，全国私营企业由 1086 万户增加到 3516 万户，从业人员由 1.13 亿人增加到 2.28 亿人；个体工商户从 4059 万户增加到 8261 万户，从业人员由 0.86 亿人增加到 1.77 亿人。

在这个时期，我国劳动关系矛盾已进入凸显期和多发期，劳动争议案件略高。特别是民营经济和个体经济，还存在就业人员工资偏低、社会保险权益缺乏、劳动强度大、就业不稳定、职业培训少等问题。随着经济发展进入新常态，我国也迎来了完善劳动关系协调体制机制的窗口期。2015 年，中共中央、国务院印发了《关于构建和谐劳动关系的意见》，明确指出要把和谐劳动关系创建活动作为构建和谐劳动关系的重要载体，扩大创建活动在广大企业特别是非公有制企业和中小企业的覆盖面。党的十八大以来，我国劳动关系协调机制和劳动标准逐步完善，以非公有制企业为重点扩大劳动合同覆盖面、积极稳妥推行工资集体协商制度，私营经济和个体经济的劳动者基本权益进一步得到保障。根据国家统计局数据，2021 年，我国城镇私营单位就业人员平均工资达 62884 元，扣除价格因素比 2012 年实际增长 0.83 倍，年均实际增长 6.9%。

四、平台企业

（一）平台企业的产生和发展

平台企业是经济全球化、互联网技术发展和信息革命的产物，其是指通过互联网平台来促成存在供需关系的双方进行交易的企业。平台企业和非平台企业的区别，主要在于服务是由平台自身产生还是由平台的供给方间接产生。近年来，随着互联网的发展，越来越多的产业将平台经济进一步深化，形成了大批的互联网平台企业。2008—2015 年是我国平台企业的大发展时期，以大众创业、万众创新为主；2015—2019 年进入竞争加剧阶段，以并购与重组为特征；从 2020 年开始，进入全面整顿治理阶段。

平台企业的特征。第一，双（多）边市场。平台企业要同时服务多边。例如，外卖平台企业既要面对餐馆，又要面对消费者，还要面对外卖配送员，面向各方的价格结构直接影响平台企业的收入。第二，平台效应，包括网络外部性和网络规模。平台企业的价值取决于链接这个平台其他人的数量，呈现出极为明显的规模效应。第三，拥有来自数据和技术层面的支撑。由于匹配效率和效果决定使用者体验，进而影响网络规模的大小，因此技术“含金量”也成为判断平台企业发展前景的基石。第四，开放策略。与传统的“公司—雇员”制不同，平台企业往往采用“平台—个体”的柔性合作机制。这种机制能够有效降低人力等可变成本的支出，从而确保平台企业的利润率水平。

（二）平台型企业的劳动关系

平台企业用工表现出与传统企业的不同特点，其最大特点是通过互联网技术招聘、组织、管理劳动者并控制整个劳动过程。平台从业者既不同于传统企业中的职工，也不同于完全拥有自主权的自雇者，他们以平台上指派的需求自主选择工作，并在工作过程中又接受平台的监管规则。按照用工方式不同，平台从业者一般包括以下几个层面：一是与平台企业或加盟、代理、外包平台业务的合作企业、劳务派遣企业建立劳动关系或形成事实劳动关系，完成其所赋予工作任务的劳动者；二是依托平台从事个体经营或个人自主利用自己的体力、专业技能等依法从事劳务、咨询、设计等活动，并取得劳动收入的劳动者；三是依托平台从业，不完全符合与平台企业确立劳动关系的情形，但接受平台劳动管理并获取劳动收入的劳动者。

平台经济所带动的就业潮与传统经济有着较大的不同，其灵活用工、兼职的形式对社会保险、劳动保护等权益保障提出了挑战。目前依托平台就业的劳动者只能以个人缴费方式参加城镇职工养老和医疗保险，同时，外卖配送员等劳动者难以满足现行工伤保险制度的参保条件。此外，平台从业者休息休假不足、收入不稳定、缺乏技能培训、加入工会难等问题也比较突出。

第三章　政　府

理论界对政府有广义和狭义两种理解。在政府与劳动关系的基本理论中，狭义的政府是指劳动行政部门的行政职能，而广义的政府则包括立法与司法。对政府的狭义理解是近代资本主义社会对国家权力进行限制和职能分工的产物，即把国家权力划分为立法、行政和司法三权，政府只是公共权力的一个组成部分。我国的理论和实践中，政府也有广义和狭义之分。狭义的政府专指中央政府、地方政府以及各级行政机关；而广义的政府在中国指行政化了的党的领导机构、中央和地方的全部立法机关、行政机关和司法机关。

所谓“政府”是劳动关系的主体，是一种简略的说法，准确的表述应该是政府劳动行政部门及与劳动关系相关的政府部门是劳动关系的主体。作为劳动关系主体的政府，其外延显然要大于劳动行政部门。近年来，随着我国社会主义市场经济的不断完善和发展，政府在劳动关系中发挥着愈来愈重要且特殊的作用。

一、劳动关系中的政府角色

政府在劳动关系中扮演的角色、强调的重点以及对劳动关系的干预程度，与各国的经济社会发展背景和传统文化有关。

（一）西方国家在劳动关系中的角色

在工业化的早期，西方国家对工人及劳工运动采取敌视的态度，其角色表现为劳工运动的合法镇压者；在工业化的中期，西方国家对劳工逐渐采取较温和的态度并开始容忍工会和劳动关系多元主义的价值观；在工业化的后期，西方国家则采取新自由主义的政策让市场在劳动关系中发挥主导作用。[①]20 世纪 30 年代爆发了一场席卷整个资本主义世界的经济大危机，随后凯恩斯主义兴起，政府干预主义思想逐渐占据上风，以寻求劳资双方的利益平衡。20 世纪 80 年代以后，许多国家采取新自由主义经济政策，主张减少对劳动关系的干预，但不管采取哪种经济政策，政府在劳动关系中的角色不再是干不干预的问题，而是干预的程度和干预的领域问题。英国利物浦大学教授罗恩·比恩把政府在劳动关系中扮演的角色分为五种：一是第三方管理者的角色，为劳资双方提供互动架构与一般性规范；二是法律制定者的角色，通过立法规定工资、工时、安全和卫生的最低标准；三是出现劳动争议时，提供调解和仲裁服务；四是公共部门的雇主；五是收入的调节者。这是劳动关系中政府角色的较为权威的理论。

学者程延园对海内外的有关研究成果做了系统梳理，将政府在劳动关系中的角色归纳为以下五种：一是保护者（Protector）或

---

① 丁胜如．论社会转型期政府在劳动关系中的职责［J］．中国劳动关系学院学报，2006（06）．

管制者（Regulator），即政府通过立法机关制定法律，介入和影响劳动关系。政府是否颁布劳动保护立法以及该法律保护的程度，直接反映了政府是否维持劳动力市场的社会正义，并体现了政府对劳动关系的基本理念。同时，政府还要监察劳动标准以及劳动安全卫生的执行，这也是政府的第一个角色衍生出的重要任务。二是集体谈判与劳工参与的促进者（Promoter）。根据不同的经济社会问题，政府要采取不同的方针、政策和行动，为管理方和工会之间开展集体谈判创造宏观环境，促进双方在自行谈判的基础上发展适合其特点的劳动条件。政府以促进者而不是直接干预者的角色，推动集体谈判的开展以及雇员参与。三是劳动争议的调停者（Peace-maker），有时也是调解者（Mediator）或仲裁者（Arbitrator）。劳动争议是工业社会的自然现象，政府必须建立一套迅速而有效的劳动争议处理制度。为了维持良好的劳动关系，政府通常作为中立的第三方提供调解和仲裁服务。四是就业保障与人力资源的规划者（Planner）。政府应为全体劳动者建立一套就业保障体系，这个体系包括三大支柱：职业培训、就业服务和失业保险。在当今这个竞争日趋激烈的市场经济时代，政府应该在教育培训、研究开发、人力资源规划等领域进行整体设计，提供更多、更有力的支持，以增强企业的国际竞争力。五是公共部门的雇用者（Public sector employer）。公共部门的雇员包括政府与地方公务人员，在一些国家还包括公用事业部门的雇员。政府作为公共部门的雇主应该提供合法、合理的劳动条件，以模范雇主的身份参与和影响劳动关系，使之成为私营部门劳动关系的样本。

（二）政府在市场化劳动关系中的角色定位

常凯等人结合中国劳动关系转型中的经济背景、社会环境以及劳动关系的特点，提出了政府在劳动关系中扮演的四种角色[①]。一是规制者（Regulator），二是监督者（Inspector），三是损害控制者（Damage Control），四是调解与仲裁者（Mediator and Arbitrator）。规制者是政府在劳动关系调节中的最主要角色，主要是指政府通过劳动政策的制定和实施来干预、调整和规范劳动关系的行为。这是政府在劳动关系中的最基本角色，也是政府介入劳动关系最主要的手段。监督者是指政府在劳动关系运行和劳资自治中的监管身份，这种监督实际上也是关于规制实施的监察和督促。损害控制者，一方面是对损害劳动者利益行为的控制；另一方面是对损害社会利益行为的控制。从另一个角度而言，控制者就是劳动者利益和社会利益的保护者。在劳资力量不对等和劳资自治不成熟的情况下，政府的这种直接角色的作用尤为重要。而调解与仲裁者，主要是指政府在处理劳动争议和劳资冲突中的身份。

我国劳动关系属于政府主导型的劳动关系。劳动关系作为一种经济关系是市场经济的组成部分，市场经济的特征直接决定了劳动关系的特征。我国的市场经济属于国家主导的市场经济，相应地，我国的劳动关系也属于国家主导型的劳动关系。国家主导

---

① Bill Taylor，Chang Kai，Li Qi.*Industrial Relations in China*. London：Britain Edward Elgar Publishing，2003.

型的劳动关系，通常出现在一些经济转型过渡中的发展中国家。由于社会经济制度尚在变革中，劳资双方主体在市场经济中发育尚不成熟，经济发展又是国家的第一要务，为保证过渡的平稳和经济的增长，在劳动关系调控模式上，自然更加注重国家权力的作用。

二、政府在劳动关系中角色的演变

（一）改革开放前直接参与的角色（1949—1978 年）

计划经济时期，我国政府在劳动关系中扮演的是直接参与者的角色。政府对劳动关系实施“全方位、大一统、一刀切、包办式”的行政指令性计划管控，从劳动就业到工资福利，从劳动定员到劳动组织、劳动管理，全部用“条块分割，自上而下”的层层行政指令计划进行干预。企业和职工都属于国家，劳动者在形式上是与企业建立劳动关系，实际上是与国家建立劳动关系，本质上是一种行政从属关系。在全国范围内，只有一种单一的公有制经济劳动关系，劳动者也都是全民所有制和城镇集体所有制职工。政府采用“统包统配”的方式，劳动者和企业之间建立固定工制的劳动关系，企业没有用工自主权，劳动者也没有择业自由权，劳动关系建立之后的工资福利和劳动保险也均由国家统一配置。

（二）改革开放后角色的转型（1978—2012 年）

改革开放后，随着市场化改革进程的不断推进，政府对劳动关系的干预模式逐渐从直接参与者向宏观调控者转变。经过几十年来循序渐进的改革，政府角色和职能有了很大改变，使劳动关系逐渐摆脱了行政直接干预，走上市场化、契约化、法制化的轨道。

第一阶段（1978—1992 年）。改革开放后，政府通过一系列的改革措施，在不触动国有产权的前提下，通过所有权和经营权相分离的办法，激发国有企业的经营活力，主要措施包括放权让利、实行承包经营责任制等。相应地，政府对国有企业的用工制度也进行了一系列改革。1986 年，国务院发布《国营企业实行劳动合同制暂行规定》，要求在企业新招用的工人中推行劳动合同制度。20 世纪 80 年代后期，开展优化劳动组合、择优上岗、合同管理等不同形式的改革试点。1992 年，劳动部等五部门发布《关于深化企业劳动人事、工资分配、社会保险制度改革的意见》，要求逐步推行全员劳动合同制。总体来看，在这一阶段，政府角色的重要转变就是逐步退出企业劳动关系，使原有的“劳动行政关系”中的行政色彩开始淡化。

第二阶段（1992—2002 年）。1992 年，党的十四大明确提出了建立社会主义市场经济体制的改革目标。此后，我国企业劳动关系发生了重大变化。在国有企业，随着现代企业制度的建立，国有企业成为独立的法人实体，劳动者和企业之间产生了利益分歧。在私营企业，劳动关系略显紧张，劳动争议数量开始出现上升。在这个阶段，政府在企业劳动关系中的角色发生了一个从部分介入到宏观调控的转变。这主要体现在：一是政府不再限制国有企业裁员，也不再要求企业承担社会责任；二是为国有企业职工下岗安置提供支持；三是通过完善就业、社会保险等劳动力市场机制对劳动关系进行宏观调控；四是通过《劳动法》等法律法规的颁布实施，开始扮演"立法者""执行者"和"仲裁人"的角色。

第三阶段（2002—2012 年）。在这一阶段，一方面政府已经全面退出企业劳动关系；另一方面我国劳动力市场各项机制还不够完善。为此，我国政府采取了一系列措施，以协调劳动关系，保障劳动者合法权益。一是加强就业再就业工程，出台《就业促进法》，在 2008 年国际金融危机中采取更加积极的就业政策，我国积极的就业政策框架开始形成。二是出台《职业病防治法》《安全生产法》《劳动合同法》《就业促进法》等重要法律法规，我国适应社会主义市场经济体制的劳动法律体系框架初步形成。三是社会保险向个体工商户和灵活就业人员、城乡居民扩面，并颁布了《社会保险法》，我国社会保险制度框架基本形成。四是大力推行劳动合同和集体合同制度，建立劳动关系三方协商会议制度，劳动关系协调机制逐步完善。五是先后出台了《劳动保障监察条例》《劳动争议调解仲裁法》，建立健全了劳动保障监察和劳动争议处理制度。至此，我国政府实现了从劳动关系直接参与者向间接管理者和宏观调控者的转变。

（三）新时代劳动关系治理格局更加完善（2012 年至今）

党的十八大以来，中共中央、国务院高度重视劳动关系工作，出台了《构建和谐劳动关系的意见》，劳动关系治理体系更加完善。一是劳动法律法规体系日臻完善。以规范劳务派遣为重点对《劳动合同法》进行修订，新出台了《劳务派遣暂行规定》《女职工劳动保护特别规定》等法律规章。二是劳动关系协调机制逐步健全。人力资源社会保障部在全国部署开展了推行劳动合同制度专项行动，促进了小企业和农民工比较集中的建筑、餐饮等重点行业劳动合同签订率的提高。实施“彩虹计划”和集体合同制度攻坚计划，集体协商的覆盖面不断扩大、实效性不断增强。2011 年，国家协调劳动关系三方会议正式吸纳全国工商联为成员单位，协调劳动关系三方机制逐步健全。三是收入分配和社会保险制度更加完善。以非公有制企业为重点，积极稳妥推行工资集体协商制度。实现机关事业单位和企业养老保险制度并轨，整合了城乡居民基本养老保险制度、基本医疗保险制度。四是劳动争议处理和劳动保障监察不断加强。在这一阶段，我国出台了《企业劳动争议协商调解规定》《关于加强劳动人事争议处理效能建设的意见》《关于进一步加强劳动人事争议调解仲裁完善多元处理机制的意见》等政策文件，劳动争议调解仲裁政策体系不断完善。劳动保障监察“两网化”管理覆盖率稳步提高，劳动保障监察机构及配备力量逐步增加。2019 年，国务院颁布《保障农民工工资支付条例》，拖欠农民工工资问题多发、高发态势得到有效遏制。

三、对政府在劳动关系中的角色展望

中国政府在劳动关系中的角色发展过程与西方国家政府完全不同。在西方国家，政府角色遵循的是从对劳动关系放任不管到逐步介入的过程；而在我国，政府角色遵循的是从计划经济条件下劳动关系直接参与者到市场经济条件下劳动关系宏观调控者的过程。劳动关系治理能力现代化是国家治理能力现代化的重要体现，也是促进经济健康发展、保持社会大局稳定的必然要求。

我国的国体和政体决定了政府必须将劳动关系建立在维护劳动者基本权益、使广大劳动者能够分享经济社会发展成果的基础上。但政府介入劳动关系应在法定的边界内，遵照一定准则进行，包括法治化准则、市场化准则、适度化准则等。结合经济社会发展实际，进一步优化我国政府在劳动关系中的角色，应注重以下几点。

一是统一立法，形成科学完备的劳动法律体系。要尽快出台《劳动基准法》等重要劳动法律，加强对集体劳动关系的规制，建立适应新就业形态的劳动法律体系。同时，根据劳动关系发展变化特点不断修订和完善现有法律法规，做到维护劳动关系有法可依，有法必依，违法必究，执法必严。

二是加大宏观调控力度，完善劳动者就业、工资、社会保险等基本劳动经济权益实现机制。坚持就业优先战略和积极的就业政策，完善调控手段，健全就业公共服务体系，推动实现更加充分更高质量就业。加强职业培训，实施中国特色企业新型学徒制，全面推行终身职业技能培训制度，全面提高劳动者素质。完善收入分配制度，建立健全以薪酬调查为支撑的工资分配宏观调控机制，加大税收、社会保险、转移支付等调节力度和精准性，提高劳动者工资福利水平。健全覆盖全民、统筹城乡、公平统一、安全规范、可持续的多层次社会保障体系，提高养老、医疗、失业、工伤保险的统筹层次，提高劳动者社会保险待遇水平。

三是支持建立强有力的工会组织。工会是劳动关系的产物，它作为工人阶级的群众性组织，是职工合法权益的表达者和维护者。政府要在劳动关系领域做到公正执法、避免“权力寻租”，根本途径是培育工人自己的力量，即建立一支强大的工会组织。只有通过工会组织，劳动者合法权益的表达与维护才能从自发盲动走向组织有序。政府的当务之急，一方面要鼓励、支持和引导所有企业建立工会组织，特别在私营企业建立工会组织；另一方面要大力推进集体协商、企业民主管理、三方机制等集体劳动关系协调机制建设，形成工会有效发挥作用的制度环境。

四是加强和完善劳动争议处理和劳动保障监察。不断完善多主体、多方式、多层次的劳动争议多元处理格局，依法有效地处理争议案件，鼓励和支持劳动关系双方通过调解程序解决劳动争议，尽可能将绝大部分劳动争议案件终结在仲裁程序。政府及其有关部门是劳动法执法主体，特别是劳动行政、卫生和安全监察部门要进一步发挥职能作用，加大劳动保障执法力度，促进用人单位自觉遵守劳动法律法规。

第四章　工　会

工会又称劳工总会、工人联合会，是职工为争取更好工作条件等共同目标而自愿联合的组织。工会组织成立的主要意图是可以与雇主谈判工资、工时和工作条件等。工会组织的产生源于西方的工业革命，当时越来越多的农民离开土地涌入城市打工，但工资低廉且工作环境极为恶劣，单个的被雇佣者无力对付强有力的雇主，从而诱发工潮，进而催生了工会组织。

《中国工会章程》规定，中国工会是中国共产党领导的职工自愿结合的工人阶级群众组织，是中国共产党联系职工群众的桥梁和纽带，是国家政权的重要社会支柱，是会员和职工利益的代表。有效发挥我国工会的职能作用，对于维护职工合法权益，构建和谐劳动关系具有不可替代的重要作用。

一、中国工会的发展变迁

中国工会是在中国工人运动发展的基础上诞生的。1921 年中国共产党成立后不久，就成立了中国劳动组合书记部，1922 年 5 月召开了第一次全国劳动大会，确定筹备全国性工会组织。1925 年 5 月 1 日在广州召开了第二次全国劳动大会，正式成立了中华全国总工会。抗日战争时期暂停使用中华全国总工会的名称，成立陕甘宁边区总工会和各抗日根据地总工会。1948 年 8 月 1 日，解放区总工会和国民党统治区工会在哈尔滨联合召开了第六次全国劳动大会，决定恢复中华全国总工会。

（一）工会形成了以生产为中心的工作格局（1949—1978 年）

从旧社会的革命者成为新中国的建设者。新中国成立后，中国工会成为国家政权的重要社会支柱，1950 年《工会法》以法律形式确定了工会组织在人民民主专政体系中的地位和作用。1953 年，我国开始实施大规模以经济建设为中心的“一五”计划。同年召开的中国工会七大和 1958 年召开的中国工会八大，根据当时的形势提出并坚持了“以生产为中心，生产、生活、教育三位一体”的工会工作方针。“大跃进”期间，工会动员职工开展了广泛的群众生产运动，有力地促进了国民经济的恢复和发展。

（二）工会得以恢复和迅速发展（1978—2012 年）

1978—1992 年，工会在恢复中发展。1978 年中国工会九大的召开是工会复兴的标志，邓小平在中国工会九大的致辞中，明确指出了工会组织的性质、地位、作用和改革的方向。此后，工会组织不断恢复发展。1983 年 10 月，中国工会十大明确提出了“以四化建设为中心，为职工说话办事，维护职工合法权益”的方针。1988 年 9 月，全国总工会通过了《工会改革的基本设想》，涉及工会职能、加强党对工会的领导、理顺工会与政府关系等一系列问题。同年10月中国工会十一大明确了工会维护、建设、参与、教育四项基本职能，强调工会在全面履行四项职能时，要突出维护职能。1992年，我国颁布了新的《工会法》，为加强工会工作创造了更好的条件。

1992—2002年，工会顺应经济体制改革要求转型发展。1992年，党的十四大确立了建立社会主义市场经济体制的改革目标。1994年，全国总工会提出了工会工作总体思路，以贯彻实施劳动法为契机和突破口，带动工会各项工作，推动自身改革和建设。经过不断探索和改革，工会工作的指导思想不断明确和发展，工作内容逐步丰富，工作领域不断拓宽，工会在国家和社会生活中特别是在参政议政方面的作用日益明显，工会自身改革和建设也有了很大进步。针对国有企业改革造成大量职工下岗以及民营企业工会组建率低的问题，1999年全国总工会提出实现工会工作"五突破一加强"的基本要求，强调要更好地履行维护职能。2001年10月，新修订的《工会法》明确维护职工合法权益是工会的基本职责，也确立了工会"在维护全国人民总体利益的同时，代表和维护职工的合法权益"的使命。

2002—2012年，市场经济条件下工会作用进一步发挥。进入21世纪，国内外环境发生了深刻的变化。各级工会深入探索新的历史条件下工会工作的特点和规律，提出坚持走中国特色社会主义工会发展道路，确立"组织起来、切实维权"的工会工作指导方针，树立"以职工为本，主动依法科学维权"的工会维权观，明确“促进企业发展、维护职工权益”的企业工会工作原则，在推动科学发展、促进社会和谐稳定中发挥了重要作用。各级工会广泛开展“当好主力军、建功‘十一五’、和谐奔小康”等活动，组织广大职工积极投身重点工程建设、抗击重特大自然灾害、广泛开展“共同约定行动”应对国际金融危机，有力地推动了经济社会又好又快发展。积极参与《劳动合同法》等法律法规的制定，推动劳动关系三方协商机制普遍建立和工会与同级政府联席会议制度逐步完善，抓住劳动合同、集体合同和职工代表大会三个关键环节，推进工资集体协商，开展创建劳动关系和谐企业活动，基层协调劳动关系机制进一步完善。

（三）工会在改革中创新发展（2012 年至今）

党的十八大以来，习近平总书记围绕工人阶级和工会工作多次发表重要讲话、作出重要指示，为新时代工会工作创新发展提供了理论指导和行动指南。2015 年，按照党中央部署，全国总工会积极开展机关改革试点，并取得了阶段性成效。这次改革的总体考虑和布局是：增强“三性”、去除“四化”、做强基层、着力创新。党的十八大以来，各级工会以非公有制经济组织、社会组织、新产业新业态、开发区为重点领域，以农民工、货车司机等群体为重点对象，开展“强基层、补短板、增活力”工作和入会集中行动，工会组建工作不断取得历史性突破。2017 年 4 月，中共中央、国务院印发《新时期产业工人队伍建设改革方案》，首次专门部署产业工人队伍建设改革。在党的领导和关心下，我国工人阶级先进性不断增强，地位作用日益显现，素质不断提升。

二、工会组织建设

（一）改革开放前职工建会入会情况

新中国成立伊始，全国建立了 47 个省（市）总工会或筹备会和数以万计的基层工会组织，建立了 16 个全国性产业工会领导机构，同时建立了东北、华北、西北、中南、华东和西南六个大区一级的工会组织。1950 年底，全国工会会员从 1949 年的 237 万人发展到 517 万人。随着大批农民、手工业者和转业官兵加入工人队伍，1952 年底，工会会员人数达到 1002.3 万人，共 20 万个基层工会组织，全国性产业工会增加到 23 个。1956 年，党的八大作出了党和国家的工作重点转移到社会主义建设上来的重大战略决策，推动了职工队伍的扩大和工会的发展。1957 年底，全国工会会员人数达到 1360 万人。[①]1964 年，工会基层组织数量增加到了 18.6 万个，工会会员人数增加至 2150 万人，占已建立工会组织基层单位职工的比例提高至 77.4%，占全部职工的比例为 46.7%（见图 4–1）。

---

① 王永玺等．简明中国工运史 1925—2005［M］．北京：中国工人出版社，2005.

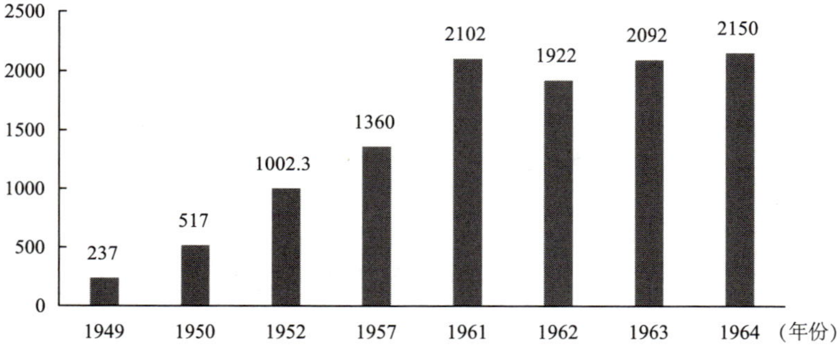

图 4–1　改革开放前职工入会情况（单位：万人）

资料来源：《中国工会运动史料全书》综合第九卷。

（二）改革开放后职工建会入会情况

改革开放后，全国工会基层组织数量和工会会员人数大幅增加。1978 年，中国工会九大召开时，全国工会会员有 5000 多万人。之后，工会组织随着职工队伍的壮大稳定发展。到 1992 年，全国工会基层组织数增加到 58.9 万个，工会会员人数增加到 1.03 亿人。20 世纪 90 年代中后期，国有企业改革造成大量职工下岗分流，工会组织受到影响。到 1999 年，全国工会基层组织数量下降到 50.9 万个，工会会员人数减少到 0.87 亿人。为应对挑战，全国总工会于 1998 年提出“哪里有职工，哪里就要建立工会组织”，经过各级工会的艰苦努力，到 2002 年底，全国工会基层组织数量增加到 93.1 万个，覆盖法人单位 171.3 万个，全国工会会员人数增加到 1.34 亿人。2004 年 12 月，全国总工会十四届二次执委会议确立了“组织起来、切实维权”的工作方针，各级工会继续加强工会组建工作。到2008年，全国基层工会数量增加到172.5万个，覆盖法人单位368.2万个，全国工会会员人数增加到2.12亿人[①]。2010年7月，全国总工会提出"两个普遍"，随后实施《2011—2013年推动企业普遍建立工会组织工作规划》，工会组建工作再上新台阶。根据中国工会十六大新闻发布会的数据，截至2013年6月底，全国基层工会组织总数达到275.3万个，覆盖基层单位637.8万个，工会会员总数达2.8亿人，其中农民工会员总数接近1.1亿人。

（三）新时代工会组织建设面临的挑战

党的十八大以来，各级工会以非公有制经济组织、社会组织、新产业新业态、开发区（工业园区）为重点领域，大力开展"强基层、补短板、增活力"工作和入会集中行动，工会组建工作取得新进展。截至2017年9月，全国已建工会基层组织280.8万个，工会会员人数3.03亿人，其中农民工会员1.4亿人。按全国职工总数3.91亿人计算，入会职工占全部职工的比例达到77.5%。[②]此后，工会基层组织和会员数量出现回落，2021年分别为221万个和2.55亿人。

与此同时，工会组建工作也面临新的挑战。一是私营企业入会实际情况遇到困难。2012—2019年，私营企业就业人员入会人

---

① 改革开放中不断奋进的中国工会［J］. 工运研究，2009（01）.

② 全国总工会研究室 . 中国工会统计年鉴2018［M］. 北京：中国统计出版社，2018.

数一直保持在0.98亿人左右，同期私营企业就业人员总数从1.13亿人大幅增长至2.28亿人。为此，需要通过党建带工建、推进“小三级”工会建设、建立联合基层工会和基层工会联合会等形式，进一步加大私营企业建会力度。二是新就业形态劳动者建会入会困难。新就业形态具有用工平台化、去雇主化等特征，劳动者流动性大、组织性弱，与工会属地化组建和管理为主的传统方式不相适应，其建会入会难的问题一直较为突出。为此，需要创新建会入会方式，通过平台企业总部工会实现对平台从业人员的“先服务，后组建”；加强区域性行业性工会联合会建设，实现对新就业形态劳动者的二次覆盖；探索设立“网上入会”通道，方便新就业形态劳动者加入工会。

三、开展劳动和技能竞赛

劳动和技能竞赛又称社会主义劳动竞赛，狭义的劳动和技能竞赛特指为完成某项生产或工作任务而组织开展的竞赛活动，广义的劳动和技能竞赛是职工经济技术活动的统称，包括生产竞赛、合理化建议、技术革新、技术攻关、技术协作、发明创造、岗位练兵、技术比赛等活动。劳动和技能竞赛作为党和国家依靠工人阶级建设社会主义国家的一种重要表现形式，是企业工会工作的一项重要内容。

改革开放前，劳动竞赛的主要内容是技术革新运动和先进生产者运动。新中国成立初期，广大工人为迅速恢复国民经济，开展献纳器材运动，进而开展了创造新纪录运动，抗美援朝时期又开展了爱国主义劳动竞赛。在大规模有计划的经济建设开始后，鞍钢工人发起了技术革新运动、合理化建议运动，标志着劳动竞赛发展到以提高技术、学习掌握新技术为内容的新阶段。1956年，在毛泽东的倡议下，波澜壮阔的先进生产者运动在全国兴起，促进了“一五”计划的提前完成。1958年，工人群众自发提出了“比先进、学先进、赶先进”的竞赛口号，以此为基础，全国掀起了以“比学赶帮超”为内容的劳动竞赛热潮。

改革开放后，劳动竞赛逐步走出一条与市场经济相适应的新路子。20世纪80年代中后期，劳动竞赛围绕经营承包责任制，开展了达标、超标、创水平、上台阶等多种形式的竞赛活动，职工群众创造出“承包加竞赛，效益上得快”等一系列新经验，有力推进了劳动竞赛向深层次发展。1992年，党的十四大确立社会主义市场经济体制改革目标后，劳动竞赛也进入了转型发展的新阶段。劳动竞赛的目标由注重产量向提高经济效益转变，竞赛领域由生产过程向生产经营全过程转变，竞赛对象由偏重一线工人向全员参与转变，竞赛方式由体力型向智力型转变，竞赛组织由工会独家管理向工会牵头、各部门配合齐抓共管的格局转变，激励机制由精神激励为主向精神、物质激励并重转变。进入21世纪，推动技术创新、提高职工素质开始成为劳动竞赛的主旋律。同时，非公企业劳动竞赛覆盖面迅速扩大。

新时代，我国劳动和技能竞赛进入了创新发展的新阶段。一是按照习近平总书记提出的“见人、见物、见精神”的要求，竞赛目标走向多元化。二是群众性技术创新和职工素质提升活动发展成为劳动竞赛的重点，劳动竞赛也因此演变成为劳动和技能竞赛。三是绿色发展成为劳动和技能竞赛的一项重要内容，深入开展了各种形式的节能减排活动。四是全国引领性劳动和技能竞赛发展成为服务国家重大战略实施的有力抓手。五是全国总工会印发了《关于广泛深入持久开展“五小”活动的指导意见》等一系列政策文件，竞赛机制更加完善。六是全国总工会提出“广泛深入持久开展多种形式的劳动和技能竞赛”的新要求，劳动和技能竞赛进入创新发展的新阶段，覆盖面不断扩大，内涵不断深化，长效机制不断形成。

四、依法履行维护职工合法权益的基本职责

职工合法权益主要包括劳动经济权益、民主政治权利、精神文化权益和社会权利等，同时还体现在女职工、困难职工、农民工等特殊群体的权益方面。

（一）维护职工基本权益

一是保障职工取得劳动报酬的权利。《劳动法》规定，职工一方与企业可以就劳动报酬、工作时间、休息休假、劳动安全卫生、保险福利等事项签订集体合同，集体合同由工会代表职工与企业签订。因此，工会在企业工资共决中发挥着重要作用。二是保障职工休息休假的权利。工会在维护职工休息休假权方面的作用主要体现在：源头参与相关法律法规的制定和修改、督促企业依法安排劳动者休息休假、加强劳动定额标准管理等。三是保障职工

获得劳动安全卫生保护的权利。工会依法对安全卫生工作进行监督，组织职工参加本单位安全生产民主管理，维护职工在职业安全卫生方面的合法权益，依法推动就工作条件、劳动定额、女职工特殊保护、职业病防治等开展集体协商，组织开展“安康杯”竞赛活动。四是切实保障职工享受社会保险的权利。新中国成立初期，劳动保险由国家授权工会组织全权管理。改革开放后，工会主要通过源头参与相关法律法规的制定、督促企业依法为职工缴纳各项社会保险等方式保障职工的社会保险权益。五是保障职工接受职业技能培训的权利。工会主要通过开展技能培训、岗位练兵和技能竞赛活动提高职工技术技能水平。工会开展技能培训的主要途径有：配合企业行政部门开展岗位技能培训活动、办好各类职工学校、打造网络学习平台等。

（二）帮扶困难职工

一是实施“送温暖工程”，1992年元旦和春节期间，全国总工会送温暖慰问团赴全国各地走访慰问了困难企业和职工。此后，全国总工会把此项活动拓展为一年一度的“送温暖工程”。二是建立困难职工帮扶中心。主要工作包括：职工基本生活救助、职工法律援助、职工子女入学救助和职工就业帮扶等。三是开展“金秋助学”活动，助学的主要对象是国家助学体系暂时没有覆盖，或者已经覆盖到但需要进一步救助的困难职工和农民工上学子女。

（三）加强工会农民工工作

一是狠抓重点区域、重点行业，创新入会方式，不断扩大工会组织对农民工有效覆盖。二是通过开展各种形式的就业服务活动、建立工会区域劳务协作机制、发放工会小额贷款等形式，支持农民工就业创业。三是有针对性地开展农民工技能培训，帮助其提高职业技能和就业能力。四是推动农民工集中的行业、企业普遍开展集体协商，引导农民工参加城镇社会保险。五是做好“安康杯”竞赛活动提质扩面工作，加强农民工安全生产和职业健康保护。六是深入开展“送温暖工程”、“金秋助学”、农民工平安返乡等活动，加强对困难农民工的帮扶。

五、构建和谐劳动关系

工会在构建和谐劳动关系中的重要作用主要体现在以下几点。

（一）建立健全劳动关系协调机制

一是全面实行劳动合同制度。依法推动用人单位和劳动者签订劳动合同，监督劳动合同主体双方认真履行合同。对于未履行合同的企业，工会要依法要求其整改，或支持职工通过仲裁、诉讼方式解决。二是积极推行集体协商和集体合同制度。开展集体协商要根据企业生产经营状况分类实施，坚持以劳动密集型和中小企业集中的行业（区域）为重点，聚焦行业最低工资标准、主体工种指导价位、劳动定额、计件单价、劳动保护、休息休假、福利待遇等进行协商。当前，开展集体协商亘在“提质增效”，切实维护职工合法权益。三是健全协调劳动关系三方机制。1990 年，我国批准了《三方协商促进履行国际劳工标准公约》。2001 年 8 月，劳动和社会保障部、全国总工会、中国企联召开了国家协调劳动关系三方会议第一次会议，标志着我国国家级协调劳动关系三方机制正式建立。截至 2017 年 9 月底，全国共有各级三方机制组织 22185 个，其中省级 32 个，地市级 364 个，县级 2564 个，街道（乡镇）和工业园区 15282 个。[①] 工会在三方机制中发挥着重要作用，一是把工资收入等职工最关心的问题作为三方协商重点，切实解决劳动关系领域的突出问题。二是督促企业依法与职工签订劳动合同，大力加强集体协商和集体合同机制建设，积极推进企业劳动争议调解委员会建设并充分发挥其作用。三是依托三方机制，有效调处因劳动关系矛盾引起的群体性事件。

（二）开展企业民主管理

开展企业民主管理对加强基层民主政治建设、维护职工合法权益、促进企业持续健康发展、构建和谐劳动关系具有重要作用。目前，我国已形成以职工代表大会为基本形式，以厂务公开制度，职工董事、职工监事制度等为主要内容的企业民主管理制度。工会在实施企业民主管理中起着重要作用，《企业民主管理规定》第五条规定，企业工会应当组织职工依法开展企业民主管理，维护

① 彭文卓．多措并举推动构建和谐劳动关系［N］．工人日报，2018-09-25．

职工合法权益。《企业民主管理规定》第二十二条规定，企业工会委员会是职工代表大会的工作机构，负责职工代表大会的日常工作。

（三）开展劳动关系矛盾调处

一是发挥工会在化解劳动争议中的积极作用。工会在劳动争议调解中负有重要职责，主要表现在督促、帮助企业依法建立劳动争议调解委员会，主持并参加劳动争议调解委员会工作，推动建立区域性、行业性劳动争议调解组织。二是开展工会法律援助。2008 年 8 月，全国总工会发布《工会法律援助办法》，规定建立法律援助制度，为合法权益受到侵害的职工、工会工作者和工会组织提供无偿法律服务。工会法律援助的形式有：解答有关劳动法律法规政策、代写法律文书、审查劳动合同、代理非诉讼案件、担任劳动争议仲裁和诉讼案件代理人等。三是预防和应急处置劳动关系群体性事件。注重发挥工会协助党政有关部门妥善处理劳动关系群体性事件的独特作用，立足预防，重在化解，深入开展和谐劳动关系企业创建活动，强化困难帮扶和法律援助，平衡劳动关系双方利益，预防和化解劳动关系矛盾。

六、中国工会在劳动关系中的角色定位

世界上任何工会都是在本国既有社会制度下的社团组织，不可避免地会带着本国的特色，中国的基本社会制度也决定了中国工会的角色定位。因此，中国工会在性质、职能、组织制度等方面，与西方工会都有着本质的区别和显著的不同。

（一）中国工会的性质

工会的性质是指工会的本质属性或本质特征，是工会组织区别于其他社会组织的根本标志。《中国工会章程》规定，中国工会是中国共产党领导的职工自愿结合的工人阶级群众组织，是党联系职工群众的桥梁和纽带，是国家政权的重要社会支柱，是会员和职工利益的代表，充分表明中国工会具有阶级性、群众性、政治性高度统一的基本特征。这既是中国工会区别于其他社会组织的重要标志，也是中国工会与西方国家工会存在本质区别和显著不同的根本原因所在。

（二）中国工会的"双维护"职能

《工会法》规定，维护职工合法权益、竭诚服务职工群众是工会的基本职责。工会在维护全国人民总体利益的同时，代表和维护职工的合法权益。这体现了中国工会"双维护"的特点。有人认为，相较于西方工会的"单维护"，"双维护"本身就是矛盾的，不利于维护职工权益。实际上，"双维护"本身并不矛盾，职工合法权益中的"法"字就是"双维护"的结合点。只要职工的权益是合法的，就不会违背全国人民总体利益。另外，维护全国人民总体利益是包括工会在内的各个组织、公民应尽的职责，但工会作为一个重要的社会团体，维护全国人民总体利益仍有必要提倡。工会在处理"双维护"的关系时，其重点和出发点仍是"代表和维护职工"，这也是党对工会的基本要求。"双维护"的职能也对我国工会工作提出了更高要求，即要不断完善体制机制，通畅劳动者利益诉求表达和利益协调渠道，使劳动关系矛盾以一种更温和的方式得到化解，而不是事后被动维权。

（三）中国工会的组织制度

一是中国工会是一个统一的整体。《工会法》规定，全国建立统一的中华全国总工会。中华全国总工会是中国唯一合法的工会组织，决不允许出现脱离中华全国总工会领导的“独立工会”“民间工会”等非法工会组织。二是实行民主集中制原则。会员“个人服从组织，少数服从多数，下级组织服从上级组织”，按照群众组织的性质和特点，建立充分体现群众化、民主化要求的领导机构和工作制度。

| 第二部分 |

劳动者基本权益的实现状况

在我国，劳动者享有广泛的权利，《劳动法》规定，劳动者享有平等就业和选择职业的权利、取得劳动报酬的权利、休息休假的权利、获得劳动安全卫生保护的权利、接受职业技能培训的权利、享受社会保险和福利的权利、提请劳动争议处理的权利以及法律规定的其他劳动权利。2015年，中共中央、国务院印发的《关于构建和谐劳动关系的意见》要求依法保障的职工基本权益有五项：取得劳动报酬的权利、休息休假的权利、获得劳动安全卫生保护的权利、享受社会保险和接受职业技能培训的权利。在此，我们把劳动者基本权益定义为五项：就业、工资和工时、社会保险、职业安全卫生、职业培训。

第五章　就　业

就业权是劳动者享有其他各项权利的基础。新中国成立70多年来，我国就业工作取得历史性成就，发生历史性变革。特别是改革开放以来，我国就业政策体系和就业服务日趋完善，彻底改变了计划经济体制下的就业模式和就业活力不足的局面，逐步形成了适应社会主义市场经济要求的就业体制机制，推动我国就业规模持续扩大，就业结构不断优化，就业质量不断提高，走出了一条有中国特色的就业发展道路。

一、就业制度的变迁

新中国成立以来，我国就业制度的变迁大致可以划分为三个阶段：新中国成立后到改革开放之前（1949—1978年）、改革开放后到党的十八大之前（1978—2012年）和进入新时代后（2012年至今）。

（一）实行“统包统配”的就业制度（1949—1978年）

新中国城市劳动就业问题在新中国成立初期和计划经济时期呈现不同的特点。新中国成立初期（1949—1956年）以解决旧社会遗留下来的失业问题为主，实行“统一介绍就业与自行就业相结合”的就业方针。社会主义三大改造基本完成后，计划经济时期（1956—1978 年）实行“统包统配”的就业制度，解决城市新增劳动力的就业问题成为工作的重点。

1. 新中国成立初期，实行“统一介绍就业与自行就业相结合”的就业方针

新中国成立之初，为争取经济状况的基本好转和政局稳定，国家对旧社会遗留下来的外国企业和官僚资本企业的职工，对所有旧公教人员及一切公私企业富余职工采取“包下来”的政策，失业人员也由劳动部门介绍就业。在不断加强政府劳动部门统一介绍就业取向的同时，也允许城镇失业人员积极自谋职业，以扩大就业和减少失业人口，形成了多种方式、多渠道就业的格局。随着国民经济的恢复，为全面规划劳动就业问题，政务院于 1952 年 7 月召开了专门会议，随后公布了《关于劳动就业问题的决定》，提出了解决城市就业的总方针，并对城市中不同人群的劳动就业问题作出了具体的规定。同时，政务院在《关于处理失业工人办法》中强调，应从统一介绍就业开始，逐渐达到统一调配劳动力。但在实际工作中还不能完全做到统一介绍就业。1953 年 8 月，中共中央批准下发的劳动就业委员会、内务部和劳动部《关于劳动就业的报告》中规定，各单位招聘的工人、职员数量较大时，由劳动部门负责介绍、选择和录用；招工数量较少时，可自行在当地失业人员中选用或另行招聘。各企事业单位的用人基本上仍保持了能进能出的劳动力就业机制。

2. 计划经济时期，实行“统包统配”的就业制度

1955 年，劳动部明确规定了劳动力统一招收和调配的基本原则和办法，各企业招工必须由劳动部门统一进行。同年，政府还颁布了关于禁止辞退职工的规定，各单位用人只能进不能出的局面由此形成。1957 年 1 月，国务院下发《关于有效地控制企业、事业单位人员增加，制止盲目招收工人和职员的现象的通知》，要求企业一律停止从社会上招收工作人员，临时工人应当从现有企事业单位和国家机关工作人员中调剂，企业用人权进一步集中到政府劳动部门。至此，以“统包统配”和固定工制度为主要特征的计划劳动就业制度得以确立。1968 年，全国掀起知识青年上山下乡的高潮。

计划经济体制下“统包统配”的就业制度主要由三个基本部分构成。一是统一的劳动力招收和调配制度。为了在推动重工业优先发展的同时保持社会稳定，城市居民由劳动人事部门按照整体经济计划和资源配置统一安排就业和岗位。其中，国有部门是解决就业的主渠道，辅之以城市集体经济部门。统一分配和统一安置的人员都成为用人单位的固定工，不许随便辞退，由此形成能进不能出的固定工制度。二是统一的工资分配、社会保险和社会福利制度。取消了同一地区企业和单位之间的工资差别，只承认工资的地区差别。企业实行的是劳动保险和职工福利，机关事业单位实行的是社会保险和社会福利，但是其保险和福利水平是基本相当的。三是统一的户籍管理制度。1958 年，国务院颁布《户口登记条例》，广泛实行与户籍制度相配套的就业安置、粮

食供应、子女入学和住房分配等各种制度。在这期间，我国的工业特别是重工业的发展速度虽然较快，但并没有吸收农村剩余劳动力。

这种行政性极强的就业政策在新中国成立初期对于防止新的失业、建立和巩固新生的政权、恢复和发展国民经济都起到了有效的促进作用；在“一五”期间，迅速满足各部门对劳动力的需求也收到了显著成效。但随着时间的推移，“统包统配”的就业制度也逐渐暴露出以下几个问题：不承认存在失业现象，但是隐性失业普遍存在；优先发展重工业，所有制上追求“一大二公”，造成就业结构畸形；企业没有用人自主权，职工没有就业选择权，劳动力流动率较低，导致人力资源配置不合理；为了保持高的就业率，实行低工资政策，名义上实行按劳分配，但客观上存在“大锅饭”现象、平均主义比较严重；等等。

（二）适应市场经济体制的就业制度逐步形成（1978—2012年）

改革开放后，在经济体制改革的推动下，我国劳动就业制度改革不断深化，劳动者与用人单位相互选择的市场机制逐步形成。

1. 实行“三结合”就业方针指导下的多元就业政策（1978—1992年）

改革开放初期，“统包统配”的就业制度短时间内难以为大量回城的知识青年及应届毕业生安排工作，造成大量待业。1980年8月，党中央明确提出实行“劳动部门介绍就业、自愿组织起来就业和自谋职业相结合”（即“三结合”）的就业方针，“三结合”的就业方针实质上是党的十一届三中全会提出的多种经济形式并存的经济政策在就业工作上的具体体现，是我国就业理论和就业政策的重大突破。1981 年 10 月，中共中央、国务院又作出了《关于广开门路，搞活经济，解决城镇就业问题的若干决定》，进一步明确了多渠道解决就业问题的政策。随着就业管理体制的改革及各项政策的落实，到 1982 年，全国多数地区前期积累下来的包括返城知识青年在内的城镇失业问题基本得到解决。

1986 年 7 月，国务院发布《国营企业实行劳动合同制暂行规定》，要求国营企业在新招收的工人中实行劳动合同制，但对于原有的职工仍然实行既有的固定工制度，由此形成一种国营企业劳动用工制度上的“双轨制”，即固定工和合同工并存。在这一阶段，国家加大了对乡镇企业发展的支持，特别是 1984 年后，乡镇企业大都实行了各种形式的承包经营责任制，进入高速发展期。1984 年，乡镇企业吸纳农村劳动力 5208.11 万人，占同期农村劳动力的比重为 14.5%；1992 年，乡镇企业吸纳农村劳动力 10624.59 万人，占同期农村劳动力的比重达到 24.26%，[①] 成为吸纳农村剩余劳动力的重要渠道。

2. 市场导向的就业机制初步形成（1992—2002 年）

国有企业“双轨制”的就业模式，从一开始就具有过渡性和阶段性的特征，随着经济体制改革的不断深入，其弊端也逐步显

① 国家统计局农村社会经济调查总队编. 新中国五十年农业统计资料［M］. 北京：中国统计出版社，2000.

露，主要是制约了统一劳动力市场的形成，不利于人力资源的合理配置。1992 年 10 月，党的十四大明确我国经济体制改革的目标是建立社会主义市场经济体制后，先后出台了一系列配套政策法规，市场导向的就业机制逐步确立。

1994 年 7 月，《劳动法》规定，建立劳动关系应当订立劳动合同，从法律上明确了劳动合同制是我国劳动用人制度的基本形式。1994 年 8 月，劳动部发出《关于全面实行劳动合同制的通知》，要求各地要积极贯彻实施《劳动法》的规定，以促进这一新的用人制度的建立和运行。同年 11 月，劳动部下发《企业经济性裁减人员规定》，允许企业按照劳动合同解雇、辞退富余人员。到 1996 年底，全国城镇企业职工签订劳动合同的人数达 1.06 亿人，占城镇企业职工总数的 96.4%，[①] 企业实行全员劳动合同制的目标基本实现，为统一劳动力市场的形成创造了必要条件，也为下一步“下岗分流、减员增效”的国有企业改革奠定了基础。1999 年，党的十五届四中全会明确提出建立市场导向的就业机制后，就业及相关制度改革步伐不断加快，劳动者自主择业、市场调节就业、政府促进就业的新就业机制基本形成。在这一阶段，国家对农村劳动力转移的政策发生了积极的变化，先后出台《农村劳动力跨省流动就业管理暂行规定》《小城镇户籍管理制度改革试点方案》等一系列规定，鼓励、引导农村剩余劳动力在宏观调控下有序流动，“外出务工”也取代乡镇企业的就地转移，成为我国农村剩余

① 劳动部. 1996 年度劳动事业发展统计公报［J］. 中国劳动，1997（07）.

劳动力转移的主要方式。

3. 积极就业政策的基本框架开始形成（2002—2012年）

2002年，党的十六大报告指出：“就业是民生之本。扩大就业是我国当前和今后长时期重大而艰巨的任务。国家实行促进就业的长期战略和政策。”2003年，党的十六届三中全会通过的《中共中央关于完善社会主义市场经济体制若干问题的决定》，进一步强调，把扩大就业放在经济社会发展更加突出的位置，坚持劳动者自主择业、市场调节就业和政府促进就业的方针，实施积极的就业政策。至此，我国积极就业政策的基本框架开始形成，并在此后的实践中不断得到强化。一是2002年9月中共中央、国务院下发《关于进一步做好下岗失业人员再就业工作的通知》，要求继续实施再就业工程和落实“三条保障线”等政策措施。2005年11月，国务院下发《关于进一步加强就业再就业工作的通知》，提出了促进就业创业的各种政策措施。二是2006年1月国务院出台《关于解决农民工问题的若干意见》，从就业等十个方面提出了四十条意见，成为解决农民工问题的纲领性文件。三是2007年十届全国人大常委会第二十九次会议通过《就业促进法》，确立了促进就业的政策体系、制度保障和长效机制，为实施积极的就业政策提供了法制保障。四是在2008年应对国际金融危机中，形成了更加积极的就业政策，包括在治理失业中更注重再就业、在大力开发岗位的同时注重开发技能、在促进就业时注重鼓励创业等内容。

（三）推动实现更加充分和更高质量就业阶段（2012 年至今）

随着中国特色社会主义进入新时代，我国社会主要矛盾已经转化为人民日益增长的美好生活需要和不平衡不充分的发展之间的矛盾。就业是美好生活的重要组成部分，劳动者不仅希望有工作，而且对就业质量也有更大的期许。党的十八大以来，党和政府始终坚持以人民为中心，逐步明确了“实现更加充分更高质量就业”的目标，强调实施就业优先战略和更加积极的就业政策。在这一阶段，我国全面贯彻劳动者自主就业、市场调节就业、政府促进就业和鼓励创业的方针，坚持发挥市场在促进就业中的决定性作用，推动统一开放、竞争有序的人力资源市场体系建设，出台《关于大力推进大众创业万众创新若干政策措施的意见》，支持鼓励大众创业、万众创新，形成了供求双向选择、劳动者自主就业创业新格局。2018 年，在中美贸易摩擦的背景下，党中央提出做好“六稳”工作，其中“稳就业”居于首位。2019 年的《政府工作报告》提出，要实施就业优先政策，并首次将就业优先政策置于宏观政策层面。2020 年，随着新冠疫情在全球的不断蔓延，党中央高度重视就业工作，并在“六稳”的基础上提出了“六保”的任务，其中“保就业”居于首位。

改革开放以来，我国就业政策的变迁与经济体制改革始终紧密联系在一起，整体上保持着稳健、渐进的推进节奏。总体来看，我国就业政策变迁的特征主要体现在三个方面。一是我国就业方针不断与时俱进。从20世纪80年代初“三结合”的就业方针，到90年代“劳动者自主择业、市场调节就业、政府促进就业”的就业方针，再到党的十八大以来“劳动者自主就业、市场调节就业、政府促进就业和鼓励创业”的新时代就业方针，市场导向的就业机制逐步建立并不断完善。二是“自下而上”和“自上而下”改革相结合。在整个劳动力市场转型过程中，一方面，城乡劳动力为寻求就业机会不断突破传统制度束缚，自发地跨地区、跨部门和跨所有制界限流动；另一方面，政府因劳动力流动性增强的新情况，有节奏地放松制度限制，并相应地对传统体制进行改革。这种上下结合的改革方式，保证了政府职能与市场作用方向的一致性。三是劳动就业法制化建设稳步推进。从1983年开始劳动合同制试点到1986年国务院发布《国营企业实行劳动合同制暂行规定》《国营企业招用工人暂行规定》《国营企业辞退违纪职工暂行规定》《国营企业职工待业保险暂行规定》，从1995年劳动法出台到2008年就业促进法、劳动合同法实施，促进就业和劳动关系调整的法律体系逐步完善。

二、劳动者就业权益的实现情况

劳动者就业权益的实现情况主要体现在以下四个方面。

（一）充分就业取得巨大进展

一是改革开放前，城镇就业增长出现了由快到慢的变化。1949年新中国成立时，全国城镇就业人员只有1533万人，失业者高达 474.2 万人，失业率 23.6%。为了迅速恢复经济和保持政局稳定，政府采取了一些措施发展经济和控制失业，全国就业形势明显好转。1952 年，城镇就业人数迅速增至 2486 万人，失业人数减至 376.6 万人，失业率下降至 13.2%。“一五”实施后，国家开始了大规模的经济建设，劳动力需求大增，就业状况进一步好转。到“一五”结束时，城镇就业人数增加到 3205 万人。之后，我国城镇就业出现了起伏。1978 年末，城镇就业人员 9514 万人；1958—1978 年，我国城镇就业人员年均增长仅 2.97%。①

二是改革开放后，城镇就业持续增长、供求关系持续改善。以 1978 年 12 月召开的党的十一届三中全会为标志，我国进入了改革开放的新时期。党和政府坚持以经济建设为中心，逐步发挥劳动力市场在就业中的主渠道作用，积极引导非公有制经济发展，大力发展轻工业和第三产业，创造了大量就业机会，促进了我国就业规模不断扩大。根据国家统计局数据，2010 年末，全国城镇就业人员 34687 万人，比 1978 年的 9514 万人增长了 2.64 倍。《2010 年度部分城市公共就业服务机构市场供求状况分析》表明，求人倍率（岗位空缺与求职人数比率）首次突破 1，表明该劳动力市场出现了从供过于求到供不应求的转变，此后，该比率呈持续上升趋势，2020 年二季度达到 1.32。

三是党的十八大以来，城镇就业规模稳中有升，城镇调查失业率保持低位。2012—2019 年，城镇新增就业每年都保持在 1200

① 庆祝新中国成立 60 周年系列报告之六：多方式就业格局初步形成 规模显著扩大 [EB/OL]. 国家统计局官网，2009-9-14.

万人以上，2020 年由于新冠疫情有所回落（见图 5–1）。同时，全国城镇调查失业率均保持在较低水平，2018 年以来基本控制在 5.5%左右，仅在 2020 年新冠疫情期间短期达到 6%。重点群体就业基本稳定，2016 年以来，高校毕业生的人数连年增长，2021 年达到 909 万人，就业水平总体保持稳定。农民工的总量也在继续扩大，但增速放缓，2021 年达到 29251 万人。大众创业、万众创新的良好局面逐步形成，新登记市场主体快速增加，新就业形态不断涌现，成为拉动就业增长的新引擎。

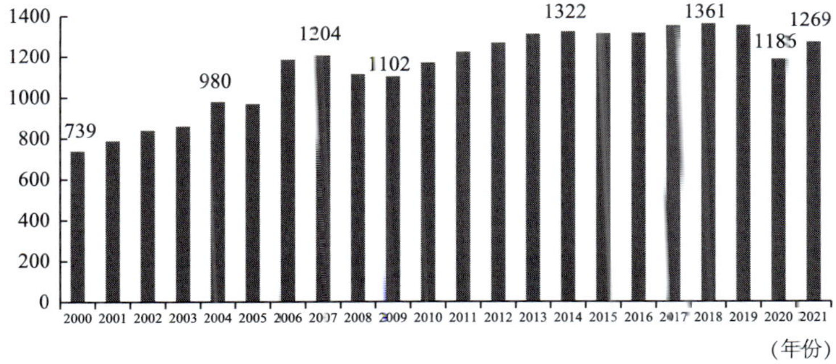

图 5–1　2000—2021 年全国城镇新增就业人数（单位：万人）

资料来源：2000—2021 年《人力资源和社会保障事业发展公报》。

（二）就业结构显著优化

一是就业的城乡结构发生巨大变化。新中国成立以前，我国基本上处在农业社会，城镇就业比例很低。1949 年，全国城镇就业人员只有 1533 万人，仅占全国就业人员的 8.5%。新中国成立后，随着国民经济的逐步恢复，特别是工业化进程的加快，在城镇大量失业人员得到安置的同时，也吸引了大量的农村劳动力到城镇就业。到 1962 年末，城镇就业人员已达 4537 万人，占全国就业人员的比重上升到了 17.5%。1978 年，城镇就业人员已达 9541 万人，占全国就业人员的比重上升到了 23.7%。改革开放后，随着经济的持续快速发展，城镇就业人员迅速增加，2020 年达到 46271 万人，占全国就业人员的比重达到了 61.6%。

二是第三产业逐渐发展成为吸纳就业的主渠道。1952 年，全国从事第一、二、三产业的就业人数分别为 17317 万人、1531 万人和 1881 万人，就业占比分别为 83.5%、7.4%和 9.1%。“一五”后，我国迅速建立了完整的工业体系，促进了第二、三产业就业人数的迅速增加。1978 年末，第一、二、三产业的就业人数分别为 28318 万人、6945 万人和 4890 万人，就业比重分别为 70.5%、17.3%和 12.2%。改革开放以后，针对过去产业结构偏重少轻的情况，我国将发展重点转向与人民生活密切相关的轻工业、服务业以及制约国民经济发展的交通运输、邮电通讯、金融保险等行业，产业结构逐步趋向合理，就业结构发生了显著变化。第一产业就业人数在 1991 年达到峰值 39098 万人后步入长期下降趋势，第二产业就业人数在 2012 年达到峰值 23226 万人后有所回落，第三产业就业人数则一直保持上升趋势。2021 年末，第一、二、三产业就业人数分别为 17072 万人、21712 万人和 35868 万人（见图 5-2），就业占比分别为 22.9%、29.1%、48%，第三产业成为吸纳就业的主渠道。

三是非公经济就业比重迅速上升。新中国成立初期，个体私

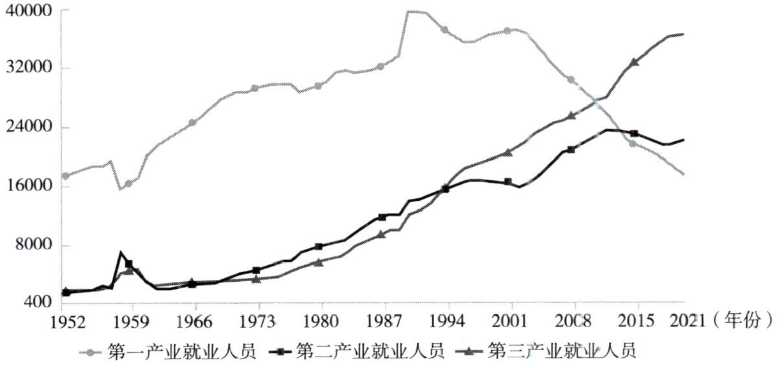

图 5-2　1952—2021 年我国第一、二、三产业就业人数变化情况（单位：万人）

资料来源：历年《中国统计年鉴》。

营经济在我国国民经济中还占有相当的比重，个体劳动者占城镇就业人员的比重在 50%左右。但此后，由于过分强调公有制，导致了个体私营经济全面萎缩，到 1978 年，全国个体就业人员仅有 15 万人。改革开放后，随着以公有制为主体多种经济并存的经济制度确立，越来越多的人进入非公经济领域就业，非公经济单位就业人数迅速增长。20 世纪 90 年代以来，私营个体经济平均每年创造就业岗位 450 万个以上，占全部城镇就业人员年均增量的 60%以上。非公经济在创造就业岗位、吸纳失业人员、促进社会稳定方面发挥了越来越重要的作用。根据国家统计局数据，到 2019 年，城镇非公经济单位[①]就业人员已达 35227 万人，占城镇就

① 这里的非公经济单位主要包括私营企业、有限责任公司、外资企业、港澳台投资企业等，未包括股份有限公司。

业人员的比重从 1978 年的 0.2% 增加到 2019 年的 77.9%。其中，私营企业从业人员达 14567 万人，占 32.2%；个体经济从业人员达 11692 万人，占 25.8%；有限责任公司就业人员达 6608 万人，占 14.6%；外资企业及港澳台投资企业从业人员达 2360 万人，占 5.3%。

四是就业人员素质大幅提升。新中国成立以前，我国的文化教育水平十分落后，劳动者普遍处在文盲或半文盲状态，接受过高等教育的人更是凤毛麟角。新中国成立以后，我国在大力发展正规学校教育的同时，还通过举办扫盲班、夜校等多种形式提高劳动者文化教育水平。改革开放以来，我国教育事业进一步发展，就业人员整体素质明显提高。第七次全国人口普查数据显示，2020 年，我国拥有大学（指大专及以上）文化程度的人口为 2183 万人，占总人口的比重达到 15.5%；15 岁及以上人口平均受教育年限由 1982 年的 5.8 年提高至 9.91 年，文盲率由 1982 年的 22.81% 下降为 2.67%。同时，劳动者专业技术水平和职业技能素质大幅提高。截至 2020 年底，累计有 3588 万人取得各类专业技术人员职业资格证书，初步建立了一支规模宏大、结构合理、素质优良的专业技术人才队伍。根据人力资源社会保障部公布数据，2020 年全国技能劳动者超过 2 亿人，其中高技能人才超过 5000 万人。技能劳动者占就业人口总量的 26%，高技能人才占技能人才总量的 28%。

（三）失业规模得到有效控制

新中国成立70多年来，党和政府审时度势，及时调整就业政策，失业规模得到了有效控制。

一是新中国成立初期迅速解决了旧中国遗留下来的严重失业问题。新中国成立伊始，我国城镇存在着大批失业人员，主要包括工人、商人、知识分子、国民党政权遗留下来的旧公职人员、流入城市的农村剩余劳动力等。为解决城市失业问题，中央和各级政府主要采取了以下措施：对国民党政权遗留下来的旧公职人员和官僚资本主义企业雇员实行"包下来"的政策，对私营工商业采取"公私兼顾，劳资两利"的方针以稳定就业，对原有失业人员采取以工代赈、生产自救等措施进行安置，对部分失业者进行转业训练以促进其就业。经过三年努力，城镇失业问题得到初步解决。1949—1952年，城镇失业人数由474.2万人减少到376.6万人，失业率由23.6%下降到13.2%。随着"一五"的实施，城镇失业状况得到扭转，1957年末失业率进一步降至6%以下。

二是改革开放初期实行"三结合"方针解决城镇失业问题。20世纪70年代末，"文化大革命"时期下乡的知识青年大量返城，再加上每年新增的各类毕业生，城镇就业形势较为严峻。据统计，仅1978年和1979年，返城的知识青年就达到了650万人以上。1979年，城镇累计待业人员达到了1500万人，城镇登记失业率达到5.4%。针对这种形势，1980年8月，党中央提出了"三结合"的就业方针，即"劳动部门介绍就业、自愿组织起来就业和自谋职业相结合”的方针，允许个体等非公经济发展，广开就业门路，形成了多渠道就业的政策。1979—1981 年，全国共新增城镇就业人员 2600 多万人，多数地区基本解决了前期积累下来的城镇失业问题。

三是实施积极就业政策化解国企改革带来的下岗失业问题。20 世纪 90 年代中后期，国有企业改革在取得巨大进展的同时，也导致大量职工下岗。仅 1998—2002 年，国有企业下岗职工累计就达到 2022 万人。为了解决国有企业大量职工下岗引发的失业问题，1998 年 6 月，中共中央、国务院下发了《关于切实做好国有企业下岗职工基本生活保障和再就业工作的通知》，保障下岗职工基本生活，促进其再就业。2002 年 9 月，中共中央、国务院又召开全国再就业工作会议，并制定下发了《关于进一步做好下岗失业人员再就业工作的通知》，采取税费减免、社会保险补贴、岗位补贴、培训补贴、就业服务等一系列政策，极大地促进了下岗失业人员再就业。

（四）市场导向的就业机制逐步形成

劳动就业法律体系建设日益完善。1993 年，党的十四届三中全会通过《中共中央关于建立社会主义市场经济体制若干问题的决定》，明确提出要建立社会主义市场经济体制，培育和发展劳动力市场。1994 年以来，我国先后制定实施了《劳动法》《就业促进法》《劳动合同法》《职业教育法》等一系列关于劳动的法律法规，确立了以“劳动者自主择业、市场调节就业、政府促进就业”为主要特征的市场导向就业机制。

劳动力市场的决定性作用不断增强。一是就业渠道多元化。截至 2019 年底，城镇非公有制经济就业人员已达 35227 万人，占城镇就业人员的比重从 1978 年的 0.2%增加到 2019 年的 77.9%。二是就业形式多样化。非全日制就业、季节性就业、兼职就业、家庭就业、自由职业者等多种就业形式的出现，适应了企业灵活用工和劳动者灵活就业的需要，提高了劳动力资源的配置效率。三是就业观念市场化。通过劳动力市场实现双向选择已经成为最主要的择业方式。劳动者为获得就业岗位或更高收入而进行的流动，不再局限在一个地区、一个行业的小范围，而是打破了城乡、地区、所有制界限。

就业政策和服务体系不断丰富发展。在就业政策方面，我国从 2002 年开始确立积极就业政策体系的基本框架，到 2008 年为应对国际金融危机形成更加积极的就业政策，再到党的十八大以来更加突出创业和就业紧密结合、支持发展新就业形态的政策，积极的就业政策不断升级。在就业服务体系方面，20 世纪 80 年代初，为适应双向选择和劳动力流动需要，各地相继建立了一些职业介绍机构；2009 年以来，人力资源社会保障部先后发布《关于进一步加强公共就业服务体系建设的指导意见》《关于推进全方位公共就业服务的指导意见》，我国就业服务体系不断完善。全国所有城市街道社区全部建立了劳动保障工作平台，形成了市、区（县）、街道（乡镇）、社区四级公共就业服务网络。

三、实现更高质量就业目标面临的挑战

进入新时代，就业领域关注的焦点逐渐从就业总量转移到就业质量上来，《中华人民共和国国民经济和社会发展第十四个五年规划和2035年远景目标纲要》也将实现“更高质量就业”确定为我国经济社会发展主要目标的重要内容。党的二十大报告明确提出“促进高质量充分就业”，实现高质量就业是践行以人民为中心的发展思想、扎实推进共同富裕的重要基础，顺应了职工群众日益增长的美好生活新需求新期待。一般来说，就业质量包括就业机会、工资福利、社会保险、工时及休息休假、职业安全、职业培训与职业发展、技能培训、就业稳定性、工会维权服务等方面的内容。

（一）实现更高质量就业目标面临的挑战

“十四五”时期，实现我国更高质量就业目标，仍然面临一系列新的问题和挑战，这主要体现在以下几个方面：

稳就业扩就业的任务依然艰巨。从劳动力需求来看，“十四五”时期，我国经济增长面临较大压力，这会对扩大就业容量带来影响。同时，发展面临的形势更加复杂，不稳定性不确定性因素明显增加。从劳动力供给来看，近年来我国高校毕业生规模逐年攀升，每年仍会有一定数量的农村剩余劳动力需要转移就业，同时大龄劳动者逐年增多，部分群体面临就业难。

职业发展通道不畅成为新一代劳动者的困扰。根据全国总工

会相关调查数据显示，有 21.9%的被调查者看重工作“有发展机会”。其中，20～29 岁年龄段看重“有发展机会”的比例最高，达到 33.75%。另外，我国企业中还普遍存在职业发展路径不畅、人才成长迟缓等问题。调查发现，56.4%的职工对职业发展通道表示满意或比较满意，43.6%的职工选择一般、不太满意和不满意。职工对职业发展通道的不满之处，50.9%的职工选择技能与薪资不挂钩，37.9%的职工选择职业发展空间小、工人不能当管理者或工程师，20.1%的职工选择技能序列存在“天花板”、企业没有设立特级技师以上岗位。

青年农民工就业的稳定性较差。2019 年，国务院调查数据显示，新生代农民工没有换过工作的比例占 26.27%，换过一到两次工作的人员比例达到 44.30%，甚至还有 5.54%的人换过七次以上的工作。[①] 全国总工会相关调查数据显示，30 岁以下青年群体更换工作的意愿较为强烈，该年龄组计划下一年换工作的比例高达 51.7%，尤其是青年农民工集聚的一线生产服务性岗位。在有换工作打算的青年农民工中，分别有 25%、23.8%、16.9%、13.4%的人是因为工资低、工作累、在其他城市找到了更稳定的工作、社会保险转移接续困难而换工作。

新就业形态人员大量涌现，其劳动权益保障问题日益凸显。新就业形态等灵活就业劳动者中，绝大部分经济活动人群都是普通劳动者，通过体力劳动的方式来获取收入。这种低成本的经济

① 杨志明. 新生代农民工就业创业的“四新”变化与对策建议——基于“百企万人”的调查分析［J］. 中国劳动，2019（07）.

业态必然带来劳动密集型经济的一个典型特征，即劳动风险高位运行。当前，新就业形态劳动者面临的劳动风险突出表现在劳动基准缺失、职业伤害保障不足、参加社会保险比例偏低、入会和维权困难等方面。

（二）推动实现更高质量就业目标的对策

推动实现更高质量就业，既是一个目标，也是一个过程。“推动实现”的力量，不仅包括政府和企业，也离不开工会组织发挥积极作用。

构建就业质量监测评价体系。目前，就业监测多侧重数量指标，国家统计局有关调查尚未涵盖就业质量指标。建议构建我国就业质量监测评价体系，将就业极化、过度劳动、人岗匹配、职业培训和发展、工作安全性等指标补充纳入，为就业政策调整提供决策咨询。工会作为职工权益的代言人，要充分发挥组织、群众和工作等优势，构建从全国到地方的就业质量监测评价体系，适时发布职工就业质量状况报告，及时提供预警信息，加强跟踪评估，为改善工会维权服务提供依据，为新发展阶段的职工就业质量提升提供有力支撑。

完善工时和休息休假制度，减少不合理加班。目前，《劳动法》对于限制超时加班尚没有可操作的细则和条文，导致加班现象的泛滥。建议进一步优化劳动立法有关加班制度的规定，制定更加具体和可操作性的细则和条文。强化对企业年休假执行的约束，非特殊情况禁止企业协议取消职工年休假，对企业确因工作需要不能安排职工年休假的情形作出明文规定。适度提高对违法行为的行政处罚标准，增加违法成本。加大劳动监察部门的追责力度，注重发挥工会组织的监督职能，切实维护好职工休息休假权益。

推动集体协商提质增效，提高一线职工收入水平。一是强化协商理念，完善协商机制。加快集体协商法制化进程，增强集体协商的可操作性和约束力，推动集体协商从企业的“可选项”变成“必选项”。二是创新集体协商的形式，拓展集体协商的内容。构建薪酬增长、工时和休息、工作模式、技术技能、职业安全健康、工作环境改善、女职工特殊权益保护等全要素参与的集体协商新模式，做到涉及职工利益的相关事项都通过协商、协调、沟通来确定，实现企业和职工协商共事、机制共建、效益共创、利益共享。三是通过协商建立与企业经济效益、劳动生产率挂钩的工资决定和增长机制，实现工资分配更多地向一线职工倾斜。

从技能人才培养、发展、激励等环节入手，构建产业工人全面发展的制度体系。一是完善技工培养体系，建立技能培训与就业岗位的适配机制，建立起与产业发展、技能要求相适应的人力资本积累体系。二是健全完善终身职业技能培训体系。深入实施职业技能提升行动，扩大免费技能培训的对象范围，把所有无技能、40 岁以下低技能等级职工纳入免费培训范围。三是拓宽技能人才职业发展通道，形成纵向有阶梯、横向可贯通的人才发展路径。完善职业技能竞赛体系，促使一大批优秀技能人才脱颖而出、茁壮成长。四是完善激励制度，使技能人才在政治上有荣誉、经济上有待遇、社会上有地位。以能级工资集体协商为抓手，将技能水平与薪酬等级挂钩，让技高者多得、多劳者多得。

加强新就业形态劳动者权益保障。一是及时补齐法律短板。建立适应新就业形态的劳动标准体系；在社会保险体系下，以外卖、即时配送、同城货运等行业为重点，探索设立新就业形态劳动者职业伤害保障；放开灵活就业人员在就业地参加社会保险的户籍限制，提高新就业形态劳动者参保水平。二是加大新就业形态劳动者入会和维权服务力度。大力推行“重点建、行业建、兜底建”的建会入会模式，广泛吸纳新就业形态劳动者加入工会组织。建立契合行业实际、体现行业特色的行业集体协商制度，推动工会（劳动者）与平台及合作用工企业就订单分配、计件单价、抽成比例、奖惩制度等开展协商。建好用好“户外劳动者驿站”“司机之家”等服务阵地，形成广覆盖、多层次、实用化的服务阵地体系。

第六章　工资和工时

自工业革命以来，在全球工人运动中，工人的核心要求就是“提高工资”和“减少工时”。经过长期斗争，劳动报酬权、工时和休息休假权已成为现代劳动法律体系中工人个别劳动权利的重要组成部分。新中国成立以来，经过70多年的不断变革和发展，我国逐步形成了按劳分配与按生产要素分配相结合的收入分配政策，职工工资收入水平大幅提高。与此同时，我国工时制度几经调整，也最终形成了“每日工作时间不超过8小时、平均每周工作时间不超过44小时”的工时制度，劳动者的休息休假权得到进一步保证。

一、工资分配制度的演变

新中国成立以来，职工工资分配制度几经调整，大体经历了多种分配方式并存、平均主义分配、打破平均主义、效率优先兼顾公平、逐渐强调公平、更加重视公平等几个发展阶段。

（一）由多种分配方式并存向按劳分配转变（1949—1956年）

从新中国成立到社会主义三大改造基本完成，是我国由新民主主义向社会主义的过渡时期，公有制还没有确立主体地位，多种经济成分并存，多种分配方式并存，实行“公私兼顾、劳资两利”“低工资、多就业”“劳动致富”的收入分配政策。对老区南下干部和新参加工作干部实行供给制，对接收的国民党政府职工和公教人员实行“原职原薪”。1952—1955 年，我国以各大行政区为单位分期分批进行了第一次工资改革，逐步把供给制改为工资制，统一以工资分为计算单位，并确定了工资分所含的实物种类和数量。国营企业的工人大多数实行八级工资制，少数实行七级工资制，职员实行职务等级工资制。到 1956 年底，我国基本上完成了对生产资料所有制的社会主义改造，在城市建立了以国营经济和集体经济为主体的所有制结构，绝大多数劳动者变成了国营企业或集体企业的职工，其收入完全被纳入国家统一的分配体系中。

（二）实行带有“平均主义”色彩的按劳分配制度（1956—1978 年）

1956 年，随着资本主义工商业全行业公私合营的基本完成，企业的性质发生根本性的改变。1956 年的第二次工资改革取消工资分制度，实行货币工资制，在全国范围内统一了职工的工资标准，基本上建立了贯彻按劳分配原则的工资制度。在生产工人中实行八级工资制，有的实行七级工资制或六级工资制，建立了工人技术等级标准。企业职员多数实行职务等级工资制，少数实行职务工资制。国家机关和事业单位实行全国统一的职务等级工资制，建立了按职务划分等级，一职数级、上下交叉的工资制度。

这次工资改革最终确立了以技术、职务、行业、地区四个基本因素为参照标准的按劳分配制度，同时对一些便于实行计件工资的部门实行计件工资，对企业及职工实行与效益挂钩的奖励制度。通过工资改革，我国职工工资水平显著提高，1957 年全民所有制职工平均工资比 1952 年增长 40.22%，充分调动了广大职工的劳动积极性，对促进经济发展和保持社会安定起了积极作用。

此后，计件工资制和奖励制度两度被取消，按劳分配原则遭到破坏，挫伤了职工群众的劳动积极性，给生产建设带来巨大损失。计划经济时期我国实行的按劳分配，其实质是略有差别的平均主义分配，并没有真正贯彻按劳分配原则，造成劳动者收入平均化，并直接影响到职工工资水平的提高。1956—1978 年，我国职工年名义平均工资从 601 元增长到 615 元，仅增长了 2.3%。大部分职工从 1956 年工资改革后，一直到 1976 年工资长期没有调整。①

（三）打破分配的平均主义（1978—1992 年）

改革开放以后，随着经济体制改革的不断推进，公有制以外的其他经济成分开始逐步发展起来，出现了个体经济、私营经济、外资经济等多种经济成分。收入分配制度也相应地发生了重大变化，主要是以打破平均主义为突破口，推进落实以按劳分配为主体、其他分配形式为补充的分配制度。从 1985 年开始，我国在国

① 张亮．我国收入分配制度改革的历程回顾及其经验总结［J］．发展研究，2016（11）．

有大中型企业中，实行职工工资总额同企业经济效益按比例浮动的办法。在这一阶段，再分配调节机制也开始探索建立。一方面，调节个人收入的税收制度陆续设立；另一方面，开始试点探索社会保障制度的改革，以就业单位为依托的传统保障制度逐步改变，失业保险制度逐步建立，不断推进企业职工养老保险制度改革。

（四）效率优先、兼顾公平（1992—2002年）

1992年，党的十四大明确提出建立社会主义市场经济体制的改革目标，与此相适应，我国实行以按劳分配为主体、多种分配方式并存的分配制度，同时提出了“把按劳分配和按生产要素分配结合起来”的分配政策。在公平和效率的选择上，1993年党的十四届三中全会首次提出了效率优先、兼顾公平的原则。在企业工资决定上，1994年《劳动法》一方面规定用人单位依法自主确定本单位的工资分配方式和工资水平，另一方面又规定企业职工一方与企业可以就劳动报酬、工作时间等事项签订集体合同。《劳动法》出台后，全国总工会自上而下地发起了签订集体合同运动，但总体来看集体合同制度仍处于试点阶段，还不成熟。再分配调节机制方面，一是不断完善税收调节制度。随着1994年分税制改革的推行，个人所得税、消费税、财产税等得以不断完善，调节作用也开始显现。二是全面推进社会保障制度改革。国务院先后出台了《关于建立统一的企业职工基本养老保险制度的决定》《关于建立城镇职工基本医疗保险制度的决定》《失业保险条例》等一系列政策文件，养老保险和医疗保险的制度模式得以明确。

（五）工资分配逐步强调公平（2002—2012 年）

这一阶段的收入分配制度，首先明确了生产要素按贡献参与分配的问题。2002 年，党的十六大明确提出了确立劳动、资本、技术和管理等生产要素按贡献参与分配的原则，完善按劳分配、多种分配方式并存的分配制度。其次，随着收入分配差距的逐步扩大，开始逐步强调分配公平的问题。2007 年，党的十七大提出，初次分配和再分配都要处理好效率和公平的关系，再分配更加注重公平。再次，在企业工资决定上，劳动和社会保障部出台了《集体合同规定》《最低工资规定》，集体协商和集体合同制度进入大规模推进阶段。全国总工会推动企业普遍开展工资集体协商，工资分配由企业单方决定逐步向企业和职工共同决定转变。最后，再分配机制不断完善。社会保险向个体工商户和灵活就业人员、城乡居民进行了扩面，并颁布了《社会保险法》。

（六）工资分配更加重视公平（2012 年至今）

2012 年，党的十八大提出了“两个同步”“两个提高”的目标，即努力实现居民收入增长和经济发展同步、劳动报酬增长和劳动生产率提高同步，提高居民收入在国民收入分配中的比重，提高劳动报酬在初次分配中的比重。在效率与公平的关系上将公平放在了更加重要的位置，提出完善劳动、资本、技术、管理等要素按贡献参与分配的初次分配机制，加快健全以税收、社会保障、转移支付为主要手段的再分配调节机制。2013 年 2 月，国务院批转国家发改委等部门《关于深化收入分配制度改革的若干意见》，提出促进中低收入职工工资合理增长的具体措施，即建立反映劳动力市场供求关系和企业经济效益的工资决定及正常增长机制。完善工资指导线制度，建立统一规范的企业薪酬调查和信息发布制度。根据经济发展、物价变动等因素，适时调整最低工资标准。以非公有制企业为重点，积极稳妥推行工资集体协商和行业性、区域性工资集体协商，逐步解决一些行业企业职工工资过低的问题。2017 年，党的十九大又明确提出，坚持按劳分配原则，完善按要素分配的体制机制，促进收入分配更合理、更有序，并要求履行好政府再分配调节职能，加快推进基本公共服务均等化，缩小收入分配差距。2021 年，习近平总书记在党史学习教育动员大会上庄严宣告，推动改革发展成果更多更公平惠及全体人民，推动共同富裕取得更为明显的实质性进展。2022 年，党的二十大报告要求扎实推进共同富裕。

二、职工工资变动情况

新中国成立以来，随着我国收入分配制度的变迁，劳动者工资收入状况发生了巨大变化，具体情况如下。

（一）改革开放后职工工资大幅增加

从职工平均工资（按城镇单位在职职工口径，下同）的绝对数额来看，改革开放前工资水平较低，改革开放后大幅增加。1952 年，全国职工年平均工资为 445 元（未扣除物价因素，下同），1978 年为 615 元。改革开放后，职工平均工资大幅增加，2012 年达到 47593 元。2012 年之后，我国经济发展进入新常态，但职工工资仍保持稳定增长态势，2021 年全国职工年平均工资达到 110221 元（见表 6–1）。

表 6–1　1952—2021 年全国职工年平均工资变动情况

年份	职工年平均工资（元）	同比增长（%）	年份	职工年平均工资（元）	同比增长（%）
1952	445	0.00	1987	1459	9.78
1953	495	11.24	1988	1747	19.74
1954	517	4.44	1989	1935	10.76
1955	527	1.93	1990	2140	10.59
1956	601	14.04	1991	2340	9.35
1957	624	3.83	1992	2711	15.85
1958	536	–14.10	1993	3371	24.35
1959	512	–4.48	1994	4538	34.62
1960	511	–0.20	1995	5500	21.20
1961	510	–0.20	1996	6210	12.91
1962	551	8.04	1997	6470	4.19
1963	576	4.54	1998	7479	15.60
1964	586	1.74	1999	8346	11.59
1965	590	0.68	2000	9371	12.28
1966	583	–1.19	2001	10870	16.00
1967	587	0.69	2002	12422	14.28

续表

年份	职工年平均工资（元）	同比增长（%）	年份	职工年平均工资（元）	同比增长（%）
1968	577	-1.70	2003	14040	13.03
1969	575	-0.35	2004	16024	14.13
1970	561	-2.43	2005	18364	14.60
1971	560	-0.18	2006	21001	14.36
1972	588	5.00	2007	24932	18.72
1973	587	-0.17	2008	29229	17.23
1974	584	-0.51	2009	32736	12.00
1975	580	-0.68	2010	37147	13.47
1976	575	-0.86	2011	42452	14.28
1977	576	0.17	2012	47593	12.11
1978	615	6.77	2013	52388	10.08
1979	668	8.62	2014	57361	9.49
1980	762	14.07	2015	63241	10.25
1981	772	1.31	2016	68993	9.10
1982	798	3.37	2017	76121	10.33
1983	826	3.51	2018	84744	11.33
1984	974	17.92	2019	93383	10.19
1985	1148	17.86	2020	100512	7.63
1986	1329	15.77	2021	110221	9.66

资料来源：国家统计局。

从职工平均工资增长速度看，改革开放前增速较慢，改革开放后增速较快。改革开放前，我国职工工资年均增速仅为 1.3%，远低于同期国内生产总值（GDP）年均 7.0% 的增长速度（见图 6-1）。改革开放后，针对计划经济时期平均主义分配带来的效率低下问题，国家积极推进收入分配制度改革，大大提高了广大劳动者的积极性和创造性，对我国经济长期持续高速增长发挥了重大推动作用。据统计，1978—2021 年，我国经济年均增速达到 14.6%；同期，职工工资年均增速也达到 13.1%。其中，2001—2021 年，职工工资与 GDP 基本保持了同步增长。

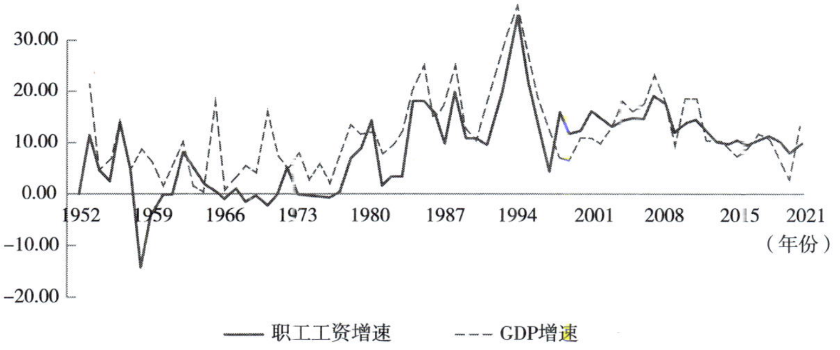

图 6-1　1952—2021 年全国职工平均工资和 GDP 增速比较（单位：%）

资料来源：根据国家统计局公布数据绘制。

（二）农民工、普通职工工资相对偏低

与城镇非私营单位就业人员相比，农民工等群体工资偏低、增速较慢。2008 年底，国家统计局建立了农民工统计监测调查制

度。2009—2021 年，全国城镇非私营单位就业人员、农民工年均工资分别从 29229 元、17704 元增长到 106837 元、53184 元，年均工资增速分别为 12.5%、10.5%（名义增长）。城镇非私营单位就业人员工资绝对数额较高、增速较快，外出农民工工资绝对数额偏低、增速较慢（见图 6-2）。

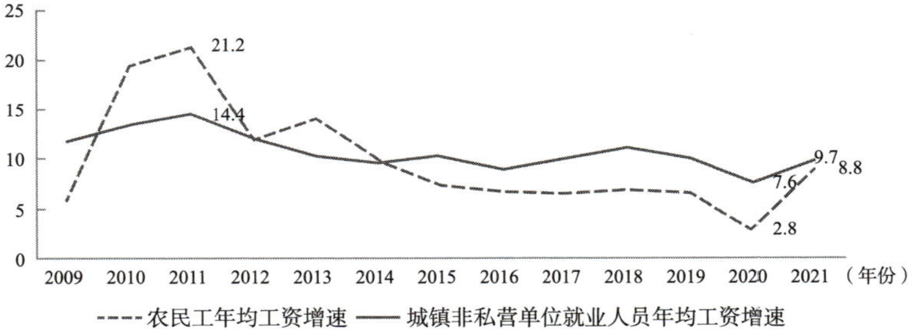

图 6-2　2009—2021 年农民工、城镇非私营单位就业人员年均工资增速（单位：%）

资料来源：根据国家统计局公布数据绘制。

在企业内部，收入分配向管理等岗位倾斜。根据第八次中国职工队伍状况调查数据，普通职工每月从单位获得的到手全部货币收入均值为 3113 元，为各序列职工的最低。在年终奖发放上，普通职工平均拿到 4150 元，而高层管理人员则为 18061 元，差距明显。在工资增长方面，23.6%的普通职工表示 2014 年以来没涨过工资，比例高于专业技术人员（15.2%）及各类管理人员（一般管理人员 20.8%、中层 16.2%、高层 18.9%）。[①] 在回答单位经营管

① 李玉赋．第八次中国职工状况调查（报告卷）[M]．北京：中国工人出版社，2017.

理者和普通职工关系不够融洽的主要原因时，排在前两位的分别为职工收入低（57.2%）、收入和福利待遇差距大（41.4%）。

行业之间工资收入差距较大。综合2021年城镇非私营单位就业人员、城镇私营单位就业人员、农民工的工资情况来看，工资水平较高的行业主要有信息计算机服务软件业、金融业、科技服务和地质勘查业，工资水平较低的行业主要有农林牧渔业、住宿和餐饮业、居民服务业。农民工就业最集中的六大行业平均工资均偏低，《2021年农民工监测调查报告》的数据显示，制造业，建筑业，居民服务和其他服务业，批发和零售，交通运输、仓储和邮政，住宿和餐饮，六个行业的农民工年平均工资分别为54096元、61696元、44520元、45552元、61812元、43656元，在这六个行业就业的农民工占比合计高达83.3%（见表6-2）。

表6-2　2021年各行业之间年平均工资比较（单位：元）

行业	城镇非私营单位就业人员	城镇私营单位就业人员	农民工	从事该行业的农民工比重
农林牧渔业	53819	41442	——	——
采矿业	108467	62665	——	——
制造业	92459	63946	54096	27.1%
电气水生产供应业	125332	59271	——	——
建筑业	75762	60430	61696	19%
交通运输、仓储和邮政业	109851	62411	61812	6.90%

续表

行业	城镇非私营单位就业人员	城镇私营单位就业人员	农民工	从事该行业的农民工比重
信息计算机服务软件业	201506	114618	——	——
批发和零售业	107735	58071	45552	12.1%
住宿和餐饮业	53631	46817	43656	6.4%
金融业	150843	95416	——	——
房地产业	91143	58288	——	——
租赁和商务服务业	102537	64490	——	——
科技服务和地质勘查业	151776	77708	——	——
水利、环境和公共设施管理业	65802	43366	——	——
居民服务和其他服务业	65193	47193	44520	11.8%
教育	111392	52579	——	——
卫生、社会保障福利业	126828	67750	——	——
文化、体育和娱乐业	117329	56171	——	——
公共管理和社会组织	111361	——	——	——

资料来源：国家统计局。

（三）劳动报酬在国民收入中的比重偏低

雇员经济部门包括非金融国有企业、非金融民营企业、金融机构部门和政府部门，共四个部门。雇员经济有明确的雇佣劳动关系，其劳动报酬份额是真正反映要素分配关系的关键指标。2008 年，这一份额为 41.36%，2018 年提高到 47.8%（见表 6-3）。[①] 虽然近年来我国劳动报酬份额比过去有了一些提高，但横向比较来看，与发达国家不低于 50% 的份额相比还有一些差距。造成这种状况的原因，主要还是我国收入分配制度还不够完善。从初次分配来看，居民部门收入份额偏低，现有分配格局制约了国内消费大市场的形成。从二次分配来看，政府的调控作用发挥不足，部分政策手段甚至存在低收入群体获益更少的逆向调节效果。

表 6-3　2008—2018 年劳动报酬占国民总收入的比重（单位：%）

年份	劳动报酬占全部 GDP 比重			劳动报酬占本部门 GDP 比重	
	合计	雇员经济部门	自雇经济部门	雇员经济部门	自雇经济部门
2008	47.01	29.87	17.14	41.36	65.5
2009	47.76	30.5	17.27	42.79	65.06
2010	46.11	29.49	16.63	42.01	61.04

① 张车伟，赵文．国民收入分配形势分析及建议［J］．经济学动态，2020（06）．

续表

年份	劳动报酬占全部 GDP 比重			劳动报酬占本部门 GDP 比重	
	合计	雇员经济部门	自雇经济部门	雇员经济部门	自雇经济部门
2011	45.39	28.91	16.47	41.47	60.47
2012	47.46	30.07	17.39	43.3	64.39
2013	50.25	33.15	17.1	44.37	69.95
2014	50.96	33.85	17.1	44.56	69.95
2015	51.80	34.7	17.1	45.66	69.95
2016	52.05	34.95	17.1	45.97	69.95
2017	51.57	37.07	14.5	47.26	67.27
2018	51.75	37.45	14.3	47.8	66.07

资料来源：张车伟，赵文. 国民收入分配形势分析及建议［J］. 经济学动态，2020（06）.

三、在推进共同富裕中切实维护劳动者工资权益

新中国成立至今，我国处理公平与效率关系的指导思想，经历了从公平优先到效率优先、兼顾公平，再到今天的效率与公平并举的变化。目前我国收入分配格局仍然不尽合理，主要是劳动报酬在初次分配中的比重偏低，不同社会群体之间收入分配差距仍然较大。共同富裕是社会主义的本质要求，也是中国式现代化的重要特征。现在，我国正在向第二个百年奋斗目标迈进，适应社会主要矛盾的变化，更好满足人民日益增长的美好生活需要，

必须推动全体人民共同富裕取得更为明显的实质性进展。为此，要正确处理效率和公平的关系，构建初次分配、再分配、第三次分配协调配套的基础性制度安排。

（一）完善初次分配制度，提高劳动报酬在初次分配中比重

初次分配即各种要素在生产过程中获得的报酬，对整个分配格局的形成具有奠基性的作用。初次分配过程中如果造成了巨大和普遍的收入差距，再分配、第三次分配就会面临很大的调节压力。当前，我国初次分配环节中存在的主要问题是，市场化改革不够充分，工资分配宏观调控效果不够明显，职工集体协商工资的能力不够。因此，需要从以下几个方面进行完善。

一是坚持按劳分配为主体，完善劳动、土地、资本、技术、管理、知识等要素按贡献参与分配的初次分配机制。在制度安排上确保资本、劳动力、土地要素所有者都有公平的行业进入机会，对自然垄断行业和政府特许经营行业要进行产业规制，加强反垄断与反不正当竞争行为监管，建立公平竞争的市场秩序。

二是要强化工会制度建设，在工资形成机制上建立健全集体协商制度。虽然工资集体协商已经在我国初步建立并且取得一定程度的进展，但客观而言，实施效果还有待提高。工资集体协商要真正落到实处，要在制度设计上解决好几个关键问题。首先，完善基层工会主席民主产生方式，努力破解其角色定位问题，解决工会“不敢谈”的困境。其次，强化工会干部队伍建设，通过

举办培训班等形式提高工会干部和职工代表的业务水平和协商技巧，解决工会“不会谈”的问题。最后，推动工资集体协商法制化进程，解决工会“谈不成”的问题。通过立法使集体协商成为企业方法定义务，对企业方不按照法定程序开展集体协商形成有效制约，不断增强集体协商制度的可操作性和强制约束力。

三是建立健全以薪酬调查为支撑的工资分配宏观调控机制。完善企业薪酬调查和信息发布制度，定期发布劳动力市场价位和行业人工成本信息，以薪酬信息为依据制订和发布工资指导线，指导企业调整职工工资。完善最低工资标准与经济增长、社会平均工资增长联动机制，以最低工资制度对劳动力市场进行适当干预。对部分过高收入行业的国有及国有控股企业，严格实行企业工资总额和工资水平双重调控政策。

（二）完善再分配机制，加大税收、社保、转移支付等调节力度和精准性

再分配调节机制作为收入分配调节的重要环节，从我国的现实状况来看，受多方面因素影响，调节作用发挥仍然较为有限。这主要体现为：税收制度的调节作用发挥不足、社会保障制度的碎片化影响到收入的公平调节、一些财政转移支付项目所需配套条件较高、公共服务水平均等化程度不高等几方面。因此，需要从以下几个方面进行完善。

一是完善税收制度设计，不断加大税收在促进公平分配方面的调节作用。在逐步提高直接税收比重的情况下，应从个人所得

税、财产税、消费税等重要税种入手，完善相关制度设计，促进建立起“低中收入者低税负、高收入者高税负”的局面。

二是完善社会保障制度，建立更加公平更可持续的社会保障体系。不断扩大覆盖面，做到应保尽保；合理确定社会保险基金的统筹层次，逐步整合规范各个险种费率、费基及相应的参保待遇，建立健全兼顾各类人员的社会保障待遇确定和调整机制；完善筹资机制，建立合理的责任共担机制，并加强对中低收入者的支持；统筹城乡社会救助体系，完善最低生活保障制度。

三是改革转移支付制度，强化一般性转移支付的调节功能。完善一般性转移支付制度，增加对发展水平相对落后地区的转移支付力度，清理、整合、规范专项转移支付项目；按照支出责任与实际财力相统一的原则拨付资金，降低地方财政的资金配套压力。

四是促进基本公共服务均等化，把政府职能缺位的民生短板通过再分配尽快补上。打破户籍壁垒及各类二元体系，实现城乡就业、教育、医疗、养老等公共服务一体化、均等化，提升公共服务的可及性。让每一个人都有接受良好教育的机会，打破社会阶层固化，切断贫困代际传递，畅通社会阶层流动和致富通道。

（三）发挥第三次分配作用，大力发展慈善事业

第三次分配是指通过动员社会力量，建立社会救助、民间捐赠、慈善事业、志愿者行动等多种社会互助的形式，对政府调控进行补充。面对收入差距越来越大的现状，当下亟须以企业和富

人阶层为参与主体的第三次分配来帮助实现共同富裕的目标。

第三次分配改革的重点是培育有利于慈善事业发展的社会环境，建立鼓励社会组织和慈善事业发展的制度和相应配套政策。自2016年《慈善法》实施以来，民政部及相关部委共出台了21项关于公益慈善领域的政策文件，促进了公益慈善事业规范化和可持续发展。但总体来看，我国公益慈善事业的发展相对经济发展水平来说是滞后的，不论是慈善组织的数量还是慈善捐赠的规模都有很大提升空间。为让第三次分配发挥更大的调节收入分配作用，必须大力弘扬中华传统文化中的慈善精神，培育互助共济的慈善文化和环境，引导高收入群体帮扶低收入群体，支持有意愿、有能力的企业和社会群体积极参与公益慈善事业。此外，要加强相关管理制度建设，促进慈善事业的规范化发展。进一步提高国家对企业与个人慈善捐赠行为税收优惠的比例，适时开征特殊高档消费慈善附加税、遗产税和赠与税等；公益慈善组织还需要进一步提升公信力，通过组织的完善和强化外部的监督，推动公益慈善组织专业化、规范化、法治化发展；鼓励多种形式的第三次分配，除了传统的捐钱捐物外，可以考虑大力发展慈善信托等。

四、劳动者工时和休息休假状况

劳动时间的缩短和休假时间的延长是人类文明的大趋势。早在1926年，企业家亨利·福特就在其汽车公司实行每周五天工作制。20世纪30年代，美国经济大萧条推动了每周五天工作制的实施，通过了一周工作40小时的新劳动法规。此后，一些发达国家也相继采用五天工作制。

（一）工时制度的演变

新中国成立后，我国逐步形成了每天8小时工作制。1949年9月，《中国人民政治协商会议共同纲领》第32条规定，公私企业一般应实行8至10小时工作制。1952年8月，政务院印发的《关于劳动就业问题的决定》规定，坚决贯彻8至10小时工作制；一切较大的公私营工矿交通运输企业均应尽可能实行8小时工作制；有害健康的工作，每日工作时间应低于8小时；一切公私企业的加班加点均应受严格限制。1954年9月，《宪法》规定，劳动者有休息和休假的权利。国家规定工人和职员的工作时间和休假制度，逐步扩充劳动者休息和休养的物质条件，以保证劳动者享受这种权利。1956年6月，国务院发布《关于建筑业实行8小时，小礼拜工作制度的规定》，规定建筑业一律实行8小时工作制，劳动定额也应按8小时计算。1956年12月，商业部印发的《国营商业企业工作时间暂行办法（草案）》规定，职工每个标准工作日的工作时间为8小时，并对例外情况作了要求。1960年12月，中共中央印发的《关于在城市坚持八小时工作制的通知》重申，全国各城市的一切单位、一切部门，在一般情况下，无例外地必须严格实行8小时工作制，不得任意加班加点，不得任意侵占干部和群众的业余休息时间。

改革开放后，我国逐步建立起“每日工作8小时，每周工作

40 小时”的标准工时制度。随着改革开放的深入发展，中国加速了与国际接轨的进程，包括劳动方面的标准。20 世纪 90 年代，国务院要求劳动部把研究缩短工时的方案提上议事日程。1992 年，劳动部通过外交部收集到 136 个国家的工时情况，并向国务院提出了改革方案。1994 年 2 月，国务院发布《关于职工工作时间的规定》，实行每日 8 小时、每周 44 小时工作制。1995 年开始实施的《劳动法》规定，实行每日工作时间不超过 8 小时、平均每周工作时间不超过 44 小时的工时制度，并对加班作了限制，规定延长工作时间每日不得超过 3 小时，每月不得超过 36 小时。同时，大幅提高了加班工资，规定平时、休息日和法定节假日的加班工资标准分别为正常工资的 150%、200%和 300%。1995 年，国务院修改《关于职工工作时间的规定》，将标准工时缩短为每周 40 小时。这一系列法律法规奠定了我国现行工时制度的基本框架。

（二）休息休假制度的演变

新中国成立后，确立周日单休的休息制度。国家规定，一般每工作满 6 天，给予 1 天公休，全年周休日不大于 52 天。1949 年 12 月，政务院发布的《全国年节及纪念日放假办法》规定，每年四个节假日，元旦 1 天、春节 3 天、“五一”国际劳动节 1 天、国庆节 2 天，法定节假日共 7 天。加上周休日，每年的法定休息时间为 59 天。

1995 年，确立双休日制度。1994 年 2 月，国务院发布《关于职工工作时间的规定》，自 1994 年 3 月 1 日起，每月第一周星期六和星期日休息，第二周星期日休息，依此循环。1995 年 3 月，国务院进一步修改了《关于职工工作时间的规定》，自 1995 年 5 月 1 日起，全国实行每周 5 天工作制，并同时规定，企业可以根据实际情况灵活安排周休息日。1999 年，国务院颁布了《全国年节及纪念日放假办法》，将年法定节假日由 7 天增加到 10 天。2007 年 12 月，国务院修订《全国年节及纪念日放假办法》，保留国庆和春节两个“黄金周”，全年安排 5 个 3 天“小长假”，全年节日放假总天数由原来的 10 天增至 11 天。

从 2008 年开始，国家实行带薪年休假制度。2007 年 12 月，国务院发布的《职工带薪年休假条例》规定，职工连续工作 1 年以上的，享受带薪年休假。职工累计工作已满 1 年不满 10 年的，年休假 5 天；已满 10 年不满 20 年的，年休假 10 天；已满 20 年的，年休假 15 天。职工在年休假期间享受与正常工作期间相同的工资收入。2008 年 9 月，人力资源社会保障部还颁布了《企业职工带薪年休假实施办法》。

（三）工时和休息休假制度的完善

完善现行工时制度，减少不合理加班。近年来，以互联网企业为代表的平台用工或职业白领“过度加班”问题引发学术界的热切关注。同时，传统制造业、建筑业和服务业一线农民工中存在的加班问题也不容忽视。为此，一是完善《劳动法》有关工时的规定，制定更加具体和可操作性的细则与条文，对侵犯劳动者休息时间、非法延长工作时间的企业，给予相应的行政处罚。二是积极发挥工会作用，通过集体协商来督促企业建立更加公平合理的薪酬制度，减少不合理加班。通过提高 8 小时正常工作时间的工资水平或提高加班费的计算基数，降低加班工资占总工资收入之比，迫使企业主动通过优化劳动定额和薪酬管理制度来降低劳动者加班时间。

完善职工带薪年休假制度，保障企业职工的休息休假权。目前，我国机关事业单位落实职工带薪年休假情况较好，但企业落实情况相对较差，难以享受年休假的员工主要集中在中小企业和民营企业，涉及农民工等群体。为此，一是要完善相关法律法规，明确企业确因工作需要不能安排职工年休假的条件。二是要更大程度发挥政府劳动监察部门和工会的监督作用，加大劳动监察部门主动监督和追责力度，推动将劳动者休假权写入劳动合同。

第七章　社会保险

社会保险制度最早始于德国。德国工人为了自身基本的生存权利进行了长期的斗争，斗争的内容就包括解决劳动者的生、老、病、死、伤、残等问题。资产阶级为了缓和阶级矛盾，采取了“鞭子加白糖”的政策，于 19 世纪 80 年代第一次以帝国议会法令的形式，制定并公布了关于疾病、工伤和养老的三项社会保险法。我国的社会保险制度是伴随经济体制变革而逐步建立和发展起来的，经历了改革开放前后两个不同的历史时期，实现了从计划经济体制下的劳动保险制度到适应社会主义市场经济体制的保险制度的转型，建成了具有鲜明中国特色、世界上规模最大、功能完备的社会保障体系。

一、社会保险制度的变迁

新中国成立以来，我国社会保险制度的发展大致可以划分为六个阶段。

（一）劳动保险制度的建立（1949—1957 年）

1949 年 9 月，《中国人民政治协商会议共同纲领》第 23 条规定，逐步实行劳动保险制度。新中国成立以后，为服务经济建设和适应计划经济体制，我国逐步建立起了以国有企业职工养老保险和劳保医疗制度、机关事业单位养老保险和公费医疗制度为主要内容的劳动保险制度。

机关和事业单位方面。1950—1955 年，政务院陆续颁布 7 个单行条例、办法，对国家机关、党派团体、事业单位工作人员的伤亡抚恤、医疗、疾病、生育、退休、退职等待遇作出规定，初步建立了国家机关和事业单位工作人员社会保障制度。

企业方面。1950 年 6 月，劳动部颁布《救济失业工人暂行办法》，对城镇失业工人的救济范围、救济标准、方法及资金来源作了明确规定。1951 年 2 月，政务院颁布《劳动保险条例》，初步确定了企业职工养老、医疗、工伤和生育保险四项制度，标志着面向企业职工的劳动保险制度由此建立。《劳动保险条例》分七章，涉及立法目的和适用范围、劳动保险金的征集与保管、各项劳动保险待遇的规定、享受优异劳动保险待遇的规定、劳动保险金的支配、劳动保险事业的执行与监督等内容。1953 年 1 月，劳动部发布《劳动保险条例实施细则修正草案》，把实施范围扩大到一般工厂、厂矿和交通事业的基本建设单位、国营建筑公司，同时提高了部分劳动保险项目的待遇水平，对于劳动保险制度的实施与制度落地起到了极大的推动作用。[①] 到 1956 年，劳动保险的覆盖范围达到 1600 万人，全国范围内 94%供职于国营企业、公私合营企

① 梁书文，回沪明. 劳动法及配套规定新释新解（中）[M]. 北京：人民法院出版社，2001.

业、私营企业的职工，签订了含有劳动保险内容的合同或拥有了劳动保险。[①] 国家担保各经济单位有足够的资金来源，各经济单位被授予代替国家实施社会保障的权利，劳动者不需要承担缴费义务。1957 年 2 月，卫生部颁发的《职业病范围和职业病患者处理办法的规定》，是我国工伤保险的专门法规，促进了我国职业病防治工作。

（二）劳动保险制度的调整和蜕变（1958—1978 年）

在这一时期，我国陆续出台了大量法规和规定，对新中国成立初期建立的劳动保险制度进行完善和修改。一是 1958 年国务院先后颁布《关于工人、职员退休处理的暂行规定》《关于工人、职员退职处理的暂行规定》，将企业与机关事业单位的退休和退职办法合二为一。二是在疾病保险方面，改进了公费医疗与劳保医疗制度。主要针对企业职工劳保医疗和国家工作人员公费医疗中存在的管理与浪费问题，提出了一些改进措施。三是 1962 年 6 月国务院颁布了《关于精减职工安置办法的若干规定》，对精减下放职工的生活安置问题作出了相关规定。四是在社会保障业务管理方面，先后制定了《批准工人、职员病伤、生育假期的试行办法》《医务劳动鉴定委员会组织通则》《关于享受长期劳动保险待遇的易地支付试行办法》。此外，还调整了学徒工的社会保障待遇。

---

① 郑秉文，于环，高庆波．新中国 60 年社会保障制度回顾［J］．当代中国史研究，2010（02）．

（三）劳动保险制度在恢复中探索（1978—1992年）

劳动保险制度的恢复。改革开放后，国家重新把工作重点转移到经济建设上。1978年，国务院颁布了《关于安置老弱病残干部的暂行办法》和《关于工人退休、退职的暂行办法》，机关事业单位和全民所有制企业职工退休养老制度得以恢复。1980年3月，国家劳动总局、全国总工会联合发布《关于整顿和加强劳动保险工作的通知》，恢复劳动保险金的提取与统筹工作。同时，集体所有制企业的社会保障制度也得到恢复。

社会保险制度的探索发展。进入20世纪80年代中期，我国经济体制改革的重点由农村转向城市。改革的取向是要使企业成为自主经营、独立核算、自负盈亏的经济实体，但不同企业的劳动保险负担不同，直接影响到企业的盈亏，因而迫切需要建立一种社会化的统筹机制。在养老保险方面，1984年开始的国有企业改革影响了传统的劳动保险制度，为平衡不同企业的退休费用负担，广东、江苏等地的企业开始试行退休费用社会统筹，使“企业保险”向社会保险迈出了第一步。1986年，国务院决定在国有企业新招工人中实行劳动合同制，建立劳动合同制职工的养老保险制度，个人按本人工资的3%缴费，改变了过去完全由国家和企业负担的办法，第一次实行个人缴费制度。1991年，国务院颁布《关于企业职工养老保险制度改革的决定》，明确了建立多层次养老保险体系的目标，养老金由国家、企业、个人三方共同负担。在医疗保险方面，针对劳保医疗给企业带来沉重负担的问题，各地探索医疗费用与个人利益挂钩、医疗费用定额管理、大病医疗费用社会统筹等改革办法。1989 年，国务院加快社会保险制度改革，在丹东、四平、黄石和株洲 4 个城市开始试行大病医疗费用的社会统筹，并逐渐在部分地区推广。1986 年 7 月，国务院颁布《国营企业职工待业保险暂行规定》，标志着我国失业保险制度的建立。

（四）城镇职工社会保险制度的框架基本形成（1992—2002 年）

1993 年，党的十四届三中全会通过了《中共中央关于建立社会主义市场经济体制若干问题的决定》，提出建立多层次的社会保障体系以及实行社会统筹和个人账户相结合的制度目标，城镇职工养老保险金和医疗保险金由单位与个人共同负担，并且第一次明确提出社会保障体系包括社会保险、社会救济、社会福利、优抚安置和社会互助、个人储蓄积累保障。

在养老保险方面。1995 年，国务院发出《关于深化企业职工养老保险制度改革的通知》，进一步明确社会统筹与个人账户相结合的基本养老保险制度模式，同年，国务院批准了两套养老保险制度方案供各地选择并组织开展试点。1997 年，国务院颁布《关于建立统一的企业职工基本养老保险制度的决定》，将两个试点办法归于统一，明确了社会统筹与个人账户相结合的养老保险模式。1999 年，国务院发布《社会保险费征缴暂行条例》，将养老保险的覆盖范围由国有企业、城镇集体企业扩大到外商投资企业、城镇私营企业和城镇个体工商户。

在医疗保险方面。1995年，国家选择江苏省镇江市和江西省九江市进行医疗保障制度改革试点（即“两江试点”）。1998年12月，国务院发布《关于建立城镇职工基本医疗保险制度的决定》，明确了职工医疗保障制度改革的方向和新制度的模式，即社会统筹与个人账户相结合的职工基本医疗保险制度，要求国家机关、企事业单位和社会团体等所有城镇用人单位及其职工均须参加这一制度。由此，劳保医疗和公费医疗制度逐步废止。

与此同时，职工工伤保险、生育保险、失业保险制度也逐步建立和完善。1996年8月，劳动部发布《企业职工工伤保险试行办法》，开始采用社会统筹的工伤保险基金。2003年4月，国务院颁布《工伤保险条例》，以后进行了多次修改，重点是完善工伤事故界定、处理和保障待遇相关政策。1994年12月，劳动部颁布《企业职工生育保险试行办法》，开始采用社会统筹的生育保险基金，并将产假工资统一改为生育津贴。1999年，国务院颁布《失业保险条例》，其覆盖范围为各类企业，后来，失业保险的覆盖范围扩展到事业单位职工和农民工。失业保险由个人和单位共同缴费，失业保险金的给付标准与最低工资水平和城市最低生活保障线挂钩。至此，我国城镇职工社会保险制度的框架基本形成。

（五）社会保险覆盖面逐步扩大（2002—2012年）

在这一阶段，社会保险主要向个体工商户和灵活就业人员、城乡居民扩面，并于2010年颁布了《社会保险法》，标志着我国社会保险制度框架基本形成。

城镇职工基本养老保险制度在确定“统账结合”的目标模式之后，分别于2000年和2005年在东北三省开展了做实个人账户的试点工作，开始逐步实现部分积累制。在总结东北三省试点的基础上，2005年12月，国务院发布《关于完善企业职工基本养老保险制度的决定》，将城镇企业职工基本养老保险的覆盖面进一步扩大到个体工商户和灵活就业人员。2004年，信托制DC型企业年金制度被明确作为养老保险第二支柱，养老保险制度开始朝着多层次的目标迈进。

城乡居民基本养老保险制度和城乡居民基本医疗保险制度的建立。2002年，党中央、国务院决定在农村建立新型农村合作医疗制度并随后开始试点。2007年，开始进行城镇居民基本医疗保险试点。2008年，杭州、天津、广东、重庆等地区先后将新型农村合作医疗制度和城镇居民基本医疗保险制度整合起来，建立统一的城乡居民基本医疗保险制度。2009年，国务院发布《关于开展新型农村社会养老保险试点的指导意见》，决定在全国10%的县（市、区、旗）开展新型农村社会养老保险试点。2011年，我国又启动城镇居民社会养老保险试点。2012年，国务院决定在全国所有县级行政区全面开展新型农村社会养老保险和城镇居民社会养老保险工作。

（六）社会保险制度的整合和深化改革（2012年至今）

机关事业单位和企业养老保险制度并轨。2015年，国务院发布了《关于机关事业单位工作人员养老保险制度改革的决定》，明确机关事业单位与企业职工统一实行社会统筹和个人账户相结合的职工基本养老保险制度，养老保险制度的公平性进一步提升。

整合城乡居民基本养老保险制度和整合城乡居民基本医疗保险制度。2014 年，国家决定将新型农村社会养老保险制度与城镇居民社会养老保险制度整合起来，建立统一的城乡居民基本养老保险制度。2016 年，我国进一步对城乡基本医疗保险制度进行调整，实现了基本医疗保险层面的城乡统筹。城乡居民基本养老和城乡居民医疗保险两项社会保险制度的建立与实施，标志着社会保险由工薪劳动者权益扩展成为全体国民的权益，为全社会人人享有这两项基本保障奠定了基础。

完善符合建筑业工伤保险参保政策。为解决部分建筑施工企业安全管理制度不落实、工伤保险参保覆盖率低、一线建筑工人特别是农民工工伤维权能力弱、工伤待遇落实难等问题，2014 年 12 月，人力资源社会保障部等四部委出台《关于进一步做好建筑业工伤保险工作的意见》，明确规定对不能按用人单位参保、建筑项目使用的建筑业职工特别是农民工，按项目参加工伤保险。

支持各类补充性保险的发展。2015 年和 2017 年，我国分别出台《机关事业单位职业年金办法》《企业年金办法》，支持各类用人单位建立补充性养老保险，形成养老保险的第二支柱。建立以个人商业养老资金账户为基础、个人所得税优惠政策为激励，个人和家庭自主选择参加的个人养老金制度，形成养老保险的第三支柱。鼓励机关、企事业单位和社会团体开展职工医疗互助保障，扩大覆盖范围。

组建国家医疗保障局。2018 年 5 月，国家医疗保障局正式挂牌成立，将人力资源社会保障部的城镇职工和城镇居民基本医疗保险、生育保险职责，国家卫计委的新型农村合作医疗职责，国家发改委的药品和医疗服务价格管理职责，民政部的医疗救助职责整合，实现了“四权归一”的资源整合，其目的是完善统一的城乡居民基本医疗保险制度和大病保险制度，统筹推进医疗、医保、医药“三医联动”改革。2020 年 2 月，中共中央、国务院颁布《关于深化医疗保障制度改革的意见》，医疗保险制度改革进一步走向深化。

出台关于维护新就业形态劳动者社会保险权益的政策。由于没有明确的劳动关系，网约配送员、网约车驾驶员、货车司机等新就业形态劳动者普遍面临着职业伤害保障和社会保险权益缺失的问题。为此，2021 年，人力资源社会保障部等八部门出台《关于维护新就业形态劳动者劳动保障权益的指导意见》，要求各地要放开灵活就业人员在就业地参加基本养老、基本医疗保险的户籍限制，以出行、外卖、即时配送、同城货运等行业的平台企业为重点组织开展平台灵活就业人员职业伤害保障试点。

二、劳动者社会保险权益实现情况

（一）社会保险覆盖面不断扩大

1993 年，党的十四届三中全会提出建立多层次的社会保障体系。当年参加退休费用社会统筹的人数达到 8964 万人，参加失业保险、工伤保险、生育保险的人数分别为 7924 万人、1100 万人和 550 万人，参加医疗费用社会统筹的仅 540 万人，大多数劳动者还不能充分享有各项社会保障。[①] 随着改革的不断推进，参保人数逐年增多，覆盖范围越来越广。党的十八大以来，我国坚持把社会保障全民覆盖作为全面建成小康社会的新要求，实施全民参保计划，建立起了全世界规模最大的社会保险计划。同时，集中力量解决了关闭破产国有企业退休人员参加医疗保险，“老工伤”待遇和集体企业退休人员、“五七工”、“家属工”、农垦职工等群体参加养老保险等一批历史遗留问题。

2021 年末，全国参加基本养老保险人数为 102871 万人（见表 7–1）。其中，参加城镇职工基本养老保险人数为 48074 万人（在职职工 34917 万人），参加城乡居民基本养老保险人数为 54244 万人。按照全国职工总数 4.02 亿人计算，在职职工参加职工养老保险的比例约为 86.8%。

2021 年末，全国基本医疗保险参保人数达 136297 万人，参保覆盖面稳定在 95% 以上。其中，参加城镇职工基本医疗保险人数为 35431 万人（在职职工 26106 万人）；参加城乡居民基本医疗保险人数为 100866 万人。按照全国职工总数 4.02 亿人计算，在职职工参加城镇职工基本医疗保险的比例约为 64.9%。

2021 年末，全国参加工伤保险人数为 28287 万人，全国新开

① 张维．我国确立多层次社保体系 基本医保覆盖超 13.5 亿人［N］．法制日报，2018–10–10.

工工程建设项目工伤保险参保率为99%。2021年末，我国失业保险参保人数为22958万人。2021年末，全国生育保险参保人数为23851万人。

表7-1　1993—2021年我国参加社会保险人数（单位：万人）

年份	基本养老保险（城镇职工基本养老保险）	基本医疗保险（城镇职工基本医疗保险）	失业保险	工伤保险	生育保险
1993	8964（8964）	540（540）	7924	1100	550
1995	10979（10979）	745（745）	9500	2614	1500
2000	13618（13618）	4332（4332）	10408	4350	3002
2005	22929（17487）	13783（13783）	10648	8478	5048
2010	25707（19402）	43263（23735）	13376	16161	12336
2015	85833（35361）	66582（28893）	17326	21432	17771
2021	102871（48074）	136297（35431）	22958	28287	23851

资料来源：历年《劳动事业发展年度公报》《劳动和社会保障事业发展统计公报》《人力资源和社会保障事业发展统计公报》《全国医疗保障事业发展统计公报》。

（二）待遇水平稳步提高

养老保险方面，企业退休人员基本养老金自2005年到2021年连续多年上调。根据人力资源社会保障部公布数据，2021年企业退休人员人均月养老金达到2987元。另外，自2016年以来，我国又连续6年同步提高了机关事业单位退休人员基本养老金，职工养老待遇水平稳步提高。2015年以后，我国多次统一提高了全国城乡居民养老保险基础养老金最低标准。

医疗保险方面。2021年，城镇职工基本医疗保险和城镇居民基本医疗保险最高支付限额分别为当地职工年平均工资和当地居民年人均可支配收入的6倍，政策范围内住院医疗费用报销比例分别达到80%和70%左右。大病保险等补充保险进一步梯次减负，2019年国家普惠性提高大病保险待遇水平，政策范围内报销比例由50%提高至60%；对贫困人口加大支付倾斜力度，在起付线降低50%、支付比例提高5个百分点的基础上全面取消封顶线。

失业保险、工伤保险和生育保险方面。根据人力资源社会保障部和国家医保局公布的数据，随着统筹层次的提高，工伤保险的共济能力和保障水准都得到了有效保障，2020年底，全国31个省、自治区、直辖市和新疆生产建设兵团实现工伤保险省级统筹。2021年，全国月人均失业保险金水平已达1585元，全年共为608万名失业人员发放了不同期限的失业保险金。全国享受各项生育保险待遇1321万人次，生育待遇水平提高到人均22261元。

（三）基金规模逐步扩大

基金规模的逐步扩大，进一步夯实了社会保障可持续发展的物质基础。据人力资源社会保障部统计，1993年，各项社会保险基金收支总额880亿元，累计结存约288亿元。2021年底，养老保险基金、医疗保险基金（含生育保险基金）、失业保险基金、工伤保险基金累计结存分别达到63970亿元、17685亿元、3313亿元、1411亿元，支付能力显著增强。大力发展企业年金和职业年金，2021年底，参加企业年金和职业年金的职工有7200万人，积累基金4.5万亿元，补充养老保险的作用初步显现。其中，建立企业年金的企业数量11.75万家，参保人数2875万人，企业年金投资运营规模2.61万亿元，投资收益额1242亿元。

（四）制度体系日趋健全完善

从20世纪80年代探索企业职工退休费用社会统筹，到20世纪90年代相继建立养老、医疗、失业、工伤、生育保险制度，城镇职工社会保险制度的框架基本形成，再到近年来颁布《社会保险法》，保险制度逐渐走上了政府主导、责任分担、社会化、多层次化的发展道路。党的十八大以来，社会保险制度进一步整合和完善，制度的公平性和可持续性进一步增强。经过不懈努力，我国社会保险制度实现了从企业单位保障到社会保险，从企业单一责任到国家、单位和个人三方责任共担，建立了“独立于用人单位之外，资金来源多元化、保障制度规范化、管理服务社会化”的现代社会保险制度，形成了一套与社会主义市场经济体制相适应的制度体系。

三、对社会保险制度的评价与思考

（一）计划经济时期劳动保险制度的特点和利弊

改革开放前，我国的劳动保险制度是与计划经济体制相适应的，它具有以下几个特点：一是劳动保险制度的本质是国家保险。在高度集中的计划经济体制之下，企业是国家机构的延伸，不需要独立承担风险，无论企业经营状况如何，职工均可以享受劳动保险的各项待遇。二是特殊的管理体制。为体现工人阶级当家作主的主人翁地位，国家授权全国总工会为全国劳动保险事业的最高领导机关，规定劳动部为全国劳动保险业务的最高监督机关。三是全国统筹机制采取了“国家统筹 + 企业保险”的模式设计。这是一种劳动保险金在全国范围内的统筹调剂机制，而不是劳动保险金在全国范围内的统收统支机制。企业按月缴纳职工工资总额的 3%作为劳动保险金，其中的 30%上缴全国总工会，作为劳动保险统筹基金，70%存于企业的工会基层委员会，作为劳动保险基金。四是非缴费型。劳动保险制度是对计划经济时期低工资的补充，为企业劳动者提供了较为全面的保障。无论是在职职工还是退休职工，都不需要缴纳社会保险费。

新中国成立后，我国的劳动保险制度几经修订补充，实施范围逐步扩大，实行劳动保险的职工人数逐年增加。1951 年全国享受劳动保险待遇的人数仅为 262 万人，到 1958 年上升至 1377 万人。同时，劳动保险福利支出总额不断上升，从 1953 年的 14.5 亿元[①]上升至 1978 年的 66.9 亿元。对改革开放前劳动保险制度的评价存在着不同的观点。有人认为该制度存在覆盖面狭窄、资金来源单一、忽视效率、不注重个人责任等缺陷。但从积极的方面来

① 李文德. 新中国的劳动保险事业［J］. 中国劳动，1959（19）.

看，作为经济体制下的子制度，劳动保险制度不仅顺应了计划经济的发展，而且在解决生、老、病、死、伤、残等方面发挥了巨大的作用，充分显示了我国社会主义制度的优越性。

（二）现行社会保险制度的特点、问题及改革思路

与计划经济体制时期的劳动保险制度相比，改革开放后逐步建立起来的现行社会保险制度具有以下特点：一是统账结合，即基本养老保险和基本医疗保险采用社会统筹与个人账户相结合的模式。在我国社会保险制度改革和发展中，最具创新性的举措就是建立统账结合的制度框架。我国统账结合的社会保险制度将现收现付制和积累制结合起来，既考虑了政府责任和社会共济性，又考虑了个人责任和财务可持续性；既吸取了瑞典等欧美发达国家的教训，又吸收了新加坡中央公积金制度的成功经验，是一个适合我国基本国情的社会保险制度。二是缴费型。我国把缴费型的社会保险作为社会保险体系的核心制度，而不是建立“从摇篮到坟墓”的高福利制度，社会保险基金由参保职工及其所在工作单位共同缴费形成（工伤保险和生育保险仅企业缴费），并由财政提供兜底支持。三是坚持广覆盖、保基本、多层次、可持续的方针。广覆盖，即扩大社会保险的覆盖面，使尽可能多的社会成员纳入社会保险制度中来。保基本，即社会保险以保障公民基本生活和需要为主，这是由我国经济发展水平相对落后所决定的。多层次，即除了基本养老保险、基本医疗保险外，还有补充养老保险、补充医疗保险以及补充性的商业保险。可持续，主要是社会

保险基金收支能够平衡，自身能够良性运作，不给财政造成过大的压力，不给企业和个人造成太大的缴费压力。四是经办服务社会化，明确社会保险由政府依法组织实施，社会保险经办机构具体经办，用人单位配合。

虽然我国社会保险制度建设取得了很大成绩，但随着我国社会主要矛盾发生变化，城镇化、人口老龄化、就业方式多样化加快发展，社会保障体系仍存在不足。主要是：多层次的社会保险体系尚不健全，多支柱养老保险体系发展尚不均衡，企业年金、补充医疗保险等发展缓慢；社会保险的公平性依然不足，不同群体、地区、城乡之间还存在不合理的差距，社会保险的再分配功能发挥作用不明显；社会保障统筹层次有待提高，地区发展不平衡造成省与省之间养老保险基金负担畸轻畸重的问题较为突出，平衡地区收支矛盾压力较大；制度整合没有完全到位，制度之间转移衔接不够通畅；人口老龄化加剧，导致养老保险缴费人数下降和待遇领取人数上升，增加养老保险制度的财政压力；灵活就业人员以及新业态就业人员参加城镇职工社会保险比例偏低，社会保险权益缺失。这些问题和挑战已经影响到社会主义和谐社会的建设，迫切需要通过深化改革加以解决。

新时代我国社会保险制度改革的思路。我国现行社会保险制度体系还未发展充分，离真正成熟、定型的制度安排还有不小距离，因此，党的二十大报告提出健全覆盖全民、统筹城乡、公平统一、安全规范、可持续的多层次社会保障体系。为此，我国还需要在以下多个方面发力。一是加快发展多层次、多支柱养老保险体系，健全基本养老保险、基本医疗保险筹资和待遇调整机制，扩大年金制度覆盖范围，规范发展第三支柱养老保险，积极发展商业医疗保险，更好满足人民群众多样化需求。二是加快实现基本养老保险全国统筹，推动基本医疗保险、失业保险、工伤保险省级统筹，进一步明确中央与地方事权和支出责任。三是社会保险制度改革要突出强调并提高其公平性、共济性，对于不同群体、地区、城乡之间的社会保险待遇差别，应视经济社会的发展情况，逐步加以缩小。四是应就业方式多样化的要求，完善农民工、灵活就业人员、新业态就业人员参加社会保险的制度。

（三）新就业形态群体社会保险问题

近年来，平台经济迅速发展，网约配送员、网约车司机、快递员等新就业形态劳动者数量大幅增加，由于没有明确的劳动关系，其权益保障问题日益凸显，其中社会保险问题最为重要。

1. 新就业形态劳动者社会保险权益缺失问题较为突出

根据全国总工会相关调查数据显示，新就业形态劳动者社会保险覆盖率约为68.3%，明显低于全体职工91.4%的平均水平。此外，11.2%的新就业形态劳动者没有社会保险，但自己购买了商业保险；13.5%的新就业形态劳动者既没有社会保险，也没有商业保险；还有7%的新就业形态劳动者不清楚自己的社会保险状况。在参加城镇职工社会保险方面，43.5%的新就业形态劳动者享受城镇职工基本养老保险，35.7%的新就业形态劳动者享受城镇职工基本医疗保险；7.9%的新就业形态劳动者享受灵活就业人员养老保险，5.7%的新就业形态劳动者享受灵活就业人员医疗保险。

2. 新就业形态劳动者社会保险权益缺失的主要原因

新就业形态劳动者参保比例偏低的原因主要集中在以下两点：一是劳动关系限制。现行城镇职工社会保险是针对正规单位和传统劳动关系设计的，社会保险和劳动关系捆绑，存在劳动关系是参保的前提。新就业形态劳动者与平台企业没有建立劳动关系，企业就没有义务为其缴纳社会保险。二是现行社会保险制度不完善。虽然我国现行社会保险制度允许新就业形态劳动者以灵活就业人员身份参加城镇职工基本养老和城镇职工基本医疗保险，但总体来看，由于相关规定还不够完善、个别大城市还存在参保户籍限制、社会保险转移接续困难等原因，新就业形态劳动者参保热情并不高。

3. 补齐新就业形态劳动者参加社会保险的制度短板

一是完善现行灵活就业人员社会保险制度。在全面取消灵活就业人员参加社会保险户籍限制的基础上，探索允许新就业形态劳动者单险种参加工伤保险，同时参加工伤补充保险、商业保险，进一步分散单位承担的工伤补充责任。二是在社会保险制度下建立适合新就业形态群体的职业伤害保障。由于新业态从业人员可以自主选择不同平台企业提供服务，可以考虑由政府统筹一人一账号，不同平台企业代扣代缴的保险金汇缴入同一账号，更好地保障新业态从业人员。

第八章　职业安全卫生

我国过去一直沿用苏联的概念，即劳动保护。20 世纪 80 年代，在我国恢复在国际劳工组织中的地位后，开始采用职业安全卫生这一概念。《职业安全卫生术语》规定，职业安全卫生是指以保障职工在职业活动过程中的安全与健康为目的的工作领域及在法律、技术、设备、组织制度和教育等方面所采取的相应措施。

一、职业安全卫生制度的发展

新中国成立后，我国职业安全卫生制度的发展大致可分为 4 个时期。

（一）劳动保护制度在探索中初步建立（1949—1978 年）

新中国成立后，党和政府十分重视劳动保护工作。1949 年 9 月，《中国人民政治协商会议共同纲领》明确规定，实行工矿检查制度，以改进工矿安全和卫生设备。1951 年 12 月，第二次全国劳动保护工作会议提出，必须注意职工的安全、健康和必不可少的福利事业，并全面总结了国民经济恢复时期的劳动保护工作，明确了“安全为了生产，生产必须安全”的安全生产方针。1954 年，

《宪法》明确规定，改善劳动条件和工资待遇。1956年5月，国务院发布了《工厂安全卫生规程》《建筑安装工程安全技术规程》《工人职员伤亡事故报告规程》，标志着我国安全生产工作步入正轨。1956年9月，劳动部和全国总工会联合召开了劳动保护座谈会，明确了企业领导人员必须贯彻“管生产的管安全”原则，各级企业开始建立安全生产责任制度。经过几年的实践探索，从方针政策、工作路线、规章制度和技术措施等方面，我国初步摸索出一套适合国情的劳动保护制度。1963年3月，国务院发布《关于加强企业生产中安全工作的几项规定》，标志着适应计划经济体制的劳动保护制度已初步建立。

在这个阶段，我国建立起了以劳动部门为主体的劳动保护综合管理体制。新中国成立之初，中央人民政府就设立了劳动部，下设劳动保护司，政府各类产业主管部门也相继设立了专门负责劳动保护的机构，全国初步建立起由劳动部门综合监管、行业部门具体管理的劳动保护工作框架机制。同时，全国总工会在各级工会中设立了劳动保护部，工会基层组织设立了劳动保护委员会，以加强对企业劳动保护工作的监督。“一五”期间，我国大中型企业普遍建立了有关劳动保护的管理机构，小型企业一般也配备了劳动保护的专职人员。相较于劳动部的综合监管主体地位，卫生部具体负责劳动卫生领域的工作。新中国成立之初就设立了卫生部，下设公共卫生局，主要负责传染病和卫生保健方面的工作。1954年，国务院发布的《工业卫生工作委员会组织办法》强调，由卫生行政部门统一领导工业卫生工作。卫生部也成立了专门机构，负责有关厂、矿卫生防护等工作。

20 世纪 60 年代，劳动保护制度受到影响。各级劳动保护工作机构被撤并，劳动部也被精简为劳动局划归国家计委领导。许多企业经过十几年努力建立起来的规章制度得不到重视，劳动保护专业队伍被解散，建成的防护设备和先进的防尘防毒技术得不到使用。

（二）劳动保护制度得以恢复和发展（1978—1992 年）

1978 年 10 月，中共中央发出《关于认真做好劳动保护工作的通知》，针对安全生产工作的混乱状况，提出了“拨乱反正”的要求。1978 年 12 月，党的十一届三中全会以后，劳动保护制度逐步得到恢复，一大批相关政策法规陆续得以重申或制定实施。1982 年国务院机构改革，组建了劳动人事部，统一承担有关劳动保护的职能。根据 1983 年 5 月国务院常务会议批准的劳动人事部任务和职责，劳动人事部综合管理劳动保护、矿山安全、锅炉压力容器安全工作，实行国家监察，设劳动保护局、矿山安全监察局和锅炉压力容器安全监察局。1988 年国务院机构改革组建了劳动部，为了适应国际惯例，将劳动保护局更名为职业安全卫生监察局，作为综合管理全国职业安全卫生工作的职能部门。

在职业卫生和职业病防治方面。1986 年 10 月，卫生部和劳动人事部联合印发《关于卫生部门和劳动部门在劳动卫生监察工作上的分工协作纪要》，由卫生部门从预防医学角度监督企业的劳动卫生工作，劳动部门从工程技术及组织管理角度监督企业的劳动卫生工作。在 1987 年全国劳动安全监察工作会议上，“安全第一，预防为主”被确定为我国安全生产的基本方针。

企业职业安全卫生责任得到明确。1986 年 7 月，国务院颁布《关于加强工业企业管理若干问题的决定》，要求企业认真加强安全生产工作，保障职工人身安全。厂长（或经理）对企业的安全生产负有全面责任。同年 9 月，中共中央、国务院颁发《全民所有制工业企业厂长工作条例》《全民所有制工业企业职工代表大会条例》，明确了厂长、职工代表大会在安全工作中的责任和要求。

（三）职业安全卫生制度正式建立（1992—2012 年）

在这一时期，我国职业安全卫生监管体制出现了从集中统一到多头负责的重大变化。1998 年 7 月，国家经贸委安全生产局正式成立，综合管理全国安全生产工作。同时，为了打造统一的社会保障行政机构，国家在劳动部基础上组建了劳动和社会保障部。由劳动部承担的安全生产综合管理、职业安全监察、矿山安全监察职能交由国家经贸委承担，职业卫生监察职能交由卫生部承担，锅炉压力容器监察职能划归国家质量技术监督局承担，工伤保险和女职工劳动保护等职能仍由劳动和社会保障部负责。2002 年 5 月，我国出台了《安全生产法》和《职业病防治法》，其中的有关规定进一步强化了上述多头监管的格局。2003 年，国家安全生产监督管理局从国家经贸委独立出来成为国务院直属的国家局（后发展为应急管理部），并将作业场所的职业卫生监管等职责由卫生部门移交给了安监部门。自此，以安监部门为主的多头监管体制形成。2005年10月,《中共中央关于制定“十一五”规划的建议》中提出，坚持安全第一、预防为主、综合治理的安全生产方针，从此，综合治理充实到我国安全生产方针中。

企业职业安全卫生工作的主体责任得到明确。在计划经济条件下，由于政企不分，政府不得不通过直接介入生产经营活动来微观地监管职业安全健康工作。因此，20世纪90年代以前，我国采取了国家监察、行业管理、群众监督的安全生产管理体制。1992年，党的十四大明确经济体制改革的目标是建立社会主义市场经济体制后，政府、企业面临的形势均出现重大变化。政府对整个社会经济活动的管理不再是“无所不包、无所不为”，而是有所为、有所不为。原来承担行业管理职责的专业经济管理部门通过多轮机构改革已大量撤销，大量国有企业成为无主管部门的企业。同时，国有企业改革加速，开始建立产权清晰、权责明确、政企分开、管理科学的现代企业制度。非公企业大量增加，成为市场经济的重要组成部分。在此背景下，1993年7月，国务院下发《关于加强安全生产工作的通知》，决定实行企业负责、行业管理、国家监察、群众监督的职业安全卫生管理新体制，明确企业是安全生产工作的主体。1994年7月,《劳动法》进一步从法律上对企业的劳动安全工作主体责任作了规定。

（四）职业安全卫生制度进一步得到完善（2012年至今）

一是加强顶层设计。2016年12月，中共中央、国务院印发《关于推进安全生产领域改革发展的意见》，提出的一系列改革举措和任务要求，为我国安全生产领域的改革发展指明了方向。二是进一步优化职业安全卫生监管体制。2014 年修改《安全生产法》时，增加了国务院和地方政府有关部门在各自职责范围内对有关行业、领域的安全生产实施监督管理的内容；2018 年国务院机构改革时，安监部门的职业安全健康监管职责划转国家卫健委。三是进一步完善职业安全卫生法规标准体系。党的十八大以来，建立了以 11 部有关专项法律等为支撑的安全生产法律法规标准制度体系；先后 4 次修订《职业病防治法》，发布了若干职业卫生部门规章和职业卫生标准。四是建立安全科技支撑体系，健全安全宣传教育体系，使安全投入不仅实现了数量飞跃，而且有了长效机制保证。五是执法力度显著增强。将职业健康工作纳入地方政府考核和诚信体系建设，组织开展执法年活动，在重点行业开展职业病危害专项治理。

二、职业安全卫生立法建设情况

（一）初步建立了以法规规章为主的劳动保护法律（1949—1978 年）

1949 年 9 月，《中国人民政治协商会议共同纲领》明确规定，实行工矿检查制度，以改进工矿安全和卫生设备。1951 年 2 月，政务院颁布《劳动保险条例》，对工人和职员发生工伤及享受的待遇等问题作了比较详细具体的规定。1951 年 9 月，第一次全国劳动保护工作会议讨论通过了《工厂安全卫生暂行条例》《限制工厂矿场加班加点实行办法》《保护女工暂行条例》等文件草案，并在会后修改试行。1951年12月，第二次全国劳动保护工作会议拟定了《加强劳动保护的决定》《工厂安全卫生条例》《保护女职工暂行条例》《工时休息条例》等文件草案。1954年11月，劳动部发布《关于厂矿企业编制安全技术劳动保护措施计划的通知》，以促进企业有计划地改善劳动条件。1956年，国务院和劳动部密集出台了《防止沥青中毒办法》《关于防止厂、矿企业中矽尘危害的决定》《女工保护条例（草案）》《工厂安全卫生规程》《建筑安装工程安全技术规程》《工人职员伤亡事故报告规程》等政策法规，对安全生产工作产生了重要影响。1963年3月，国务院发布《关于加强企业生产中安全工作的几项规定》，标志着与计划经济体制相适应的安全生产立法框架已大致搭建。

职业卫生和职业病防控立法方面。1956年10月，卫生部、劳动部发布《职业中毒和职业病报告试行办法》。1957年，卫生部颁布《职业病范围和职业病患者处理办法的规定》。1958年3月，卫生部、劳动部、全国总工会颁布了《矿山防止矽尘危害技术措施暂行办法》《工厂防止矽尘危害技术措施暂行办法》《矽尘作业工人医疗预防措施暂行办法》《产生矽尘的厂矿企业防痨工作暂行办法》。1960年，卫生部、国家科委发布《关于放射性工作卫生防护暂行规定》。此外，新中国成立后我国还推出了一系列职业卫生标准。1956年和1962年，卫生部等部门联合发布了《工业企业设计暂行卫生标准》《工业企业设计卫生标准》。

（二）劳动保护立法开始恢复（1978—1992年）

职业安全方面。1979年，《宪法》修订时将“改善劳动条件，加强劳动保护”写入其中，为后续多项法律如《劳动法》《刑法》《安全生产法》的制定实施指明了方向。1979年，国务院批转国家劳动总局和卫生部《关于加强厂矿企业防尘防毒工作的报告》。同时，五届人大二次会议通过的《刑法》设置了涉及生产安全的犯罪情形和工作人员玩忽职守的条款。1982年2月，国务院发布《矿山安全条例》《矿山安全监察条例》《锅炉压力容器安全监察暂行条例》等政策法规，对劳动保护、矿山安全、锅炉压力容器实行国家监察制度。1983年4月，国务院颁发《国营工业企业暂行条例》，明确了开办企业的安全卫生条件。1986年6月，最高人民法院和最高人民检察院发出联合通知，界定了关于重大责任事故的犯罪主体和适用范围。1988年7月，国务院发布《女职工劳动保护规定》，这是新中国成立以来第一部关于女职工劳动保护的专门法规。在这个时期，各部委也积极制定了一系列的法规政策，如煤炭部等单位颁布的《乡镇煤矿安全生产若干暂行规定》、煤炭部颁布的《煤矿安全规程》、化工部颁布的《加强化工企业安全生产的八条规定》《化工企业安全管理制度》、城乡建设环境保护部颁发的《国营建筑企业安全生产工作条例》、冶金工业部颁发的《炼铁安全规程》等。

职业卫生和职业病防治方面。1979年8月，卫生部、国家劳动总局颁发了《工业企业噪声卫生标准》（试行草案）。同年9月，卫生部等五部门颁发了修订后的《工业企业设计卫生标准》。1982年3月，卫生部和劳动部颁布《职业中毒和职业病报告办法》，恢复了职业病报告制度。1984年，国务院发出《关于加强防尘防毒工作的决定》，对新建项目和技术改造项目尘毒治理和安全设施作出要求。1987年，国务院颁布了第一部与职业病防治相关的行政法规《尘肺病防治条例》。

（三）《劳动法》等重要职业安全卫生法律相继出台（1992—2012年）

在这个时期，我国相继制定了《劳动法》《安全生产法》《职业病防治法》等重要职业安全卫生法律。同时，国务院及其劳动行政主管部门和各地政府也颁布了大量行政法规，基本形成了包括《劳动法》在内的多层次立法相结合的职业安全卫生法律体系。1994年7月，《劳动法》对劳动过程中的职业安全卫生进行了统一规范，规定了劳动者获得职业安全卫生保护的权利，以及用人单位在职业安全卫生方面的职责，进一步明确了劳动安全卫生国家监察体制，为我国制定各项劳动安全卫生法律法规提供了依据。1992年11月，《矿山安全法》颁布。随后，劳动部又发布了配套的《矿山安全法实施条例》。2001年10月，《职业病防治法》颁布。为配合该法实施，卫生部发布了包括《职业病目录》在内的9个配套规章，初步建立了职业病防治法律法规和标准体系。2002年6月，《安全生产法》正式颁布，明确规定了政府的职责、生产经营单位的义务、单位主要负责人的责任、从业人员的权利和义务。

（四）职业安全卫生法律体系基本形成（2012 年至今）

进入新时代，职业安全卫生立法继续完善。在安全生产方面，党的十八大以来，《安全生产法实施条例》《生产安全事故应急条例》等立法工作稳步推进，建立了以 11 部有关专项法律、3 部司法解释、20 余部国家行政法规、30 余部地方性法规、100 余部部门规章、近 400 部安全行业标准为支撑的安全生产法律法规标准制度体系。在职业卫生法律法规及标准体系方面，全国人大常委会先后 4 次修订《职业病防治法》，国务院制定发布国家职业病防治规划，国家卫生健康委等相关部门发布了 11 个部门规章、700 余项职业卫生标准，为职业健康监管提供了法律依据和规范指导。

三、职业安全卫生状况

新中国成立后，我国职业安全卫生工作几乎从零开始，但在党和政府的重视和领导下，70 多年来得到飞速的发展。劳动者职业安全卫生状况不断改善，取得了举世瞩目的成就。

（一）劳动保护状况得到根本改善（1949—1978 年）

1949—1953 年，劳动保护工作方针得以贯彻，职工伤亡事故和职业病发病率大为减少。新中国成立初期，由于技术设备落后、经验不足等原因，工人伤亡情况比较严重。为了减少工人伤亡，国家相继出台了一些政策，加强劳动保护，全国职工伤亡事故逐年下降。死亡人数 1951 年比 1950 年减少 10.7%，1952 年又比 1951 年减少 39.1%。随着大规模经济建设的进行，安全生产检查从一般性检查发展为专业性和季节性的检查，推动了安全生产工作向经常化和制度化迈进，机械防护、防尘防毒、锅炉安全、防暑降温、女工保护等劳动保护工作有了显著成效。据统计，“一五”期间，全国仅煤炭、冶金、铁道、交通、纺织、化工、林业等 8 个主要产业部门，就拨出安全技术措施经费 4.9 亿多元。其中，国营煤矿井下增加通风设备的投资达 8298 万元。到 1956 年，全国国营煤矿的坑口中，已有 97.75% 采用机械通风，有 93.4% 的工作面每人每分钟的平均风量达到或超过国家规定的 4m³。由于改善了通风环境，也基本上解决了井下温度过高的问题，大多数国营矿井温度达到国家规定的 25℃的要求，瓦斯事故也减少了 91%。[①] 为掌握职业病危害形势，1957—1958 年，我国对 13 个省份的 10 万余名粉尘作业工人开展了矽肺普查，并开展了轰轰烈烈的群众性防尘运动，取得了极其显著的成效。1958 年 4 月，国务院批转卫生部、劳动部、全国总工会《召开第一次全国防止矽尘危害会议的报告》，提出工厂粉尘浓度尚未达到国家标准的，要在 1958 年内将矽尘浓度降到每立方米 2 毫克以下。到 1958 年底，较大厂矿粉尘浓度已降低到国家所规定的标准。到 1959 年初，冶金

① 徐川府．有计划地改善劳动条件——回顾“一五”期间的职业安全卫生工作［J］．现代职业安全，2007（04）．

工业部宣布全国冶金矿山已基本上解除了矽尘的威胁。[①]

国民经济三年调整时期，国家出台了一系列政策，确保劳动者在生产过程中的安全和健康。1962 年 12 月，第二次全国防止矽尘危害工作会议召开，提出要力争在三五年内解决我国工业企业中矽尘危害问题。据有关资料记载，国民经济三年调整期，企业劳动条件改善成效明显。在 21 个省市 14 个产业部门的 1.39 亿元职业安全卫生投入中，由国家直接拨出的防尘专款就有 4600 万元。全国 9400 多个企业、5 万多个矽尘作业点都采取了综合防尘措施。据对 6020 家企业的 3.97 万个矽尘作业点调查，矽尘浓度降至 10 毫克 / 立方米的矽尘作业点占 40%。[②]

（二）职业安全卫生状况出现新局面（1978—1992 年）

1978 年 10 月，中共中央发出《关于认真做好劳动保护工作的通知》。同年 12 月，党的第十一届三中全会召开，随着思想上的拨乱反正和生产秩序的逐步恢复，我国劳动保护工作迎来了第二个春天，全国劳动保护工作的被动局面开始改观。1979 年，全国县以上企业职工因工死亡人数同比下降 9%。1980 年，石油、机械、冶金、地质、煤炭等行业的人身伤亡事故有了大幅度下降，

---

① 吴执中，刘世杰，王文彦. 新中国在劳动卫生与职业病防治方面的主要成就［J］. 中级医刊，1959（11）.

② 徐川府. 三年调整见成效——回忆“调整时期”的职业安全卫生工作［J］. 现代职业安全，2007（06）.

全国煤炭行业职工因工死亡人数同比下降 23.5%。①

20 世纪 80 年代和 90 年代初，我国的生产安全状况出现了前所未有的大好局面。在这十多年中，我国因工伤亡人数略有下降，职业安全卫生状况是新中国成立以来最好的一个时期。20 世纪 80 年代与 70 年代相比，全国县以上企业工伤死亡人数减少 44235 人，平均每年减少 4400 多人。“六五”期间，县以上企业职工千人死亡率一直保持在 0.138‰以下，平均值为 0.1‱8‰。在劳动条件改善方面，据全国 21 个省、自治区、直辖市的劳动安全监察机构的统计，从 1980 年到 1986 年，符合“三同时”② 制度的工程项目有 6003 项。③ 这一时期职业病新发病例逐年下降。据劳动部统计，1986—1988 年，我国职业病新发病例每年分别为 32653 例、30143 例、28357 例，呈逐年下降态势。其中约半数为尘肺病，而且多数是煤工尘肺，这说明尘肺仍是我国最严重的职业病。④

（三）安全生产和职业病防治相继面临新挑战（1992—2012 年）

在安全生产方面，这一时期全国各类生产安全事故死亡人数

① 徐川府. 劫波过后得重建——回顾“五五”期间的职业安全卫生工作［J］. 现代职业安全，2007（08）.

② “三同时”是指生产经营单位新建、改建、扩建工程项目的安全设施，必须与主体工程同时设计、同时施工、同时投入生产和使用。

③ 徐川府. 加强职安立法推行国家监察——回顾“六五”期间职业安全卫生工作［J］. 现代职业安全，2007（09）.

④ 李德鸿. 1986—1988 年我国职业病发病情况［J］. 中国工业医学杂志，1989（03）.

略有上升（见图 8–1）。按职工因工伤亡事故口径统计，全国企业职工因工伤亡事故死亡人数高峰出现在 1994 年；按各类生产安全事故口径统计，全国生产安全事故高峰期出现在 2002 年。

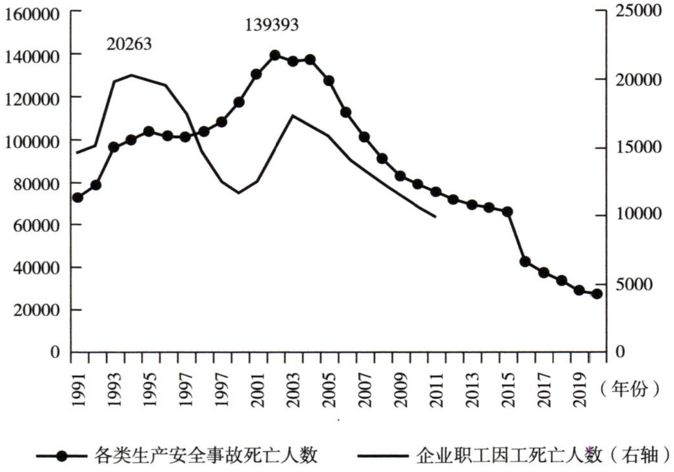

图 8–1　1991—2019 年我国各类生产安全事故共死亡人数

资料来源：历年《劳动事业发展统计公报》《关于全国伤亡事故情况的通报》《全国安全生产情况通报》《国民经济和社会发展统计公报》。

1992—2012 年，我国职业病发病人数呈现“U”形走势（见图 8–2）。随着我国粗放发展积累的职业病问题集中显现，21 世纪以后，我国职业病报告病例数处于高位。需要说明的是，虽然这个时期我国生产安全事故和职业病发病人数出现了一定幅度的上升，但考虑到这种情况是各类企业和从业人员高速增长的情况下发生的，持续时间有限，而且死亡人数上升幅度低于国内生产总值增长速度，说明全国生产安全和职业病防治形势总体还是基本稳定的。

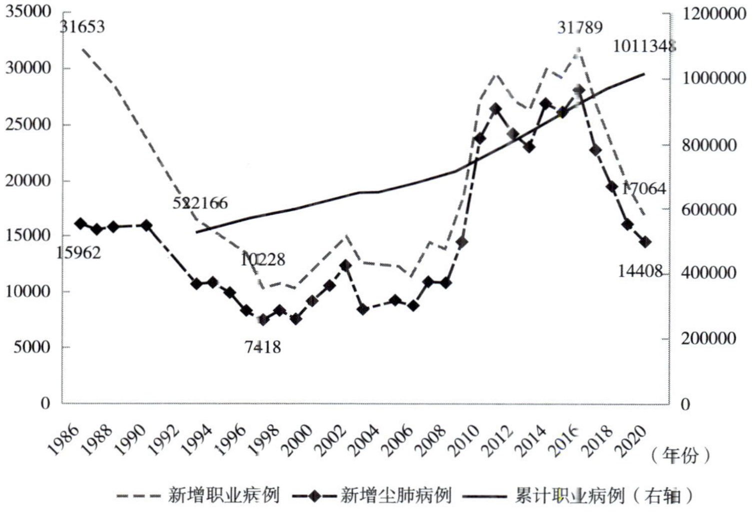

图 8-2　1986—2020 年我国职业病发病情况

资料来源：历年《全国卫生监督工作情况的通报》《我国卫生健康事业发展统计公报》。

（四）职业安全卫生状况不断改善（2012 年至今）

2002—2021 年，全国各类生产安全事故死亡人数持续下降。事故死亡人数从 2002 年的近 14 万人下降到 2021 年的 26307 人，连续 20 年走低（见表 8-1）。2021 年工矿商贸企业就业人员 10 万人生产安全事故死亡人数为 1.37 人，2005 年有数据以来呈下降趋势；煤矿百万吨死亡人数 0.045 人，连续多年下降。我国安全生产形势的好转与 2002 年《安全生产法》的颁布在时间上是一致的，一方面，政府相关部门针对安全生产上的薄弱环节和突出问题，集中开展五项安全生产专项整治工作，特别是加大关闭整顿小煤矿和非法生产烟花爆竹的小厂（作坊）力度；另一方面，《安全生产法》正式实施后，广大生产经营单位逐渐加大了对安全生产的重视程度和人财物的投入，由此推动了后续事故的持续下降。

表 8-1　2002—2021 年全国安全生产情况

年份	各类生产安全事故死亡人数（单位：个）	企业职工因工死亡人数（单位：个）	工矿商贸企业 10 万人事故死亡人数（单位：个）
2002	139393	14924	——
2003	136340	17315	——
2004	136755	16497	——
2005	127089	15868	3.85
2006	112822	14382	3.33
2007	101480	——	3.05
2008	91172	——	2.82
2009	83196	——	2.4
2010	79552	10616	2.13
2011	75572	10000 以下	1.88
2012	71983	——	1.64
2013	69434	——	1.52
2014	68061	——	1.33
2015	66182	——	1.07
2016	43062	——	1.7
2017	37852	——	1.64

续表

年份	各类生产安全事故死亡人数（单位：个）	企业职工因工死亡人数（单位：个）	工矿商贸企业10万人事故死亡人数（单位：个）
2018	34046	——	1.55
2019	29519	——	1.47
2020	27412	——	1.3
2021	26307	——	1.37

资料来源：历年《劳动事业发展统计公报》《关于全国伤亡事故情况的通报》《全国安全生产情况通报》《国民经济和社会发展统计公报》。

2016—2021 年，我国职业病发病情况逐年好转。党的十八大以来，各地、各部门不断加大职业病防治工作力度，针对重点职业病危害，集中开展专项治理活动，严肃查处危害劳动者身体健康和生命安全的违法行为，不少企业的职业卫生条件得到较大改善，有效地保护了劳动者健康权益。根据《2021 年我国卫生健康事业发展统计公报》的数据，截至 2021 年底，全国共有职业卫生技术服务机构 1022 家，放射卫生技术服务机构 505 家，化学品毒性鉴定中心 23 家，职业健康检查机构 5067 家，职业病诊断机构 588 家；中央转移地方资金建设 671 家尘肺病康复站（点），覆盖辖区内近 17 万名尘肺病患者，患者对康复服务满意度达 96%。2021 年全国共报告各类职业病新病例 15407 例，其中职业性尘肺病及其他呼吸系统疾病 11877 例（其中职业性尘肺病 11809 例），职业性耳鼻喉口腔疾病 2123 例，职业性传染病 339 例，职业性化学中毒 567 例，物理因素所致职业病 283 例，职业性皮肤病 83 例，职业性肿瘤 79 例，职业性眼病 43 例，职业性放射性疾病 5 例，其他职业病 8 例。

四、现行职业安全卫生制度的问题与完善

新中国成立后，我国职业安全卫生制度不断调整，对保护劳动者安全健康权起到了重大作用，同时还存在体制不顺、职业病多发等诸多问题，需要不断加以改进和完善。

（一）现行职业安全卫生制度存在的问题

我国迄今还没有一部专门为保障劳动者职业安全卫生权而制定的法律。从立法理念上看，《安全生产法》和《职业病防治法》这两部法律主要以监管部门的管理控制和被监管者的主体责任为调整对象，其立法理念倾向于“以生产为本”而非“以人为本”，难以为劳动者职业安全健康权利实现提供充分的制度性支持。不仅如此，现行安全生产和职业病防治分开立法的模式，还存在立法资源浪费和执法效能低下的弊端。在多数情况下，职业安全和职业卫生风险是同一个风险的两个不同发展阶段，体现在职业卫生损害常常导致职业安全事故的发生或扩大，而职业安全事故也必然导致职业卫生损害。因此，国家完全可以通过一部立法对劳动者进行统一保护、对用人单位进行统一规制、对监管工作进行统一安排。从全球范围来看，各主要工业国家几乎无一例外地采用了职业安全卫生一体立法的模式。

职业安全和职业卫生分开监管的体制存在弊端。在权力的实际运作过程中，由于权责划分不明确，分散的职业安全健康监管职能与统一的职业安全健康系统之间存在结构性矛盾，由此造成监管权限分散、职能交叉、相互缺乏配合等问题，不少事故因此得不到及时处理，部门之间推诿责任的情况时有发生。特别是《安全生产法》和《职业病防治法》在管理体制方面存在很大不同，尚未形成统一的规制体系，使得我国职业安全和职业卫生监管体制衔接不畅，影响了整体监管效率的提高。

职业病防治体系不健全。目前，我国职业病危害仍较严重。职业病防治不力的关键之一，在于政府不重视。一些地方政府对职业病防治工作的重要性、紧迫性认识不足，热衷于为企业提供各种优惠政策，对职业病防治工作投入有所欠缺，影响了职业病防治工作的开展。职业病防治不力的另一个关键是企业职业病防治责任落实不到位。我国95%以上的工业企业都是中小微型企业，这些用人单位职业健康基础薄弱，职业病防护措施常常不能满足保护劳动者的要求。

工会作用尚未充分发挥。目前，工会在履行法定职责、开展群众性劳动保护监督检查工作时遇到了许多困难。许多企业不重视工会这一组织的作用，对工会投入资金少，导致工会专业人才极度匮乏，存在一人多岗问题，监督力不从心。同时，虽然法律规定工会要参加“三同时”审查验收，但是存在不通知工会参加的情况，造成工会无法从源头代表职工实行安全生产监督，不利于维护劳动者安全健康合法权益。

（二）现行职业安全卫生制度的完善

推进职业安全卫生统一立法。统一立法应着眼于从业人员的职业安全健康权益，确立多元化的权利救济机制，使得劳动者权利行使与部门履行职责相互结合。职业安全与职业卫生领域诸多的共性问题可以统一规范，比如关于职业安全卫生监察、事故救援、职业伤害补偿、教育培训等。同时，考虑到法制变革的渐进性，推进职业安全卫生统一立法要处理好与《安全生产法》《职业病防治法》的关系。监管层面的《安全生产法》《职业病防治法》仍可以继续存在，但要剔除规定从业者权利的内容。只要注意兼容性、依赖性和共通性的问题，统一立法不仅不会与之发生冲突，还能产生相互促进的法律效果。

构建运作协调的一体化监管体制。应理顺职业安全卫生监管体系，构建完善有力、运作协调的一体化监管体制，将全国所有的职业安全卫生工作都覆盖起来。在职业安全卫生统一立法的基础上，加强安全生产和职业卫生监管工作的整合、融合、渗透，不断优化工作流程，做到监管监督、职业伤害补偿、教育培训等各个方面的一体化，避免职责交叉及职责漏洞、多头审批、重复执法，不断提高监管效能。

完善职业病防治体系。政府要强化监管责任主体的落实，完善相关法律法规，加强职业健康监管体系建设，明确各级政府在职业安全工作中的责任并实行责任追究制，组织开展“健康企业”创建活动，研发推广有利于职业健康的新技术、新工艺、新设备和新材料，完善职业健康技术支撑体系。同时，企业要强化防治工作主体责任的落实，认真贯彻执行国家有关法律法规标准，依法依规采取安全防护措施，为劳动者提供卫生、环保、舒适和人性化的工作环境；建立健全各项职业健康制度。企业的法定代表人是企业职业安全卫生的总负责人，必须依法接受政府的监管、行业部门的有效指导和社会的广泛监督，切实负起责任来。

充分发挥工会在职业安全卫生监督方面的作用。各级政府要支持工会依法履行相关权利和职责，为工会开展工作提供方便和保证。同时，各级工会要认真贯彻《工会劳动保护监督检查员工作条例》《基层工会劳动保护监督检查委员会工作条例》《工会小组劳动保护检查员工作条例》《关于加强工会劳动保护工作的意见》，组织开展好“安康杯”劳动和技能竞赛，加强工会劳动安全卫生队伍建设，推动劳动安全卫生监督检查网络对非公有制企业的覆盖，推动工会劳动保护工作落地落实。

第九章　职业培训

职业培训作为技能人才培养重要的手段，是解决就业结构性矛盾的重要举措。新中国成立后，我国职业培训始终坚持服务经济社会发展需求的导向，政策法规体系不断建立和完善，培训规模不断扩大，培训质量不断提升，对提高劳动者职业能力和素质、促进就业发挥了积极作用。

一、职业培训制度的发展

新中国成立 70 多年来，我国职业培训大致经历了四个发展阶段。

（一）以培养技工为主的阶段（1949—1978 年）

新中国成立后，为适应国民经济恢复的需要，在城市重点开展了以失业工人为主体的转业培训。1950 年 6 月，劳动部下发《救济失业工人暂行办法》，提出以工代赈、生产自救、转业训练、还乡生产、发放救济金等多种救济方式。1951 年 10 月，政务院公布的《关于改革学制的决定》指出："我国原有学制（即各级各类学校的系统）有许多缺点，其中最重要的，是工人、农民的干部学校和各种补习学校和训练班，在学校系统中没有应有的地位。”要求在初、中、高等教育阶段都设立补习学校和训练班。1952年8月，政务院发布《关于劳动就业问题的决定》，要求对于失业工人，应普遍予以登记，并分别介绍就业或予以转业训练。

1950年12月，毛泽东视察哈尔滨车辆厂时赞扬说，工厂办技工学校培养技术工人是一个好办法，为技工教育发展指明了方向。各产业部门如重工业部、燃料工业部、机械工业部、铁道部等以及地方劳动部门开始创办技工学校。1953年初，中央财经委员会决定将技工教育工作划归劳动部管理，同时明确了自上而下的管理体制。1953年之后，伴随着社会主义建设高潮的兴起，为培养“一五”重点建设项目所需要的技工，国家将技工学校建设纳入国家计划，采取了一系列措施促进技工学校发展。1954年，中央财经委员会发布《技工学校暂行办法》，规定各产业管理部门应根据自己对技工的需要设立技工学校，技工学校由各产业主管部门领导，并受劳动行政部门的业务指导，确立了我国技工教育的基本制度。同时，企业开展学徒培训，主要培养初级技术工人。1956年，国务院发布《关于工资改革的决定》，在企业中全面推行八级工资制，将工人工资与技术水平挂钩，对于激励工人提高生产技能起到了积极作用。1958年9月，中共中央、国务院颁布《关于教育工作的指示》，强调国家办学与厂矿、企业、农业合作社办学并举，普通教育与职业（技术）教育并举，全日制学校与半工半读、业余学校并举，从而确定了职业技术教育的重要地位。为了加强对技工学校的管理，1961年5月，劳动部颁发了《关于颁发技工学校通则等三个文件的通知》。

总体而言，在这个时期，紧紧围绕经济建设需求，我国技工教育形成了清晰的办学定位，构建了系统的管理体制，形成了“以产定教，厂校一体”的办学模式和“生产教学两结合，产品人才同兼顾”的培养特点，为以后我国职业技术教育发展提供了宝贵的经验。“文化大革命”时期，我国技工教育受到影响，基本上处于停办状态。1973 年，国务院批转国家计委、国务院科教组《关于中等专业学校、技工学校办学几个问题的意见》，提出适当发展技工学校，技工教育开始有所恢复。

（二）进入全面发展的新阶段（1978—2012 年）

1978 年，党的十一届三中全会的召开，把全党全国的工作重点转移到经济建设上来。伴随着经济体制改革的不断深化，职业培训和市场的联系日益紧密，我国职业培训工作进入了一个全面发展的新阶段。

1. 技工学校的复兴和转型发展

党的十一届三中全会后，在“文化大革命”时期停办的中专、技校逐渐恢复。1979 年，国家劳动总局颁布了《技工学校工作条例（试行）》和《关于进一步搞好技工培训工作的通知》，强调必须有计划地开办新的技工学校，调整、整顿现有技工学校。20 世纪 80 年代中期至 90 年代初期，劳动部相继出台了《关于技工学校深化改革的意见》和《关于深化技工学校教育改革的决定》，确立了技工学校按照劳动力市场的需求、拓展培训领域、服务社会的改革方针。1992 年，党的十四大提出建立社会主义市场经济体制的改革目标，政企不分的企业经营管理模式被打破，国有企业被推向市场，不再承担办教育的职能，企业、业务部门主办的职业学校转交教育部门，与企业完全脱钩，计划经济时期所形成的校企密切合作、共同培养技能型人才的模式被打破，面临转型发展。同年，技工学校招生由指令性计划改为指导性计划。2000 年，劳动和社会保障部印发《关于加快技工学校改革工作的通知》，提出对技工学校调整和重组，数年间逐步形成技工学校、高级技工学校和技师学院 3 个层次的培养体系。2010 年，人力资源社会保障部印发《关于大力推进技工院校改革发展的意见》，明确了形成以技师学院为龙头、高级技工学校为骨干、普通技工学校为基础的覆盖城乡劳动者的技工教育培训网络。

2. 职业教育迅猛发展

1980 年 10 月，国务院批转教育部、国家劳动总局《关于中等教育结构改革的报告》，要求在普通高中逐步增设职业技术课程，将部分普通高中改为职业技术学校。随后，我国又相继出台了一系列政策加快中等职业教育的发展速度。1991 年 10 月，国务院发布《关于大力发展职业技术教育的决定》，进一步提出要在 20 世纪 90 年代初步建立起有中国特色的、从初级到高级、行业配套、结构合理、形式多样，又能与其他教育相互沟通、协调发展的职业技术教育体系的基本框架。1996 年 5 月，《职业教育法》把职业学校教育分为初等、中等、高等职业学校教育，要求实施以初中后为重点的不同阶段的教育分流，建立、健全职业学校教育与职业培训并举，并与其他教育相互沟通、协调发展的职业教育体系。2002 年 8 月，国务院发布的《关于大力推进职业教育改革与发展的决定》明确提出，企业要根据需要举办职业学校和职业培训机构，加强对职工特别是一线职工、转岗职工的教育和培训。2005 年，国务院发布《关于大力发展职业教育的决定》，进一步明确了职业教育改革发展的目标。

3. 职业培训从政府主导向社会多元嬗变

1983 年，全国培训工作会议确立全面实行先培训后就业制度的总目标。各地劳动部门先后创办起劳动服务公司，针对待业人员开展就业培训。1991 年，国务院发布《关于大力发展职业技术教育的决定》，首次提出职业教育要采取大家来办的方针，充分发展行业、企事业单位办学和各方面联合办学，鼓励民主党派、社会团体和个人办学。1994 年，《劳动法》第 66 条规定，国家通过各种途径，采取各种措施，发展职业培训事业，开发劳动者的职业技能，提高劳动者素质，增强劳动者的就业能力和工作能力；第 67 条规定，各级人民政府应当把发展职业培训纳入社会经济发展的规划，鼓励和支持有条件的企业、事业组织、社会团体和个人进行各种形式的职业培训。1996 年 5 月，《职业教育法》对政府、教育机构、企业和其他社会团体举办职业培训的义务和责任作出了明确规定。同时，劳动部还发布了《企业职工培训规定》，推动企业提取职工培训经费。1999 年，国务院办公厅转发劳动保障部等部门《关于积极推进劳动预备制度加快提高劳动者素质的意见》，要求新生劳动力和其他求职人员在就业前接受 1~3 年的职业培训和职业教育。

4. 进入21世纪面向全体劳动者的职业培训制度逐步确立

进入21世纪，职业培训工作的重点从被动的解决就业问题转向积极主动的技能开发，并提出建立面向全体劳动者的职业培训制度。2002年，劳动保障部发布《加强职业培训提高就业能力计划》，针对失业人员、新生劳动力、企业在职职工和农村富余劳动力强化再就业培训和创业培训。2005年起，劳动保障部相继实施职业培训“5+1”计划行动，包括新技师培养带动计划、城镇技能再就业计划、能力促创业计划、农村劳动力技能就业计划、国家技能资格导航计划以及技能岗位对接行动。2006年和2007年，党的十六届六中全会和党的十七大都提出要健全面向全体劳动者的职业培训制度。2007年，《就业促进法》设专章对职业教育和培训作了若干规定。2009年和2010年，为应对国际金融危机，人力资源社会保障部针对困难企业职工、失业人员、返乡农民工和新成长劳动力实施特别职业培训计划。2010年，国务院印发《关于加强职业培训促进就业的意见》，提出加快构建面向全体劳动者的职业培训制度。2011年，中组部、人力资源社会保障部联合印发了《高技能人才队伍建设中长期规划（2010—2020年）》，对未来高技能人才培养的数量、体制和政策法治环境进行了规划。2012年，国务院办公厅转发人力资源社会保障部、财政部、国务院国资委《关于加强企业技能人才队伍建设的意见》，对推动企业高技能人才培训等政策作了进一步细化。

（三）转向推行终身技能养成（2012 年至今）

党的十八大以来，伴随着经济发展方式的转变和创新驱动发展战略的实施，我国职业技能培训体系不断完善，职业技能培训工作的出发点也从短期的技能训练为主转向推行终身技能养成。

完善职业技能培训体系。2013 年，人力资源社会保障部印发《关于在全国百家城市中开展技能振兴专项活动的通知》，启动百城技能振兴专项活动。2015 年，人力资源社会保障部办公厅会同财政部办公厅印发《关于开展企业新型学徒制试点工作的通知》，启动企业新型学徒制试点工作。2016 年，人力资源社会保障部印发《关于实施化解过剩产能企业职工特别职业培训计划的通知》，力争使有培训愿望和需求的企业失业人员与转岗职工都能接受一次相应的政府补贴性职业培训。2017 年，人力资源社会保障部、财政部印发《关于失业保险支持参保职工提升职业技能有关问题的通知》，对累计缴纳失业保险费三年以上的企业职工给予技能提升补贴。同年，中共中央、国务院印发《新时期产业工人队伍建设改革方案》，要求完善技术工人培养、评价、使用、激励、保障等措施。2018 年，人力资源社会保障部、国务院扶贫办印发《关于开展深度贫困地区技能扶贫行动的通知》，提出“应培尽培、能培尽培”，努力实现每个有培训需求的贫困劳动力都有机会接受职业技能培训。2019 年，人力资源社会保障部发布《关于印发〈新生代农民工职业技能提升计划（2019—2022 年）〉的通知》，大力推进新生代农民工职业技能培训。同年 5 月，国务院办公厅印发了《职业技能提升行动方案（2019—2021年）》，提出三年共开展各类补贴性职业技能培训5000万人次以上。

构建终身职业技能培训体系。2018年5月，国务院发布《关于推行终身职业技能培训制度的意见》，提出建立并推行覆盖城乡全体劳动者、贯穿劳动者学习工作终身、适应就业创业和人才成长需要以及经济社会发展需求的终身职业技能培训制度，并就深化职业技能培训体制机制改革、提升职业技能培训基础能力提出了具体要求。随后，人力资源社会保障部又出台了《关于贯彻落实〈国务院关于推行终身职业技能培训制度的意见〉精神的通知》，终身职业技能培训制度进入具体落实阶段。2021年，人力资源社会保障部、教育部、国家发改委、财政部联合印发《"十四五"职业技能培训规划》，提出到2025年，我国终身职业技能培训制度更加完善，共建共享职业技能培训体系更加健全，创新型、应用型、技能型人才队伍不断发展壮大，职业技能培训服务更加有效。

技能人才评价体系不断健全。早在20世纪90年代，政府有关部门就先后颁发了《职业技能鉴定规定》《职业资格证书规定》《职业分类大典》。2018年11月，人力资源社会保障部印发《关于在工程技术领域实现高技能人才与工程技术人才职业发展贯通的意见（试行）》，以打通高技能人才与专业技术人才职业发展通道。2019年1月，人力资源社会保障部公布《国家职业资格目录（2019年版）》，我国对技能人才的认定和评价体系基本形成。同年8月，人力资源社会保障部印发《关于改革完善技能人才评价制度的意见》，鼓励社会组织、市场机构以及企业、院校等作为社会培训评价组织，提供技能评价服务。

职业教育持续受到重视。2013 年，党的十八届三中全会通过《中共中央关于全面深化改革若干重大问题的决定》，提出加快现代职业教育体系建设，深化产教融合、校企合作。2014 年，国务院印发《关于加快发展现代职业教育的决定》，明确了我国现代职业教育体系建设的目标、路径等。同年，教育部等 6 部委印发《现代职业教育体系建设规划（2014—2020 年）》。2019 年 1 月，国务院印发《国家职业教育改革实施方案》，明确职业教育与普通教育具有同等重要的地位。与此同时，技工院校在创新中继续发展。2014 年和 2016 年，人力资源社会保障部分别印发《关于推进技工院校改革创新的若干意见》和《技工教育“十三五”规划》，提出技工院校要坚持高端引领、校企合作、多元办学、内涵发展的办学理念。

二、职业培训的发展成果

新中国成立以来，我国职业培训成果丰硕，劳动者技能水平显著提高。

（一）技工教育取得飞跃式发展（1949—1978 年）

新中国成立初期，以解决工人失业、转业为重点，我国转业培训取得了很大的成效。据统计，1949 年底，全国城镇登记失业人数高达 474.2 万人。[①]1950 年到 1953 年，全国参加转业训练的失

① 程连升．中国反失业政策研究（1950—2000）[M]．北京：社会科学文献出版社，2002.

业工人就达15万余人。转业训练有政治、文化、技术三种，其中技术训练即进行专项技术技能培训，如对机械、纺织、建筑等行业的技术工人和汽车驾驶、会计、统计、护理、打字、保育、炊事等人员，进行专业培训，训练期限一般为3个月到1年。城镇失业率由1949年的23.6%下降至1952年的13.37%。[①] 到1956年，失业问题基本解决。

从1953年开始，为适应大规模经济建设发展的需要，职业培训的重点转移到提高后备技术工人和在岗技术工人。“一五”期间，仅工业、交通运输业就完成学徒和技术工人培训106.1万人，建筑业、商业、服务业和农业的培训人数更多。[②] 到1959年底，全国技工学校有744所，涵盖154个工种，在校生达28万人。新中国成立后的10年间，技工学校共培养20.26万余名毕业生，分配在全国的冶金、煤炭、电力、石油、建筑、交通、地质、纺织等厂矿企业。技工教育的发展，适应了经济发展的需求，对社会主义建设特别是工业建设起到了极为重要的支撑作用。到1961年，全国技工学校由新中国成立初期的3所2700人，发展到2021所、在校生54万人。[③] 随后，我国技工教育受到影响，到1969年，大部分技工学校被撤销、停办或改为工厂。

---

① 崔秋立，王倩，李兴军．改造与兴建：新中国初期技工教育发展研究［J］．中国职业技术教育，2020（30）.

② 赵泽众．制造大国注入技能动力：我国职业能力建设工作70年回眸［N］．中国劳动保障报，2019-09-30.

③ 人力资源社会保障部教材办公室．沧桑巨变——中国技工教育成就发展历程［M］．北京：中国劳动社会保障出版社，2018.

（二）职业培训成果丰硕（1978—2012 年）

1. 职业培训支持体系已经形成

政策法规和职业标准体系逐步完善。《劳动法》《职业教育法》《民办教育促进法》《就业促进法》等重要法律均对职业培训作了规定。《关于大力推进职业教育改革与发展的决定》《高技能人才队伍建设中长期规划（2010—2020 年）》等一系列政策法规，初步构建了涵盖职业培训各方面的政策法规体系，包括培训载体、培训对象和模式、培训教材和标准、培训激励机制、培训师资、培训监督评价等方面。

各类培训机构迅猛发展。我国开展职业培训的载体主要有四类：第一类是企业，已成为劳动者参加职业培训的主要载体。1996 年，劳动部发布了《企业职工培训规定》，要求职工培训经费按照职工工资总额的 1.5% 计取。2002 年，国务院印发的《关于大力推进职业教育改革与发展的决定》明确提出，企业要根据需要加强对职工特别是一线职工、转岗职工的教育和培训。第二类是职业院校和技工院校。特别是高职院校，改革开放后，从无到有发展迅猛，从 1980 年国家教委批准成立 13 所，发展到 2012 年的 1297 所。第三类是培训机构，包括就业训练中心、民办职业培训机构、中外合作开办职业培训机构等。改革开放后，职业培训从政府主导向社会多元嬗变，各类培训机构应运而生、不断发展壮大。第四类是工会等群团组织，特别是工会，一方面发挥“大学校”的积极作用；另一方面广泛深入持久开展劳动和技能竞赛，成为开展职业技能培训的重要力量。此外，在这一时期逐步建设发展的公共实训基地、高技能人才培训基地、职业技能实训基地、产教融合实训基地等也成为开展职业培训的重要载体。

2. 职业培训规模和质量不断提升

职业培训总人次维持高位。2006 年职业培训总人次首次突破 2000 万以后，每年都维持在 2000 万人次左右。其中，2000—2008 年，全国技校、就业训练中心、社会培训机构培训人次从 896 万增加到 2453 万；2009—2012 年，开展政府补贴的职业培训每年都在 2000 万人次左右，其中 2012 年达到 2049 万人次。

各类职业培训相继开展。2008—2012 年，农民工培训人数大多数年份都维持在 900 多万人次的稳定水平；2011 年和 2012 年，企业在职培训每年都维持在 600 万人次左右；创业培训从 2001 年的 24 万人次逐年增加到 2012 年的 191 万人次；1999—2008 年，下岗失业人员再就业培训人数一直维持在 358 万～545 万人次的高位，2009 年之后统计口径变更为城镇失业人员培训，人数呈逐年下降趋势；城乡“两后生”劳动预备制培训从 1999 年的 93 万人次，上升到 2011 年 262 万人次的峰值后略有下降（见表 9–1）。

表 9–1　1999—2012 年全国职业培训开展情况（单位：万人次）

年份	总培训人次	企业在职培训人次	创业培训人次	农民工培训人次	城镇失业人员培训人次	劳动预备制培训人次
1999	——	——	30	——	513	93
2000	896	——	30	——	358	71.7

续表

年份	总培训人次	企业在职培训人次	创业培训人次	农民工培训人次	城镇失业人员培训人次	劳动预备制培训人次
2001	1018	——	24	——	457	92
2002	1279	——	31	——	518	110
2003	1393	——	29	——	549	126
2004	1753	——	31	——	530	189
2005	1898	——	51	——	610	——
2006	2243	——	63	——	645	——
2007	2341	——	64	——	643	——
2008	2453	——	81	900	600	——
2009	2160	——	110	1100	450	240
2010	1820	——	119	1022	384	126
2011	2200	613	145	1080	386	262
2012	2049	546	191	883	409	165

资料来源：历年《劳动和社会保障事业发展统计公报》《人力资源和社会保障事业发展统计公报》。

[注 1]：2000—2008 年总培训人次统计口径为技校、就业训练中心、社会培训机构培训，2009—2012 年为政府财政补贴的各类职业培训。

[注 2]：2000—2008 年城镇失业人员培训统计口径为下岗失业人员再就业培训。

参加鉴定考核及获取职业资格证书人数总体呈上升趋势。从 1996 年到 2017 年，参加职业技能鉴定的人数从 268.57 万人增加到 1472.90 万人，获取职业资格证书人数从 214.69 万人增加到 1198.72 万人（见图 9-1）。新增高技能人才数量及占技工总数比例持续增加。截至 2012 年底，我国拥有高级技师 113.9 万人、技师 531.9 万人、高级工 2793.8 万人，高技能人才占技能劳动者的比例为 25.7%。

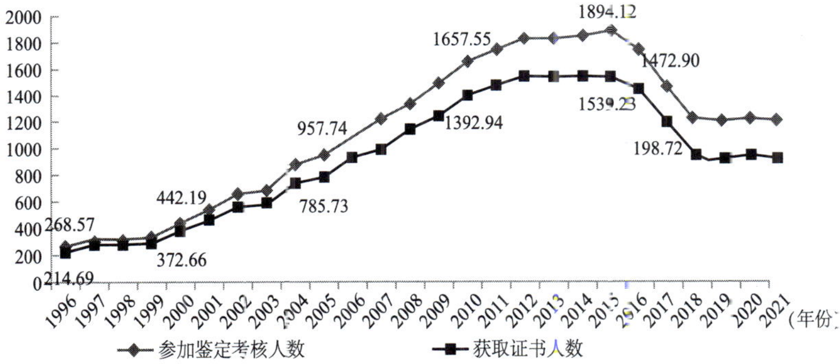

图 9-1　1996—2021 年我国参加鉴定考核人数及获取职业资格证书人数（单位：万人）

资料来源：国家统计局人口和就业统计司，人力资源和社会保障部规划财务司 . 中国劳动统计年鉴 2022[M]. 北京：中国统计出版社，2022.

3. 职业教育实现跨越式发展

各层次职业教育快速发展，体系和内涵建设逐渐深入，质量稳步提升，招生结构和渠道更加多元化，目前我国已建成世界上规模最大的职业教育体系。中等职业教育方面，从 1980 年到 1997 年，中等职业学校数量从 9688 所增加到 17116 所，在校学生数从 226.3 万人猛增到 1089.51 万人。此后，由于高等教育扩招，中等职业学校数量呈下降趋势。在高等职业教育方面，1980 年，国家教委批准建立了13所职业大学，标志着我国高等职业院校的正式诞生。截至1998年，我国独立设置的高职院校已有101所，招生6.28万人，在校生14.86万人。1999年6月，中共中央、国务院印发《关于深化教育改革全面推进素质教育的决定》，明确提出大力发展高等职业教育，此后几年，我国高等职业教育实现了跨越式发展。2005年，全国高等职业院校已达1091所，招生268.09万人，在校生712.96万人，高等职业教育成为高等教育的“半壁江山”。2006年，教育部发布《关于全面提高高等职业教育教学质量的若干意见》，我国高等职业教育开始转向以提高质量为中心的内涵式发展。根据《2012年全国教育事业发展统计公报》的数据，到2012年底，全国共有中等职业学校12663所，招生754.13万人，在校生2113.69万人，毕业生674.89万人；高职（专科）院校1297所，在校生平均规模5858人。

（三）新时代职业培训取得新进展（2012年至今）

党的十八大以来，我国职业培训发展活力不断增强，基本形成了具有中国特色的职业技能培训体系。

1. 技工教育提质增效

改革开放后，我国技工院校迅速得到恢复和发展，1990年全国技工院校发展到4184所，招生数50.6万人，在校生133.2万人，分别是1980年的126.6%、152.9%和190.29%。1999年，高等教育开始大规模扩招，技工院校的招生人数略有下滑。2000年，劳动保障部下发了《关于加快技工学校改革工作的通知》。2001

年，技工院校招生人数 55.1 万人。此后，技工院校招生人数和在校生人数持续增长。2011 年，全国技工院校数量 2914 所，招生人数达到 163.5 万人，在校生人数达到 429.4 万人。[①] 党的十八大以来，技工教育进入提质增效的发展阶段。目前，技工院校将校企合作上升为技工教育基本办学制度，全面推行工学一体化技能人才培养模式。2021 年，全国共有技工院校 2492 所，在校生 426.7 万人，分别占职业教育总数的 22% 和 13%；2021 年，全国技工院校共招生 167.2 万人，毕业生 108.7 万人，形成了鲜明的办学特色，社会影响力不断提升。

2. 新八级工制度畅通技能人才发展通道

2022 年 3 月，人力资源社会保障部制定出台了《关于健全完善新时代技能人才职业技能等级制度的意见（试行）》，在学徒工、初级工、中级工、高级工、技师、高级技师、特级技师的基础上，再增设首席技师，为技术工人的发展打开了新通道，并建立起与职业技能等级（岗位）序列相匹配的岗位绩效工资制。从效果来看，新制度激发了技能工人的“考证热”。根据人力资源社会保障部的统计，2022 年，全国超过 1100 万人次取得职业技能等级证书，较 2021 年增加超 80%。

3. 职业技能竞赛体系逐步形成

党的十八大以来，我国逐步形成了以世界技能大赛为引领、全国职业技能大赛为龙头、行业职业技能大赛和地方各级职业技

① 曹晔．我国技工学校发展历程和成就［J］．职教发展研究，2020（03）．

能竞赛以及专项赛为主体、企业和院校职业技能比赛为基础的、具有中国特色的职业技能竞赛体系，实现以赛促学、以赛促训、以赛促评、以赛促奖。我国每年举办国家级一类大赛近 10 项、国家级二类竞赛 70 余项，涉及的竞赛职业（工种）有上百个，每年有 1000 多万名企业职工和院校师生参加各类竞赛。[①] 同时，各地区也结合实际组织开展了各类省级市级竞赛活动，让每一名技能人才都有出彩机会。

4. 重点培训项目不断推进

党的十八大以来，为促进高技能人才培养及部分重点群体的就业创业技能提升，我国实施了一系列重点项目，包括国家高技能人才振兴计划、春潮行动、公共实训基地建设、化解过剩产能企业职工特别职业培训计划、返乡农民工创业培训行动计划、百城技能振兴专项活动、企业新型学徒制试点计划、职业技能提升行动等。国家高技能人才振兴计划目的是培养和造就一批具有精湛技艺、高超技能和较强创新能力的高技能领军人才；春潮行动旨在提升农村转移就业劳动者职业素质和就业创业能力；化解过剩产能企业职工特别职业培训计划力争使有培训愿望和需求的企业失业人员和转岗职工都能接受一次相应的政府补贴性职业培训；2015 年启动的企业新型学徒制试点计划 5 年内培训 50 万名以上企业新型学徒；职业技能提升行动 3 年累计培训企业职工 3700 多万人次（不含以工代训）、培养企业新型学徒 140 多万人、培训并取

① 张璇．淬炼中国制造中国创造的技能大军——党的十八大以来技能人才队伍建设［N］．中国组织人事报，2022-07-19．

得特种作业和特种设备操作证人员640多万人。

三、职业培训制度的完善

近年来，我国职业培训虽然取得了很大成绩，但与经济社会发展的需求相比，还存在一些问题。这主要反映在以下几个方面。

（一）轻技能的传统观念必须得到根本扭转

我国传统文化思想对人们的价值取向有着深刻影响，在很多人眼中，技工从事的工作都是又脏又累的体力活，社会地位和工资待遇都不高，从而影响了一线职工和青年争当高技能人才的积极性。全国总工会的调查数据显示，高级技师从单位获得的到手全部货币收入均值为3742元，而单位一般管理人员、中层管理人员、高层管理人员收入均值分别为3785元、4736元、5535元，这说明高级技能人才的工资收入在企业中仅与一般管理人员持平，在收入分配上没有体现出优势。

以落实产业工人队伍建设改革为契机，提高技能人才的经济社会地位。各级政府要围绕实施人才强国战略，把提高技能人才地位作用作为促进国家发展的基础工程常抓不懈，牢固确立职业教育在国家人才培养体系中的重要位置。推进落实产业工人队伍建设改革，健全完善企业培养、选拔、使用、激励高技能人才成长和发挥作用的制度环境，促进形成“崇尚一技之长、不唯学历凭能力”的社会氛围，激发年轻人学习职业技能的积极性。

（二）完善和发展职业教育

目前，职业教育发展中仍面临许多难题，其中比较突出的有两个。一是投入少，造成职业院校生均学习资源普遍不足。根据《2021年全国教育事业发展统计公报》，职业本专科院校在校生合计为1603.03万人，教师合计为59.48万人，师生比达到了26.95%，远高于普通本科院校17.53%的平均水平。二是校企合作还没有真正落到实处。20世纪80年代中期以前，我国的中专技校基本上是行业或企业办学，教学与用工需求结合得非常紧密。国有企业改革实行主辅分离后，这些学校逐渐从企业剥离出来，呈现政府、企业两不管的局面，校企合作往往流于形式。

完善和发展职业教育应注重从以下两个方面入手。一是把新增教育经费向职业教育倾斜落到实处。要进一步加大政府主导的各级财政投入，扎实推进中等职业教育、高等职业教育办学条件达标工程，建立与办学规模、培养成本、办学质量等相适应的财政投入制度，完善政府、行业、企业及社会力量多元投入机制，加快改善职业教育的办学条件。二是完善激励机制，引导社会各界特别是行业企业积极支持职业教育。大胆探索“混合所有制”，鼓励行业、企业通过股份制与职业院校“联姻结亲”，实现企业作为重要办学主体的回归，由参照普通教育办学模式向企业社会参与、专业特色鲜明的类型教育转变，把校企合作落到实处。

（三）充分发挥企业培训主体的作用

目前，我国部分企业还处于产业链中低端，对于劳动者技能素质的要求比较低，企业职业培训的积极性自然不高。另外，中小企业员工流动性往往又很大，花费大量人力财力举办职业培训往往得不偿失，因此许多企业宁愿从外面直接招聘有能力的人才，也不愿意在培训上大量投入。

在调动企业职业培训积极性方面，可以考虑把重点放在政府鼓励、企业重视、行业支持上。首先，政府要因地制宜制定各种优惠政策，鼓励和引导企业开展职业培训，对符合条件的企业，按规定给予职业培训补贴。其次，企业应当抛弃急功近利的思想，而应用长远、战略的眼光看待培训所带来的效益。在此基础上，制订职工培训计划，开展导师带徒、岗位练兵等多种形式的培训，加强与职业院校合作，全面推行中国特色新型学徒制。最后，行业要支持企业开展职工技训。发挥行业协会的优势，按照职业标准或评价规范开展职业技能等级认定，颁发职业技能等级证书，支持劳动者实现技能提升。

| 第三部分 |

劳动关系调整机制

为了保证劳动法的贯彻实施，促进劳动关系的和谐稳定，我国逐步建立了调整劳动关系的法律法规体系及其运作方式，形成了适合中国国情、具有社会主义市场经济特色的劳动关系调整机制总体框架。这主要包括：劳动法律体系、劳动合同制度、集体协商和集体合同制度、企业民主管理制度、劳动争议处理制度、劳动保障监察制度等。

第十章　劳动法律体系

劳动法产生于欧洲工业革命后，发端于民法，又超越民法，并逐渐成为独立的法律部门。劳动法的产生，就是通过国家干预来平衡劳资双方经济上的不平等。劳动法的立法宗旨是为了协调劳资关系，提升劳动者在社会中的地位，代表了社会大众的普遍需求和社会发展进步的共同价值取向，具有浓厚的社会法色彩。

建立健全劳动法律体系，是整个劳动关系调整机制发挥作用的基本条件和保证。在社会主义市场经济体制建立过程中，我国十分重视劳动法律体系建设工作，陆续制定了一大批劳动法律法规，对于维护劳动者合法权益，稳定劳动关系，推进我国经济社会的发展发挥了重要作用。

一、劳动法律体系的建立和发展

新中国成立后，我国劳动法律法规从无到有，从残缺不全到日臻完善，在构建和谐劳动关系、保障经济社会健康发展等方面发挥了重要作用。70 多年来，我国劳动法律体系的发展大概经历了四个阶段。

（一）劳动立法的探索阶段（1949—1978 年）

新中国成立初期，劳动立法围绕《中国人民政治协商会议共同纲领》的相关规定展开，体现了“劳资两利、公私兼顾”的方针。1949 年 9 月，《中国人民政治协商会议共同纲领》第三十二条对劳动立法提出了指导原则，规定：“在国家经营的企业中，目前时期应实行工人参加生产管理的制度，即建在厂长领导之下的工厂管理委员会。私人经营的企业，为实现劳资两利的原则，应由工会代表工人职员与资方订立集体合同。公私企业目前一般应实行八小时至十小时的工作制，特殊情况得斟酌办理。人民政府应按照各地各业情况规定最低工资。逐步实行劳动保险制度。保护青工女工的特殊利益。实行工矿检查制度，以改进工矿的安全和卫生设备。”新中国成立初期，我国先后颁布了一系列劳动法律法规，主要包括：《关于国营、公营工厂建立工厂管理委员会的指示》《关于全国各煤矿废除把头制度的通令》《工会法》《工厂卫生暂行条例（草案）》《关于失业人员统一登记办法》《救济失业工人暂行办法》《关于在私营企业中设立劳资协商会议的指示》《关于劳动争议解决程序的规定》《劳动保险条例》《关于各地招聘职工的暂行规定》《关于劳动就业问题的决定》《关于防止沥青中毒的办法》等。

1954 年 9 月，我国颁布了第一部《宪法》，明确规定了公民有劳动的权利、休息的权利，以及在年老、疾病或者丧失劳动能力时获得物质帮助的权利；规定了国家有义务逐步扩大劳动就业，改善劳动条件和工资待遇，建立社会保障体系。“一五”时期，我国相继在工资和劳动保护领域出台了一些政策规定，主要有：《关于工资改革的决定》《关于新公私合营企业工资改革中若干问题的规定》《工厂安全卫生规程》《建筑安装工程安全技术规程》《工人职员伤亡事故报告规程》《关于防止厂、矿企业中矽尘危害的决定》等。1958 年，国务院公布了《关于工人、职员退休处理的暂行规定》《关于企业、事业单位和国家机关中普通工和勤杂工的工资待遇的暂行规定》《关于国营、公私合营、合作社营、个体经营的企业和事业单位的学徒的学习期限和生活补贴的暂行规定》《关于工人、职员回家探亲的假期和工资待遇的暂行规定》四项重要规定，以合理安排职工的生产和生活。至此，适应计划经济体制的就业、工资、劳动保险、劳动保护等劳动法律制度基本建立。1963 年，我国先后颁布实施了《关于加强企业生产中安全工作的几项规定》《防止矽尘危害工作管理办法》。

（二）劳动立法进入恢复发展期（1978—1992 年）

1978 年，党的十一届三中全会以后，随着改革开放的不断推进，劳动立法进入恢复和发展时期。

这一阶段的立法成果主要体现在以下几方面：一是 1982 年五届全国人大五次会议通过新修改的《宪法》，对公民的劳动权、劳动报酬权、休息权、劳动保护权、获得物质帮助权和接受教育权等作了多项原则性规定。二是重建了职工的退休养老制度。1978 年国务院颁布了《关于工人退休、退职的暂行办法》《关于安置老弱病残干部的暂行办法》。三是改革了劳动用工制度，推动实行劳动合同制。1983 年，劳动人事部发布《关于积极试行劳动合同制的通知》。1986 年，国务院发布了《国营企业实行劳动合同制暂行规定》《国营企业招用工人暂行规定》《国营企业辞退违纪职工暂行规定》《国营企业职工待业保险暂行规定》。1989 年至 1993 年，国务院又先后颁布了《全民所有制企业临时工管理暂行规定》《全民所有制企业招用农民合同制工人的规定》《国有企业富余职工安置规定》等。四是加强了劳动保护。1982 年，国务院颁布了《矿山安全条例》《矿山安全监察条例》《锅炉压力容器安全监察暂行条例》。1992 年，七届全国人大常委会第二十八次会议通过《矿山安全法》。五是完善工资制度。1978 年以后，我国发布了《关于实行奖励和计件工资制度的通知》《关于国营企业工资改革问题的通知》《关于国家机关和事业单位工作人员工资制度改革问题的通知》《关于加强城镇集体所有制企业职工工资收入管理的意见》《关于工资总额组成的规定》等。

（三）《劳动法》出台后，劳动法律体系逐步形成（1992—2012 年）

早在 1989 年和 1992 年，《劳动法》起草委员会和起草领导小组就已经成立，但由于当时国家经济体制改革的市场取向尚不明确，《劳动法》立法原则难以确定，形成的草案未能提交国务院常务会议审议。1992 年 10 月，党的十四大确立了建立社会主义市场经济体制的改革目标，《劳动法》的起草工作进入了快车道，1994

年7月5日，八届全国人大常委会第八次会议通过了《劳动法》，确立了市场经济条件下劳动力市场的基本法律规则，全面地规范了劳动关系的方方面面，使我国有了调整劳动关系的基本法，奠定了我国劳动法制的基础。为配合《劳动法》的贯彻落实，1994年以后，我国陆续颁布了一系列与之配套的法律规章。

由全国人大及其常委会颁布的劳动法律。2001年和2002年分别颁布《职业病防治法》和《安全生产法》，2007年连续颁布《劳动合同法》《就业促进法》《劳动争议调解仲裁法》，2010年10月颁布《社会保险法》。

由国务院颁布的劳动行政法规。1995年和2007年，先后颁布《关于修改〈国务院关于职工工作时间的规定〉的规定》《职工带薪年休假条例》；1997—2003年，陆续颁布《关于建立统一的企业职工基本养老保险制度的决定》《关于建立城镇职工基本医疗保险制度的决定》《失业保险条例》《社会保险费征缴暂行条例》《工伤保险条例》。2002年10月颁布了新的《禁止使用童工规定》，2004年10月颁布《劳动保障监察条例》，2008年9月颁布《劳动合同法实施条例》，2012年4月颁布《女职工劳动保护特别规定》。

由国家劳动和社会保障部门颁布的配套规章。这主要集中在以下几个方面，一是劳动合同和集体合同方面，1994年颁布《违反和解除劳动合同的经济补偿办法》，2004年颁布了《集体合同规定》。二是促进就业方面，1994年颁布《就业登记的规定》和《农村劳动力跨省流动就业管理暂行规定》，2000年和2007年分别颁布《劳动力市场管理规定》《就业服务与就业管理规定》。三是工资、工时和休息休假方面，先后颁布《工资支付暂行规定》《最低工资规定》《工资集体协商试行办法》《企业职工带薪年休假实施办法》等。四是社会保险方面，先后颁布了《企业职工生育保险试行办法》《企业职工工伤保险试行办法》《工伤认定办法》等。五是职业安全与卫生方面，1994 年颁布《未成年工特殊保护规定》，2008 年颁布《矿山安全法实施条例》。六是职业技能培训方面，1996 年颁布《企业职工培训规定》，2000 年颁布《劳动预备制培训实施办法》。七是企业民主管理方面，2012 年中纪委等六部门发布了《企业民主管理规定》。八是劳动争议处理和劳动保障监察方面，2004 年颁布《劳动保障监察条例》。

（四）新时代劳动法律体系进一步完善（2012 年至今）

进入新时代，我国经济转向高质量发展阶段，和谐成为我国劳动关系领域的主旋律。2015 年，中共中央、国务院印发《关于构建和谐劳动关系的意见》，成为指导新时期劳动关系工作的纲领性文件。党的十八大以来，全国人大常委会先后修订了《劳动合同法》《就业促进法》《劳动法》《社会保险法》，出台了关于社会保险欺诈刑罚适用的立法解释，我国劳动法律体系进一步得到完善，劳动关系工作推进有法可依、有法必依的良好局面初步形成。

这一阶段劳动立法的主要成果还包括：一是完善社会保险体系。国务院颁布《关于机关事业单位工作人员养老保险制度改革的决定》等一系列政策法规，实现了机关事业单位和企业的养老保险制度并轨，打通了职工基本养老保险制度和居民基本养老保险制度的衔接通道，统一了城乡居民基本医疗保险制度，建立了企业职工基本养老保险基金中央调剂制度。二是完善劳动合同制度。2014 年，人力资源社会保障部先后出台了《劳务派遣行政许可实施办法》和《劳务派遣暂行规定》，进一步规范了劳务派遣，维护了劳动者的合法权益，促进劳动关系和谐稳定。三是完善劳动争议处理制度。2017 年，人力资源社会保障部修订了《劳动人事争议仲裁办案规则》和《劳动人事争议仲裁组织规则》，明确了劳动合同履行地和用人单位所在地的具体含义，进一步细化了管辖规定，增强了可操作性。2020 年，最高人民法院公布了《关于审理劳动争议案件适用法律问题的解释（一）》，原则上分为劳动争议案件受理范围、管辖、裁审衔接、当事人、劳动合同的订立、履行和变更、解除和终止、其他事项 8 个部分。按照诉讼程序进程和劳动关系演变规律，将相关内容整合归纳，更加有利于广大劳动者和用人单位完整、系统地理解《劳动法》《劳动合同法》《劳动争议调解仲裁法》等有关法律内容，依法维权。四是加强劳动保障监察。2019 年，国务院颁布《保障农民工工资支付条例》，规范农民工工资支付行为，保障农民工按时足额获得工资，开启了依法治欠的新阶段。五是加强新就业形态劳动者权益保护。2021 年，人力资源社会保障部等八部门出台了《关于维护新就业形态劳动者劳动保障权益的指导意见》，各地据此均制定了相应的实施办法。

二、劳动法律体系建设的现状

新中国成立后，国家通过颁布一系列劳动法规，建立起了与计划经济相适应的劳动法律制度。

（一）劳动法律体系的层次

1994 年《劳动法》颁布后，我国逐步建立起以《劳动法》为基础，其他单行法律为主体，行政法规、部门规章、地方性法规和地方政府规章、司法解释和国际公约等为辅助的劳动法律体系。

一是《宪法》和《劳动法》。《宪法》是国家的根本大法，在法律体系中具有最高的法律地位和法律效力。《宪法》中有关劳动问题的规定，构成全部劳动法律规范的立法基础。《劳动法》充分体现了宪法原则，突出了对劳动者权益的保护，是我国劳动法律体系的母法，是制定其他劳动法律法规的依据。

二是劳动法律。劳动法律在形式上主要是全国人大及其常委会制定的有关劳动问题的单行法律，我国已出台的劳动法律主要包括：《职业病防治法》《安全生产法》《劳动合同法》《就业促进法》《劳动争议调解仲裁法》《社会保险法》《工会法》等。

三是行政法规。国务院是我国的最高行政机关，有权根据宪法和法律制定和发布行政法规。由国务院颁布的劳动行政法规主要有：《关于进一步做好新形势下就业创业工作的意见》《劳动合同法实施条例》《保障农民工工资支付条例》《关于职工工作时间的规定》《关于建立统一的企业职工基本养老保险制度的决定》

《关于建立城镇职工基本医疗保险制度的决定》《工伤保险条例》《失业保险条例》《女职工劳动保护特别规定》《禁止使用童工规定》《企业劳动争议处理条例》《劳动保障监察条例》等。

四是部门规章。按照宪法规定，国务院所属各部、各委员会，有权根据法律和行政法规，在法定权限内制定规章。劳动保障部颁布的部门规章主要有：《集体合同规定》《最低工资规定》《工资集体协商试行办法》《企业职工生育保险试行办法》《未成年工特殊保护规定》《企业职工培训规定》《劳动预备制培训实施办法》等。《企业民主管理规定》则由中央纪委等六部门制定颁布。

五是地方性法规和地方政府规章。地方人大及政府根据各地实际情况，在不违背劳动法律、劳动行政法规的条件下，依照法定权限和程序可以制定适用于本地方的各种法规与政府规章。如《北京市劳动合同规定》《深圳市员工工资支付条例》等。

六是司法解释和国际劳工公约。20 世纪 90 年代以来，我国最高人民法院颁布了许多有关劳动法适用问题的司法解释，是劳动法的重要渊源，如《关于审理劳动争议案件适用法律若干问题的解释（一）》等。此外，经我国批准的国际劳工公约也是我国劳动法的渊源。迄今为止，我国已批准了 28 个国际劳工组织通过的国际劳工公约，如《消除就业和职业歧视公约》《准予就业最低年龄公约》《同工同酬公约》等。

（二）劳动法律体系的构成

我国劳动法律体系主要由以下劳动法律制度构成。

一是促进就业的法律制度。市场经济条件下，劳动力市场自发运行不可能实现充分就业，政府有责任制定政策加以调整。2007 年，《就业促进法》出台，主要包括政策支持、公平就业、就业服务与管理、职业教育和培训、就业援助等方面的内容。

二是劳动合同和集体合同制度。在市场经济条件下，劳动关系主要是通过劳动者与用人单位订立劳动合同来建立，但由于劳动者弱势，在劳动合同中容易出现一些对劳动者不利的条款，这就需要通过集体合同来矫正。目前，我国已初步建立起劳动合同和集体合同制度。

三是劳动标准制度。也称劳动基准制度，主要指国家制定的关于劳动者最基本劳动条件的法律法规，包括工作时间和休息休假制度、工资制度、劳动安全卫生制度以及女职工和未成年工特殊保护制度等，一般属于强行性法律规范。我国的劳动标准制度主要体现在《劳动法》第 4~7 章，相关规定一般比较原则，有待进一步细化和完善。

四是社会保险制度。社会保险制度是指由法律规定了的、按照某种确定的规则实施的社会保险政策和措施体系。我国社会保险制度坚持广覆盖、保基本、多层次、可持续的方针，目前已建成具有鲜明中国特色、世界上规模最大、功能完备的社会保障体系。2010 年 10 月，我国出台了《社会保险法》，使社会保险制度发展全面进入法制化轨道。

五是职业培训制度。职业培训制度是国家为培养和提高从事各种职业的人们所需要的技术业务知识和实际操作技能而制定的法律规范。《劳动法》《职业教育法》《就业促进法》等法律均对职业培训作了相关规定，它们和其他政策法规一起初步构建了涵盖职业培训各方面的政策法规体系。

六是劳动争议处理制度。劳动争议处理制度是通过劳动立法的形式将劳动争议处理的机构、原则、程序、受理范围等确定下来，用以处理劳动争议的一项法律制度。我国劳动争议的处理方式有协商、调解、仲裁、诉讼等，2007 年 12 月，我国颁布了《劳动争议调解仲裁法》。

七是劳动法的监督检查制度。劳动法的监督检查是指由劳动行政部门、政府有关部门、工会组织及其他组织和个人依法对用人单位遵守劳动法律、法规的情况进行监督和检查的制度。《劳动法》设专章对劳动法的监督检查作了基本规定。

八是工会和职工民主管理制度。工会和职工民主管理制度在于保障劳动者的结社权和民主管理参与权。《工会法》是明确工会法律地位和工作职责的重要法律，是工会组织依法开展工作的重要制度保障。目前，我国初步形成了以职工代表大会为基本形式的职工民主管理制度体系，并在实践中不断发展完善。

三、劳动法律体系的特点

我国劳动法律体系建立与形成的特殊背景，决定了我国劳动法律规范体系特殊的时代烙印和特点。

（一）劳动立法与经济体制改革互相推动

改革开放以来，我国劳动立法改革的一个主要特征是伴随经济体制改革的深入而不断推进。经济体制改革促进了劳动制度的改革，进而在劳动立法上有所体现。同时，劳动立法也反过来推动了经济体制改革。最典型的是1992年党的十四大明确我国经济体制改革的目标是建立社会主义市场经济体制后，1994年我国出台了反映市场经济要求的《劳动法》，其实施推动了劳动关系走向市场化、契约化，进而加速了我国市场经济体制的建立。

（二）我国现行劳动立法以调整个别劳动关系为主

劳动关系的和谐稳定，首先取决于劳动关系双方力量的相对平衡。对于现实当中实际处于被动、弱势地位的劳动者一方，一般是通过劳动基准法，为劳动者提供最低标准的底线性保护，救济处于弱势地位的劳动者，另外就是通过集体劳动关系的力量，维护和增进自身权益。但我国现行劳动立法主要是侧重于对个别劳动关系的调整，通过制定较高的劳动基准来扭转劳资力量失衡的状况，而集体劳动关系立法相对欠缺，已有的规定也都比较原则化，缺乏操作性和系统性，影响了工会工作的开展和集体协商制度的推行。

（三）劳动法律体系基本完整与立法不统一并存

经过70多年的努力，我国劳动法律规范体系已逐步建立。但由于我国劳动法律规范体系的形成缺乏系统的顶层设计，法律规范的内容存在交叉、重复，甚至一些方面还存在法律调整的空白点。从我国劳动法律体系现状来看，立法空白比较突出的主要是基本劳动标准领域，既缺乏综合性立法，也没有高位阶的专门性单行法律。劳动立法中还有大量的地方性法规和规章，不同的地方性法规和规章对同样的问题有不同的规定。

四、劳动立法的展望

新中国成立 70 多年来，我国劳动立法取得了令人瞩目的成绩，但现行法律法规体系仍不能充分满足经济社会发展的需要，亟待系统完善。

（一）统一劳动法制

通过多年的努力，我国劳动法律规范体系已基本建立并逐步完善，值得充分肯定。但由于缺乏系统的顶层设计，我国劳动法律体系存在内部规则的缺失和冲突，难以满足形式合理性的要求。地方和部门立法也存在利益倾向等问题，使得整个国家的劳动法制并不统一。新中国成立以来，我国颁布的劳动法规种类繁多，但大多已自动失效或废除，现行劳动法规中还有一些内容不再适合发展的需要，亟待修改和完善。

统一劳动法制的路径大致有两条，一是修改《劳动法》，二是制定劳动法典。而目前基本形成的一个共识是：修改《劳动法》

已无必要。[①]因为其修改之难不输编纂一部新的法典。就编纂我国劳动法典的时机和路径而言，大多数学者认为，法典编纂并非是简单的既有法律汇编，而是需要一个较长时间的过程，应先完善单行立法再编纂劳动法典。可以采取“先补齐单行法律、后编纂劳动法典”的“两步走”路径：第一步，补齐劳动法律体系中明显缺失的内容，完成劳动法律规范的体系化整理。第二步，制定单行法律的同时，可以适时启动劳动法典的编纂工作。[②]

（二）适时制订劳动法律体系中缺位的单行法律

早在 1997 年，劳动部就确定了我国劳动立法的目标：到 2010 年，建立起比较完善的适应社会主义市场经济体制的劳动法律体系。这个体系是以《劳动法》为基本法，《劳动合同法》《集体合同法》《促进就业法》《工资法》《社会保险法》《劳动安全卫生法》《劳动争议处理法》等单行法律和众多的劳动行政法规和规章（含地方性劳动法规和规章）与之配套，结构合理，内容完备，操作性强的完整体系。

根据我国劳动立法的目标，到目前为止尚未制定出台《劳动基准法》《工资法》《职业安全卫生法》《职业技能开发法》《劳动监察法》《集体合同法》《残疾人就业法》等单行法律。劳动基准方面，我国现行的劳动基准法主要是针对传统劳动关系制定的，其规定主要体现在《劳动法》的第 4~7 章，涉及工资工时、劳动

① 钱叶芳．劳动法典的制定与劳动权利的实现［J］．东方法学，2021（06）．
② 林嘉．论我国劳动法的法典化［J］．浙江社会科学，2021（12）．

安全卫生、女职工和未成年工特殊保护等。但这些规定总体来说还不够详细、操作性有待提高，况且随着时代的发展也越来越不适用，已成为我国劳动法律体系中的短板，有必要尽快研究出台《劳动基准法》。在集体协商和集体合同制度方面，《集体合同规定》和《工资集体协商试行办法》立法层次低，缺乏法制化约束，造成集体协商往往流于形式，无法发挥应有的作用。为此，应提高立法层次，研究出台《集体合同法》，明确双方的法律责任，规定对于违反集体协商程序和不遵守集体合同的人员或行为的法律责任。

（三）加强对集体劳动关系的规制

劳动者个人的力量无法超过用人单位，而劳动者集体力量却完全可以与用人单位抗衡，劳动者团结起来的集体力量在劳动关系中实际上就是集体劳动关系。长期以来，受我国劳动关系调整模式的影响，集体劳动关系的法律调整不受重视。以集体合同制度为例，《劳动法》中的相关规定过于原则，缺乏可操作性，而《集体合同规定》的法律效力层级又太低，缺乏权威性，从而影响了对集体合同的规范和指导。

现代劳动法在调整个别劳动关系的基础上，更加注重对集体劳动关系的调整。正如英国著名劳动法学家弗雷德所指出的那样："所有以法定方法决定工资及其他雇佣条件，在法律上亦被认为非属上策，就某种意义而言，所有英国立法系对集体谈判制度之诠释。"①

① 王益英主编．外国劳动法和社会保障法［M］．北京：中国人民大学出版社，2001．

从社会经济运行的总体特征和劳动关系的现实状况来看，我国劳动立法发展的一个重要方向，是建立健全集体劳动关系调整机制，完善集体协商和集体合同制度，加强企业民主管理，建立健全集体劳动争议处理制度，充分发挥工会在协调劳动关系中的重要作用。

（四）建立新就业形态劳动法律体系

当前，新就业形态劳动关系类型十分复杂，劳动关系、劳务关系、劳务派遣、劳务外包、众包合同等多种不同的劳动法律关系杂糅在平台用工中，劳动者权益保障问题较为突出，主要表现在劳动基准缺失、职业伤害保障不足、缺乏社会保险、入会和维权困难等方面。

为此，应尽快补齐相关法律短板，建立适应新就业形态的劳动法律体系。一是针对新就业形态劳动者设立不同的劳动标准，解决新就业形态在工时、劳动报酬和劳动条件等方面劳动基准的适用问题。二是在社会保险制度框架内，探索建立适应新就业形态的职业伤害保障。三是放开灵活就业人员在就业地参加社会保险的户籍限制，提高新就业形态等灵活就业群体参保水平。四是在建会入会方面，推动完善《工会法》，突破“工资收入来源”对会员的资格限制，形成新就业形态劳动者建会入会的良好制度环境。

第十一章　劳动合同

劳动合同是指劳动者与用人单位之间确立劳动关系，明确双方权利和义务的协议。我国现行劳动合同制度是在改革开放后逐渐发展起来的，已形成了以《劳动法》为基础，以《劳动合同法》为主体的劳动合同制度体系，在劳动关系协调中发挥着基础作用。

一、劳动合同制度的变迁

在计划经济时期，我国实行“固定工”制度。改革开放后，随着市场经济制度逐步确立，我国劳动用工逐渐走向劳动合同制。新中国成立以来，我国劳动合同制度经历了六个不同发展时期。

（一）新中国成立初期局部实行的劳动合同制

新中国成立初期，由于当时还存在大量私营企业，在劳动关系的建立上国家要求订立劳动合同。1949 年 11 月，全国总工会发布《关于劳资关系暂行处理办法》，其中第三条规定，私营企业主与被佣用之工人职员店员学徒及杂务人员之间的关系，凡属本办法未规定者，得由劳资双方协议，签定集体合同或劳动契约规定之。但集体合同或劳动契约不得与本办法之内容相抵触。1950

年，劳动部发布的《失业技术员工登记介绍办法》第十一条规定，招雇技术员工时，招雇者须拟定与被招雇者订立的劳动契约草案，将就业后的工资待遇等项明确规定。1951 年 5 月，劳动部发布《关于各地招聘职工的暂行规定》，其中规定招聘职工时，雇用者与被雇用者，双方应直接订立劳动契约。1954 年 5 月，劳动部《关于建筑工程单位赴外地招用建筑工人订立劳动合同办法》，首次使用了“临时工”的概念，并要求建筑单位招用工人不论招用时间长短，均应签订劳动合同。

新中国成立初期，固定工制度使用范围在不断扩大。新中国成立后，为了改善经济和政治稳定，国家对国民党统治时期遗留下来的官僚资本企业职工、公教人员、一切公私企业因生产改革而多余出来的职工采取“包下来”就业方针，由原企业发工资，不得解雇。根据国家规定，对大专、中专、技工学校毕业生实行分别由国家主管部门以及办校单位统一分配的政策（即“统包统配”）。“一五”期间，“统包统配”的范围继续扩大，1956 年 2 月，国务院规定，对家居城市的复员军人，要根据归口包干的原则安置到全民单位为固定职工。

（二）计划经济时期实行的固定工制度

计划经济时期，我国实行固定工制度。1956 年底，社会主义三大改造完成后，国家对私营工商业职工也全部采取“包下来”就业方针，职工并入公私合营企业或国营企业后纳入国家劳动计划，统计为全民所有制固定职工。随着高度集中的计划经济体制的正式建立，国家对劳动力资源实行计划配置，固定工制度普遍推行，劳动合同制随之被废除，仅仅适用于临时工。固定工制度是指劳动者长期在一个单位从事工作或者生产劳动的制度，是新中国成立后全民所有制单位的基本劳动制度。其基本特点是固定，人员只进不出，工资待遇和劳保福利根据国家的统一规定给予。

计划经济时期，劳动合同制度仅在临时工中执行。20 世纪 50 年代后期，随着固定工制度弊端日益暴露，国家尝试进行用工制度改革。1958 年，我国在部分企业中试行两种劳动制度，即亦工亦农制度和固定工制度，其中亦工亦农制度[①]要求矿山、交通、铁路等企业从农村招用亦工亦农轮换工及有关企业招用季节工时应签订劳动合同。随后，国务院还发布过一些单行法规，要求国营企业招用临时工时应签订劳动合同，如国务院在 1962 年 10 月和 1965 年 3 月，分别出台了《关于国营企业使用临时职工的暂行规定》《关于改进对临时工的使用和管理的暂行规定》，都规定招用临时工时必须签订劳动合同。1971 年 11 月，国务院发布《关于改革临时工、轮换工制度的通知》，常年性的生产工作岗位使用的临时工可以改为固定工，进一步强化了固定工制度。

（三）改革开放初期劳动合同制度的探索

在改革开放初期，我国经济体制改革不断取得进展。1984 年

---

① 亦工亦农制度是 1958 年开始试行的一种新的用工制度。亦工亦农轮换工都是来自农村的劳动力，特点是既做工又务农，坚持农民身份不变，农村户口不变，吃粮不变，做到农闲做工，农忙务农。

10 月，党的十二届三中全会通过了《中共中央关于经济体制改革的决定》，提出了改革的目标模式就是要建立有计划的商品经济体制。1987 年，党的十三大又明确提出，要用国家经济合同逐步替代指令性计划，经济体制改革取得了重大突破。

在这一时期，我国劳动用工制度不断改革，并逐步引进了劳动合同制。1983 年 2 月，劳动人事部下发了《关于积极试行劳动合同制的通知》，目的就是打破“铁饭碗”。1986 年 7 月，国务院发布了《国营企业实行劳动合同制暂行规定》《国营企业招用工人暂行规定》《国营企业辞退违纪职工暂行规定》《国营企业职工待业保险暂行规定》，对推行劳动合同制作出了具体规定，要求企业新招工人实行劳动合同制，由此形成了国有企业固定工和劳动合同工并存的现象。但总体看来，1986 年开始的劳动合同制改革是不彻底的，仅是增量改革，原有职工的身份、地位、待遇并没有发生重大变化。因此，劳动用工制度改革仍处于起步阶段。

（四）《劳动法》的颁布标志着劳动合同制度正式建立

1992 年，党的十四大明确提出我国经济体制改革的目标是建立社会主义市场经济体制。1993 年 11 月，党的十四届三中全会通过《中共中央关于建立社会主义市场经济体制若干问题的决定》，对改革劳动制度、逐步形成劳动力市场提出了明确要求。为此，我国出台了《关于扩大试行全员劳动合同制的通知》等一系列政策文件。1994 年，《劳动法》颁布，标志着我国劳动合同制度正式建立。《劳动法》对劳动合同用工形式作了专章规定，为全面推行劳动合同制提供了法律保障。此后,《关于贯彻执行〈中华人民共和国劳动法〉若干问题的意见》《违反和解除劳动合同的经济补偿办法》《违反〈劳动法〉有关劳动合同规定的赔偿办法》等配套措施陆续出台,有力地保障着劳动合同制的实施。

(五)《劳动合同法》的实施标志着劳动合同制度步入法制化轨道

需要指出的是,由于《劳动法》规制重点不够突出,操作性不够强,再加上经济转型期的我国劳动关系错综复杂,用工形式多种多样,《劳动法》对劳动合同的实际规范效果是有限的,特别是对农民工。据统计,截至 2006 年 9 月,全国已建工会企事业单位中签订劳动合同的农民工为 1954.5 万人,签约率仅达 20%。[①] 即使劳动者与用人单位或雇主之间签订了劳动合同,也往往包含了损害劳动者权益的内容,实际仍为"霸王合同"。在此背景下,制定更详细、更具操作性的劳动合同法就显得尤为迫切。2006 年,劳动保障部、全国总工会、中国企联共同发布《关于印发全面推进劳动合同制度实施三年行动计划的通知》,要求从 2006 年至 2008 年,用三年时间实现各类企业与劳动者普遍依法签订劳动合同。2007 年 6 月,十届全国人大常委会第二十八次会议通过《劳动合同法》,标志着劳动合同制度纳入了依法规范、依法调整的法制轨道。2008 年,人力资源社会保障部启动了旨在提高农民工劳

① 中华全国总工会. 2006 年中国工会维护职工合法权益蓝皮书(摘要)[J]. 人权,2007(04).

动合同签订的“春暖行动”。2010年，人力资源社会保障部、全国总工会和中国企联又印发了《全面推进小企业劳动合同制度实施专项行动计划》，这些措施都促进了用人单位与劳动者依法签订并履行劳动合同。

（六）新时代劳动合同制度更加健全

2012年12月，针对实施中发现的一些问题，我国对《劳动合同法》进行了修改，对涉及劳务派遣的进入门槛、无固定期限合同、同工同酬、“三性”岗位等问题作了进一步规范。此后，人力资源社会保障部又出台了《劳务派遣行政许可实施办法》《劳务派遣暂行规定》，开展了规范劳务派遣专项行动，企业用工更加规范。全国企业劳动合同签订率稳中有升，被派遣劳动者人数逐步下降，促进了劳动关系的和谐稳定。

二、劳动合同制度的实施情况

我国现行劳动合同制度是在改革开放后逐步建立和发展起来的，在劳动关系协调中发挥了越来越重要的作用。

（一）劳动合同制度体系已经形成

目前，我国已形成了以《劳动法》为基础，以《劳动合同法》为主体的劳动合同制度体系。1994年《劳动法》颁布以后，劳动部相继制定了一系列有关劳动合同制度的配套规章和政策，主要有《关于实行劳动合同制度若干问题的通知》《违反〈劳动法〉有关劳动合同规定的赔偿办法》《关于实行劳动合同制度若干问题的通知》《关于企业职工流动若干问题的通知》《关于加强劳动合同管理完善劳动合同制度的通知》《企业经济性裁减人员规定》等十几个配套规章和规范性文件。2007 年 6 月,《劳动合同法》正式颁布，就劳动合同一系列制度安排作了更加详细具体的规定。2012 年，以规范劳务派遣为重点对《劳动合同法》又进行了进一步修改，我国劳动合同制度更加完善。

（二）劳动合同签订率逐步提高

20 世纪 80 年代，我国在新招收的工人中实行劳动合同制。1986 年 7 月国务院发布《国营企业实行劳动合同制暂行规定》《国营企业招用工人暂行规定》《国营企业辞退违纪职工暂行规定》《国营企业职工待业保险暂行规定》，要求企业在国家劳动工资计划指标内招用常年性工作岗位上的工人，统一实行劳动合同制。之后，合同制工人的人数开始逐年上升，于是在企业内部出现了固定工和合同制工人并存的局面。根据统计，到 1991 年底，全国全民所有制单位中合同制职工为 1588.64 万人，占全民所有制单位职工总数的 14.9%。

1992 年开始，我国开始在很多地区和企业单位进行全员劳动合同制的试点。《劳动法》颁布实施后，国务院提出明确要求，要在全国 80%的企业职工中实行劳动合同制度。劳动部办公厅发布的《关于 1995 年实行劳动合同制度进展情况的通报》显示，到 1995 年底，全国实行劳动合同制度的企业职工人数已达 9152.2 万人，约占全国职工人数的85%，标志着我国企业已基本实行了劳动合同制。随着现代企业制度的建立和完善，签订劳动合同人数再创新高，《1999年度劳动和社会保障事业发展统计公报》数据显示，到1999年末，全国城镇国有企业、集体企业、外商投资企业实行劳动合同制度的职工人数为10088万人。

进入21世纪，随着新建企业的增加，进城务工人员增多，劳动合同的签订率有所下滑。根据《2006中国工会维护职工合法权益蓝皮书》的数据，截至2006年9月，全国已建工会企事业单位中签订劳动合同的农民工为1954.5万人，签约率仅达20%。2008年《劳动合同法》实施后，全国企业劳动合同签订率明显上升。根据人力资源社会保障部的统计数据，2011—2015年，全国企业劳动合同签订率分别达到86.4%、88.4%、88%、88.2%、90%。2015年以后，全国企业劳动合同签订率一直保持在90%以上。

（三）《劳动合同法》实施取得了多方面的积极成效

《劳动合同法》是我国劳动法制建设史上一部具有里程碑意义的法律。《劳动合同法》实施以来，在五个方面取得积极成效。一是劳动合同签订率明显上升。根据《2010年度人力资源和社会保障事业发展统计公报》的数据，2010年末，全国规模以上企业劳动合同签订率达到97.5%，比2007年底提高了5.8个百分点。二是劳动合同短期化现象有所改变，新签劳动合同平均期限延长。例如，《劳动合同法》实施两年后，广东省新签劳动合同期限为3年左右的占60%以上；江苏省劳动合同期限为1~3年的增加

12.89%，劳动合同期限在 3 年左右的已占 60%以上。三是劳动合同质量有所提高。与之前相比，各地新签劳动合同条款比较完备，对双方权利义务的规定比较明确，并且适应形势需要及时补充合同内容。例如，在国际金融危机情况下，一些用人单位把生产经营发生变化时的岗位调整写进合同，达到有约在先、避免纠纷的目的。四是社会保险覆盖范围扩大。由于《劳动合同法》将缴纳社会保险作为劳动合同的必备条款，增强了对用人单位参加社会保险的约束力。2005—2021 年，全国参加城镇职工基本养老保险、城镇职工基本医疗保险、失业保险、工伤保险、生育保险的人数分别从 17487 万人、13783 万人、10648 万人、8478 万人、5048 万人增加到 48074 万人、35431 万人、22958 万人、28287 万人和 23851 万人。五是农民工权益得到更好的保护。各地纷纷加大了对使用农民工集中的建筑业、住宿和餐饮业、制造业劳动合同签约、工资支付等情况的检查力度，并相继成立了农民工维权中心，农民工权益得到进一步保护。

三、当前不同用工类型的劳动关系

传统用工模式中，劳动者一般通过与用工方签订劳动合同确定长期稳定的合法劳动关系。改革开放以来，随着市场经济竞争日益激烈和国有企业改革的不断深化，多样化用工形式成为市场经济发展的必然产物。特别是近年来，新技术、新业态、新模式快速发展，新就业形态不断涌现，劳动合同制度受到挑战，劳动关系较为突出。当前，除了劳动合同用工外，劳务派遣、劳务外包、新业态用工等灵活就业方式也呈现一定规模。

（一）劳动合同用工

劳动合同用工是目前我国企业用工的基本形式。1986 年 7 月，国务院发布《国营企业实行劳动合同制暂行规定》《国营企业招用工人暂行规定》，要求企业新招工人统一实行劳动合同制。1994 年 7 月，《劳动法》规定，建立劳动关系应当订立劳动合同。《劳动法》还规定，劳动合同应当以书面形式订立，并具备以下条款：劳动合同期限、工作内容、劳动保护和劳动条件、劳动报酬、劳动纪律、劳动合同终止的条件、违反劳动合同的责任。到 1995 年底，全国实行劳动合同制度的企业职工人数已达 9152.2 万人，约占全国职工人数的 85%，标志着我国企业已基本实行了劳动合同制。此后，由于农民工的大量出现，全国职工劳动合同签订率又有所走低。2008 年，《劳动合同法》实施后，企业管理者法律意识逐步增强，全国职工劳动合同签订率逐年上升。人力资源社会保障部发布的数据显示，2015 年以后，全国企业劳动合同签订率达到并保持在 90%以上。

（二）非全日制用工

《劳动合同法》第六十八条规定，非全日制用工是指以小时计酬为主，劳动者在同一用人单位一般平均每日工作时间不超过 4 小时，每周工作时间累计不超过 24 小时的用工形式。非全日制用工有以下几个特点：一是劳动关系手续简单。双方当事人既可以签订书面的劳动合同，也可以订立口头协议。二是允许兼职。劳动者可以与一个或者一个以上用人单位订立劳动合同，但后订立的劳动合同不得影响先订立的劳动合同的履行。三是用工方式灵活。任何一方都可以随时通知对方终止用工，用人单位不向劳动者支付经济补偿；双方当事人不得约定试用期。四是劳动报酬支付周期短。小时计酬标准不得低于用人单位所在地人民政府规定的最低小时工资标准，劳动报酬结算支付周期最长不得超过 15 天。五是享有工伤保险。按照 2003 年劳动保障部发布的《关于非全日制用工若干问题的意见》，用人单位应为建立劳动关系的非全日制劳动者缴纳工伤保险费。进入 21 世纪后，我国非全日制用工呈现迅速发展的趋势。特别是在餐饮、超市、社区服务等领域，用人单位使用的小时工（非全日制用工的主要形式）越来越多。

（三）劳务派遣用工

劳务派遣是指劳务派遣单位与被派遣劳动者建立劳动关系，并将劳动者派遣到用工单位，被派遣劳动者在用工单位的指挥、监督下从事劳动的新型用工形式。2008 年，《劳动合同法》明确了"劳务派遣"用工方式。劳务派遣用工是劳动合同用工的补充形式，劳务派遣一般在临时性、辅助性或者替代性的工作岗位上实施。《劳动合同法》实施以来，劳务派遣用工历经了从兴起、普及到规范的发展过程。2006 年，全国劳务派遣用工大约为 2500 万人，之后用工规模大幅扩张，2011 年增加到约 3700 万人，占企业职工总数的13.1%。[①]劳务派遣用工快速发展的同时也出现了一些问题，如劳务派遣工工资被随意克扣、同工不同酬、工伤责任不明确、用工单位滥用劳务派遣等。2012年12月，修订后的《劳动合同法》首次对劳务派遣三性原则（即临时性、辅助性或者替代性）进行了界定，对劳务派遣机构组建、同工同酬等作出限定和强调。2014年1月，《劳务派遣暂行规定》规定了劳务派遣用工占用工总量10%的比例限制，并对劳务派遣工发生工伤及职业病后的责任承担等问题予以明确。至此，劳务派遣用工步入调整完善和收缩发展阶段。《2019年度人力资源服务业发展统计报告》的数据显示，2019年，全国各类人力资源服务机构为48万家用人单位提供了劳务派遣服务，劳务派遣工1174万人。

（四）增加关联主体的劳务外包等合作用工

劳务外包是发包单位为解决其用工需求，将其部分业务或职能工作发包给外包单位，由该外包单位自行安排员工按照发包单位要求完成的一种非典型用工形式。劳务派遣用工被规范后，劳务外包逐步成为企业控制用工成本和用工风险的另一途径。顺丰控股股份有限公司年报数据显示，2020年顺丰控股股份有限公司拥有各种用工模式收派员约39万人，在职员工（劳动合同制）的数量为12.19万人，收派员绝大多数都是外包劳动者。2020年，江苏省镇江市222家劳务派遣单位中，有141家从事劳务外包业

① 全国总工会劳务派遣问题课题组．当前我国劳务派遣用工现状调查［J］．中国劳动，2012（05）．

务，占比 63.5%。镇江市抽查的 45 家经济效益好、用工规模大、劳动保障较好的企业中，有近 30 家通过劳务派遣公司使用劳务外包用工，占比高达 66%。[①] 当前，劳务外包用工存在的主要问题是，一些企业存在“假外包、真派遣”现象，利用劳务外包用工规避用工主体责任，使众多劳动者经劳务外包被排除在劳动关系之外，相关劳动权益难以得到保障。相关法律制度不健全是导致劳务外包用工无序扩张、外包人员权益受损的直接原因，加强规制势在必行。

（五）“平台 + 个人”的新就业形态

工业化时代，以劳动合同为基础，通过细化的劳动分工，形成了有序的劳动管理链条。网络时代，“平台 + 个人”的新型用工方式崛起，依托平台就业并接受其劳动管理，不完全符合确立劳动关系情形的新就业形态劳动者大量增加。这种新型用工方式的优势主要体现在：一是劳动就业灵活自由，二是劳动和服务的精准性提升，三是按单计酬，四是提供了大量进入门槛相对较低、能够迅速获得较多收入的就业机会。据调查，相较于传统业态农民工工资平均水平，新就业形态农民工收入一般要高出 20%~30%。[②] 一大批新生代劳动者因此投身于快递、外卖、网约车服务、

① 曾文兵，殷利民，戴军章．规范劳务外包用工管理促进劳动关系和谐稳定［J］．中国人力资源社会保障，2020（07）.

② 杨志明．新业态劳动用工的发展趋势［J］．中国人力资源社会保障，2021（04）.

家庭服务和网络营销服务等现代服务新业态，还有一部分中生代劳动者从制造业、建筑业分离出来，投身新的就业形态。2020年，在新冠疫情的影响下，以平台经济、共享经济为代表的新业态新模式表现出巨大的韧性和发展潜力。《中国共享经济发展报告（2021）》数据显示，2020年共享经济参与者约为8.3亿人，其中服务提供者约为8400万人，同比增长约7.7%。由于没有明确的劳动关系，现行劳动法律制度难以保障这一群体的社会保险、劳动安全等基本权益。为此，2021年，人力资源社会保障部等八部门出台《关于维护新就业形态劳动者劳动保障权益的指导意见》，就维护新就业形态劳动者劳动保障权益工作作出安排部署。但该文件仅是新就业形态劳动者权益保障的一个制度框架，尚需在实践中不断发展完善。

（六）共享用工

共享用工是指不同用工主体之间为调节特殊时期阶段性用工紧缺或富余，在尊重员工意愿、多方协商一致且不以营利为目的前提下，将闲置员工劳动力资源进行跨界共享并调配至具有用工需求缺口的用工主体，实现多方共赢的新型合作用工模式。2022年5月26日，美团官微发布消息称，为帮助商户在暂停堂食期间留住员工、拓宽空闲员工的收入渠道，在政府指导下，美团面向北京全市美团外卖商户开展“共享员工”招募，商户可申请将员工注册为驻店美团骑手，优先配送本店外卖订单，配送服务所得全部归骑手所有。但在实践中，共享用工存在企业间用工责任不明晰、劳动者权益易受损等问题。为引导共享用工规范有序发展，维护劳动者合法权益，人力资源社会保障部于2020年2月发布了共享用工等热点问题的问答口径，明确共享用工不改变原用人单位和劳动者之间的劳动关系，原用人单位应保障劳动者的工资报酬、社会保险等权益，并督促借调单位提供必要的劳动保护。合作企业之间可通过签订民事协议明确双方权利义务关系。原用人单位和借调单位均不得以共享用工之名，进行违法劳务派遣，或诱导劳动者注册为个体工商户以规避用工责任。

第十二章　集体协商和集体合同

18 世纪末，英国率先出现了工资集体谈判的最初形式，并在 19 世纪 50 年代逐渐演化为调整劳资关系的一种重要手段。20 世纪 60 年代，集体协商和谈判制度已在西方各国普遍建立起来。集体协商和集体合同制度作为一项劳动法律制度，是指劳动关系双方就劳动关系问题依法进行协商并加以规范的一种制度。这项制度不仅是维护劳动者权益、预防化解劳动关系矛盾的重要手段，还是深化收入分配制度改革、保障和改善民生的有效途径。

一、集体协商和集体合同制度的建立和发展

新中国成立前，苏区国有工厂中就已经普遍实行了集体谈判政策。新中国成立之初，为了应对当时严峻的劳资矛盾形势，我国实施了一段时间的集体合同制度，随后取消。改革开放后，随着社会主义市场经济体制的不断推进，集体协商和集体合同制度重新建立并开始大规模实施。新中国成立后，我国集体协商和集体合同制度的发展大致可以划分为五个阶段。

（一）集体合同制度初步建立（1949—1978 年）

新中国成立初期，全国面临着恢复国民经济发展的艰巨任务。同时，由于私营企业还大量存在，劳资纠纷频发。《中国人民政治协商会议共同纲领》规定，私人经营的企业，为实现“劳资两利”的原则，应由工会代表工人职员与资方订立集体合同。1949 年 11 月，全国总工会通过的《关于私营工商企业劳资双方订立集体合同的暂行办法》，规定了集体合同制度的目的、内容、相关原则和手续。1950 年 4 月，劳动部公布了《关于在私营企业中设立劳资协商会议的指示》，对集体合同制度的有关问题作出了规定。同年 6 月颁布的《工会法》第五条、第六条规定，在国营、私营、合作社经营的企业中，工会有与企业行政方或资方签订集体合同的权利。至此，集体合同制度框架初步建立起来。与此同时，北京、上海等地的一些私营企业也签订了集体合同。随着 1952 年下半年社会主义三大改造的实行和 1953 年“一五”计划的实施，五大经济成分并存、国营经济占领导地位的所有制结构进一步发展，集体合同制度在国营企业内得到了较快实施。到 1956 年底，社会主义三大改造基本完成，公有制经济占据主导地位，劳资关系不再存在，集体合同制度随之受到忽视并逐渐消失。总体来说，虽然这一时期我国集体合同制度实施时间比较短，相关法律体系也不完善，但这项制度的实施对于预防和化解当时面临的劳资矛盾，促进经济恢复和新生政权的巩固发挥了积极作用。

（二）集体合同制度逐步得以恢复（1978—1992 年）

1979 年，中国工会开始倡议恢复集体合同制度。1983 年 10 月，中国工会十大通过的《中国工会章程》规定，基层工会有权同行政部门签订集体合同。在这种情况下，不但一些国营企业已经恢复集体协商制度，而且一些中外合资和新兴的私营企业也开始试行这项制度。1986 年，国务院发布的《全民所有制工业企业职工代表大会条例》规定，在职工代表大会上，可以由厂长代表行政、工会主席代表职工签订集体合同。1988 年 10 月，全国总工会十届六次执委会议通过的《工会改革的基本设想》明确提出，在企业中要大力推行由工会代表职工与厂长签订集体合同的制度，把实现企业的生产经营目标和增加职工收入、改善劳动条件、增进职工福利等要求和措施具体化、契约化。1992 年 4 月，七届全国人大五次会议通过新的《工会法》进一步规定，工会可以代表职工与企业、事业单位行政方面签订集体合同。在这一阶段，由于市场经济体制改革的目标尚未确立，社会各界对集体合同的认识还不清晰，集体合同制度总体上尚处于恢复试行阶段。

（三）集体协商和集体合同制度正式建立（1992—2000 年）

1992 年 10 月，党的十四大明确提出经济体制改革目标的是建立社会主义市场经济体制。与此相适应，1994 年我国出台了《劳动法》，其中第三十三条规定，企业职工一方与企业可以就劳动报酬、工作时间、休息休假、劳动安全卫生、保险福利等事项，签订集体合同。集体合同草案应当提交职工代表大会或者全体职工讨论通过。集体合同由工会代表职工与企业签订；没有建立工会的企业，由职工推举的代表与企业签订。这标志着我国集体合同制度正式确立。同年12月，劳动部颁布了可操作性更强的《集体合同规定》。虽然此时我国已经从法律上明确了集体协商和集体合同制度，但劳动部门还是采取了先试点、再推广的谨慎做法。根据《1995年劳动事业发展年度公报》，到1995年底，劳动部门推动开展集体协商和集体合同制度试点的非企业达到800多家。

全国总工会对集体协商和集体合同制度实施的态度更为积极。从工会的角度来看，集体合同不仅能维护工人权益，而且可以全面带动工会自身建设，包括推动建会工作。1994年12月，全国总工会十二届二次执委会议通过《关于贯彻实施〈劳动法〉的决定》，提出工会代表职工与企业签订集体合同是一个牵动全局的工作。此后一段时期，签订集体合同成为工会工作的头号任务，并自上而下地发起了签订集体合同运动。1996年5月，劳动部、全国总工会等四部门联合下发了《关于逐步实行集体协商和集体合同制度的通知》，合力推进集体协商和集体合同制度实施。由于国有企业的工会组织体系完备，工作也更好做，因此国有企业成为集体合同签订的主力军，但外资企业进展依然缓慢。各级工会抓宣传、抓试点、抓培训，采取了重点突破、整体推进的工作策略，到1997年，形成了举全会之力抓集体合同建制的工作格局。1998年，各地按照全国总工会提出的"两个坚持、两个灵活"的要求，总结经验，破解难题，在实践中探索出多种集体合同的实现形式，形成了全方位多层次、灵活多样、注重实效的发展态势。根据劳动部的统计数据，全国报送劳动行政部门的集体合同数量逐年增加，由1996年底的6.9万份增加到1999年底的19.4万份，涉及职工5980万人。不过，总体来看，在这一时期，集体协商和集体合同制度仍处于试点推广阶段，在很多方面还有待规范。

（四）制度进入快速推进阶段（2000—2012年）

在这一阶段，集体协商和集体合同制度快速推进。2001年，全国总工会与劳动保障部等四部门在南京召开了全国贯彻实施《劳动法》《工会法》、推行集体合同劳动合同工作经验交流会，提出坚持所有企业都要推行平等协商和集体合同制度；坚持平等协商与签订集体合同相协调，重在平等协商；坚持把职工关心的热点、难点问题作为平等协商、集体合同的重点；坚持把工资集体协议作为推行集体合同制度的重要内容；坚持把推行集体合同制度与推行劳动合同制度有机衔接起来，明确劳动合同中的劳动报酬等标准不得低于集体合同的规定；坚持把推行集体合同和劳动合同制度与建立现代企业制度相结合（以下简称“六个坚持”）。随后，各地认真落实“六个坚持”的要求，形成了政府、工会和企业代表组织三方合力推进集体合同工作的新格局。2004年1月，劳动保障部颁布《集体合同规定》，为集体合同的推行提供了制度保证。同年10月，党的十六届六中全会通过《中共中央关于构建社会主义和谐社会若干重大问题的决定》，首次提出全面实行集体协商制度。2010年5月，人力资源社会保障部、全国总工会、中国企联印发《关于深入推进集体合同制度实施彩虹计划的通知》，要求从2010年到2012年，力争用3年时间基本在各类已建工会的企业实行集体合同制度；对未建工会的小企业，通过签订区域性、行业性集体合同努力提高覆盖比例。2010年5月，人力资源社会保障部、全国总工会、中国企联发布《关于深入推进集体合同制度实施彩虹计划的通知》，要求各地开展全面集体合同制度的“彩虹计划”。截至2012年，全国签订集体合同224.5万份，覆盖企业579.2万个，覆盖职工2.67亿人（2005年为0.98亿人）。[①] 在这一阶段，虽然集体合同签订率迅速提高，但由于推动较快，集体合同也存在着较明显的指标化、数字化和形式化倾向。许多集体合同千篇一律，还停留在照搬照抄法律条文层面，许多集体协商流于形式，没有取得实质性的成效。

工资开始成为集体协商的重点，行业集体协商发展较快。2000年11月，劳动保障部发布《工资集体协商试行办法》，进一步发展和完善了集体协商制度。2006年8月，劳动保障部、全国总工会、中国企联发布《关于开展区域性行业性集体协商工作的意见》，对开展区域性行业性集体协商进行指导。2007年6月，十届全国人大常委会第二十八次会议通过《劳动合同法》，首次对工资调整机制等专项集体合同和行业性、区域性集体合同作出法律规定。2010年7月，全国总工会旗帜鲜明地提出了“两个普遍”（即依法推动企业普遍建立工会组织、普遍开展工资集体协商），

① 沈琴琴．基于制度变迁视角的工资集体协商：构架与策略［J］．中国人民大学学报，2011（05）．

将推进工资集体协商工作摆上了全会重中之重的位置，并连续发布了《2011—2013 年深入推进工资集体协商工作规划》等 4 个文件，指导各地工会开展工资集体协商，覆盖面大幅提升。

（五）制度进入完善机制、提质增效阶段（2012 年至今）

2012 年，党的十八大报告首次提出，推行企业工资集体协商制度，保护劳动所得，这标志着集体协商和集体合同制度受到党中央高度重视。2013 年 1 月，国家协调劳动关系三方会议第十八次会议在北京召开。会议提出“彩虹计划”基本实现了已建工会企业普遍建立集体合同制度的目标，但还存在有些集体协商实效性不强、部分集体合同质量不高等问题。2014 年 4 月，人力资源社会保障部、全国总工会、中国企联、全国工商联印发《关于推进实施集体合同制度攻坚计划的通知》，目标是在扩大覆盖面的基础上，提升集体协商质量、增强集体合同实效。与此同时，全国总工会印发《关于提升集体协商质量增强集体合同实效的意见》《深化集体协商工作规划（2014—2018 年）》，提出了集体协商提质增效的具体措施，制定了目标任务，即建制企业职工对集体协商的参与率达到 70%，知晓率达到 90%，职工对开展集体协商和签订集体合同工作的综合满意度稳步提高。2017 年，党的十九大报告对集体协商提出了新的更高要求，完善政府、工会和企业共同参与的协商协调机制，构建和谐劳动关系。至此，完善机制成为集体协商制度新的方向发展。各地工会根据全国总工会总体工作部署，积极转变工作思路，将集体协商提质增效作为工作重点加以部署，取得了初步成效。

二、集体协商和集体合同制度变迁的特点

（一）制度变迁的基本动因是构建和谐劳动关系

集体合同和集体合同制度的每一次重大变迁，都是由当时的劳动关系形势直接推动的。构建和谐劳动关系，预防和化解劳动关系矛盾，是集体协商和集体合同制度建立和发展的基本动因。新中国成立之初，由于私营企业还大量存在，劳资矛盾突出，不利于经济社会稳定，这也成为当时重点在私营企业推行集体合同制度的主要原因。改革开放后，多种经济成分都有了不同程度的发展，劳动关系主体利益分化，预防和化解劳动关系矛盾成为恢复集体合同制度的基本动因。1992 年，党的十四大提出建立社会主义市场经济体制后，企业成为市场主体，劳动纠纷呈多发态势，必须寻求解决劳动关系矛盾的新途径。借鉴西方集体谈判经验，结合自身实际，我国正式建立了集体协商和集体合同制度。2009 年各级协调劳动关系三方在全国实施集体合同制度“彩虹计划”以及 2010 年全国总工会提出“两个普遍”，也是针对当时企业劳动关系矛盾较为突出、劳动争议案件数量略高的情况推出的，目的都是构建和谐劳动关系，预防和化解劳动关系矛盾。2014 年以后，“提质增效”成为集体协商和集体合同制度发展的新要求，更是构建和谐劳动关系的生动体现，标志着制度发展由重“数量推进”向重“质量推进”转变。

（二）政府主导性和循序渐进性

我国集体协商和集体合同制度自建立以来，一直遵循着“自上而下，政府主导”的发展路径。无论是新中国成立初期，还是改革开放以后，我国集体协商和集体合同制度的变迁都是在政府主导下进行的。政府根据既定的目标和约束条件，确定集体协商和集体合同制度变迁的基本方向、步骤、内容等，通过行政、法律、经济等各种手段，推进集体协商和集体合同制度的发展。但与此同时，我国集体协商和集体合同制度也出现了一些弊端，不少雇主在不情愿的情况下为了应付检查而草草签订集体合同，工人则成了“被代表”的角色，导致许多协商变成了“走过场”，效果大打折扣。

与俄罗斯等国激进的“休克疗法”改革不同，我国经济体制改革走的是“渐进式”道路，我国集体协商制度变迁也呈现出明显的循序渐进性，总体上是一个先易后难、试点推广、部分改革的过程。从选择部分企业进行试点到要求所有企业普遍开展集体协商，从企业集体协商到行业集体协商，从强调合同签订率到推动集体协商提质增效，整个制度变迁过程都坚持循序渐进的原则，在政府的调控下有序推进。

（三）工会是集体协商制度建设的主要推动力量

作为集体协商中劳动者的代表，工会不仅是签订集体合同的要约方，还是直接实践者和组织者，理所应当成为我国集体协商制度建设的主要推动力量。早在改革开放之初，全国总工会就率先呼吁恢复集体合同制度。1994 年《劳动法》颁布后，工会就把集体协商作为依法履行维护职工合法权益基本职责的重点工作来抓。1996 年 1 月，全国总工会特别成立了集体合同部，具体负责集体协商和集体合同工作的开展。2010 年 7 月，全国总工会又旗帜鲜明地提出“两个普遍”，下发《2011—2013 年深入推进工资集体协商工作规划》，迅速扩大了工资集体协商的覆盖面。针对集体协商质量不高的情况，2014 年全国总工会又下发了《关于提升集体协商质量增强集体合同实效的意见》，并对未来五年的工作进行全面规划部署。各级工会还通过培养集体协商谈判专家等形式，帮助和指导企业有序开展集体协商，相继培育出一大批区域、行业、企业集体协商的先进典型，产生了良好示范引领作用。

三、集体协商和集体合同制度的推行情况

20 世纪 90 年代以来，经过二十多年的努力，我国集体协商和集体合同工作取得了突破性进展。

（一）集体合同覆盖面不断扩大

近年来，各级工会把推进集体协商和集体合同作为工作重点，许多地方成立了由党政负责同志牵头的工作协调领导小组，将其纳入地方发展和法制化建设的重要内容，有力地推动了集体协商和集体合同工作的开展。各级工会大力培养集体协商专门人才，有力配合了协商工作的开展。截至 2016 年底，全国共有集体协商

指导员15万人，其中专职指导员5464人，省、市、县（区）三级集体协商指导员体系已基本建成。[①] 根据全国总工会公布的数据，截至2017年，全国共签订集体合同246.6万份，覆盖企业646.1万个，覆盖职工2.85亿人（见表12-1）。根据人力资源社会保障部公布的数据，截至2021年末，全国报送人力资源社会保障部门审查并在有效期内的集体合同132万份，覆盖职工1.2亿人，较2016年高峰时的191万份和1.78亿人略有下降。

表12-1　2003—2017年全国集体合同签订情况

年份	建会企业数（千家）	工会会员数（百万人）	集体合同覆盖人数（百万人）	工资集体合同覆盖人数（百万人）	区域集体合同覆盖人数（百万人）	行业集体合同覆盖人数（百万人）	建立三方企业数（千家）
2003	1574	123.4	67.0	35.8	23.9	——	5062
2004	1935	136.9	69.0	35.5	25.8	——	6684
2005	2331	150.3	97.8	35.3	26.8	10.8	8030
2006	2753	169.9	112.5	37.1	29.6	12.9	8213
2007	3193	193.3	128.2	39.7	31.7	13.2	10702
2008	3682	212.2	149.5	51.1	34.8	15.7	12280
2009	3959	226.3	162.0	61.8	42.0	18.9	14451
2010	4318	240.0	184.6	75.7	45.4	22.8	16554
2011	5266	258.9	224.5	117.2	59.4	28.5	19813

① 郑莉．集体协商工作呈现五大特点［N］．工人日报，2017-12-19．

续表

年份	建会企业数（千家）	工会会员数（百万人）	集体合同覆盖人数（百万人）	工资集体合同覆盖人数（百万人）	区域集体合同覆盖人数（百万人）	行业集体合同覆盖人数（百万人）	建立三方企业数（千家）
2012	6167	266.3	267.2	150.3	81.3	37.6	24197
2013	6533	287.8	287.4	163.8	93.4	443.5	26067
2014	6582	288.1	299.4	169.7	94.5	47.8	27778
2015	6593	295.5	295.4	171.7	94.3	43.6	28051
2016	6678	302.9	290.5	169.3	94.6	43.2	28204
2017	6551	303.1	285.1	162.1	——	——	——

资料来源：2004—2013 年《中国工会统计年鉴》及全国总工会公布的数据。

（二）工资集体协商成为协商的核心内容

2010 年 7 月，全国总工会旗帜鲜明地提出了“两个普遍”，将工资集体协商工作摆上了全会重中之中的位置。此后，全国总工会又下发《2011—2013 年深入推进工资集体协商工作规划》，计划用 3 年时间实现已建工会企业 80%以上建立工资集体协商制度的目标。不少地方工会把集体协商作为重点工作来抓，列为“一把手”工程，加大人力、物力、财力投入，取得了显著成效。工资分配由企业单方决定逐步向企业和职工共同决定转变，减少和化解了劳动关系矛盾，工会组织凝聚力和影响力进一步提升。《中国工会统计年报》数据显示，2005—2016年，全国签订工资专项集体合同数由25.2万份增加到129.8万份，覆盖企业数由41.4万家增加到375.7万家，覆盖职工数由0.35亿人增加到1.62亿人。2021年，全国基层企业工会单独签订工资专项集体合同企业67.9万家，覆盖职工7380万人。

（三）行业性（区域性）集体协商逐步推开

2008年，浙江温岭羊毛衫行业的工资集体协商得到国务院的批示，并要求全国推广。全国总工会不断加大行业（区域）集体协商推进力度，将劳动密集型、中小企业集中的行业（区域）作为推进集体协商的主攻方向，加强工种指导价位、劳动定额、计件单价等行业劳动标准体系建设，使这种集中化的集体协商形式得到了快速的发展。经过多年实践，我国行业（区域）集体协商取得了长足进展，一是协商层级灵活多样，很多地区开展了市级乃至省级的行业集体协商。二是协商内容不断深化，把涉及劳动者权益的事项尽可能地纳入协商范围。三是协商模式日趋成熟，出现了多雇主协商、先听证后协商等多种协商模式。四是先进典型不断涌现，出现了武汉餐饮行业、大连软件行业、邳州板材行业等一大批行业（区域）集体协商典型案例。五是产业工会优势得到发挥。绝大多数全国产业工会就推进行业集体协商下发了指导意见，推动本产业工会所属行业开展集体协商。相关数据显示，到2016年，全国共签订行业性集体合同共25.7万份，覆盖企业

134.8 万家，覆盖职工 0.43 亿人（2005 年为 0.11 亿人）；全国共签订区域性集体合同共 34 万份，覆盖企业 386.9 万家，覆盖职工 0.95 亿人（2005 年为 0.27 亿人）。到 2021 年，全国基层以上工会签订区域性集体合同 6.4 万份，覆盖企业 123.7 万家，覆盖职工 2759.4 万人；全国基层以上工会签订行业性集体合同 2.5 万份，覆盖企业 42 万家，覆盖职工 2020.1 万人。

四、集体协商和集体合同制度发展的前景

近年来，我国集体协商制度建设取得了长足进展，开展集体协商的具体实践对于维护职工权益、预防和化解劳动关系矛盾也发挥了重要作用。但同西方主要市场经济国家集体谈判制度经过 200 多年发展才成熟相比，我国真正在法律上予以明确并开始大规模推进这项制度仅 20 多年，存在集体协商流于形式、集体合同实效性不强等问题，其作用还没有得到充分发挥。完善我国集体协商和集体合同制度，主要应从以下三个方面着手。

（一）健全集体协商主体，充分发挥工会优势作用

开展集体协商签订集体合同离不开健全的主体，这是前提和基础。虽然集体协商开展面比较广，但由于集体协商主体的代表性不足、集体协商缺乏制度刚性、集体协商程序不规范等原因，集体协商走过场等问题仍时有发生，很多企业根本没有走真正的集体协商程序，很多合同生搬硬套、敷衍了事，凡事还是老板说了算，集体协商的实效性还有待提高。

为此，要进一步加强工会自身建设，尤其是加强企业工会组织建设，增强企业工会工作活力，使其能真正承担起开展集体协商的职能。首先，积极推进基于企业工会民主选举的集体协商，鼓励工人民主选举能够代表自己的企业工会，推动企业工会直选，解决工会“不敢谈”的困境。在广东的“理光经验”中，理光（深圳）工业发展有限公司工会实现直选后，带来了工人工资和福利的不断提高，而企业方也走出了工人频繁流动和劳动争议不断的困境。该公司的工人流动率只有不到4%，远低于同行业20%的水平。这种工会机制受到广东省委的肯定，并要求在全省推广。其次，强化工会干部队伍建设，通过举办培训班等形式提高工会干部和职工代表的业务水平和协商技巧，解决工会“不会谈”问题。最后，推动集体协商法制化进程，解决工会“谈不成”的问题。

（二）更好地发挥政府主导作用

我国集体协商和集体合同制度变迁历来是在政府主导下进行的，这与社会主义市场经济体制改革的大背景是相契合的。2014年4月，人力资源社会保障部等四部门共同下发了《关于推进实施集体合同制度攻坚计划的通知》，提出“着力提升集体协商质量、增强集体合同实效”的政策新取向，从而弱化了集体协商覆盖率、集体合同签订率等数量指标，而将重点转移到“提质增效”上来。

下一步，政府要进一步做好制度变革的主导者，在明确自身权力边界的基础上，承担好集体协商规则制定者、平台搭建者、争议调解者、监督管理者等角色，从而为集体协商制度的高效运行创造良好环境。一是集体协商规则的制定者。政府应通过立法确立协商规则、内容与程序等，规定双方的权利义务，建立约束机制，明确法律责任，保证协商有法可依、有序开展。二是集体协商平台的搭建者。政府应悉心培育工会组织，提高劳方的博弈能力，同时提供信息指导与咨询服务。三是集体协商争议的调解者。当集体协商出现矛盾时，政府应坚持“不偏袒纵容、不压制打击”的原则介入协商的调停、调解与仲裁中，打破谈判的僵局，让集体协商重回正轨。四是集体合同执行的监督者。政府应建立制度化与规范化的集体合同备案审查与履行监督机制，对集体合同的实际履行进行监管与督促，确保通过集体协商所达成的各项协议得到遵守。

（三）完善相关法律法规

当前，我国集体协商制度不完善的重要问题之一，就是相关法律法规还比较零散，立法层次较低，缺乏刚性约束力，导致集体协商往往流于形式，集体合同实效性不强。例如，虽然《劳动法》《劳动合同法》《工会法》对集体协商均有规定，但相关条文过于原则，缺乏可操作性。而《集体合同规定》《工资集体协商试行办法》等法规和规章制度的效力又非常有限，缺乏强制力，应有的作用难以发挥。

为此，应加快立法进程，争取早日制定专门的《集体合同法》，进而形成系统完备、科学规范、切实可行的集体协商和集体合同制度体系，为集体协商制度开展提供有力的法律保障。通过立法，对集体协商的程序、内容、形式进行严格界定，明确集体协商双方的权利和义务，规定法律责任，对拒绝开展集体协商的企业制定相应的惩戒措施，不断增强集体协商制度的可操作性和强制约束力。

第十三章　企业民主管理

在世界范围内，在企业民主管理制度近百年的发展过程中，形成了一系列支持民主管理正当性的理论与思想，包括人力资本理论、所有权附有社会义务的思想、企业社会责任理论、现代企业管理的需要等。从各国的实践看，由于劳资利益博弈等各种因素的影响，企业民主管理的职权在德国非常宽泛，而在其他国家则限于一些领域。

企业民主管理是我国基层民主政治建设的重要内容，对保障和落实职工群众当家作主的民主权利，维护职工群众合法权益具有重要意义。新中国成立以后，以职工代表大会为基本形式的企业民主管理制度得到了不断发展和创新，工作实效不断增强，推动了企业民主决策和科学管理，促进了劳动关系和谐稳定。

一、企业民主管理制度的发展

从 1922 年中国劳动组合书记部在《劳动立法原则》和《劳动法案大纲》中提出支持工人参加劳动管理的主张算起，我国的企业民主管理至今已有 100 多年的历史。在不同的历史时期，基于制度变迁的关键节点，我国企业民主管理制度大致可分为五个阶段。每个阶段企业民主管理制度的内容和特点不同，但一脉相承，至今仍处在不断发展和完善中。

（一）实行工厂管理委员会和职工代表会议制度（1949—1956 年）

早在新中国成立之前，革命根据地的工厂管理实行“三人团”制度和工人大会制度。在 1934 年中共苏区中央组织局颁布的《苏维埃国家工厂支部工作条例》中，对“三人团”制度作了较详细规定，在生产过程中发生的许多问题必须经过厂长、支部书记、工会委员长“三人团”会议迅速共同解决。会议由厂长召集，如发生意见分歧，最后取决于厂长。与“三人团”制度同时发展起来的是工人大会制度，即工会召开工人大会，组织工人审议生产计划，讨论如何完成生产任务。

“三人团”制度的弊端主要是三方意见不一导致的“三足鼎立”现象。1949 年 5 月，华北解放区召开第一届职工代表会议，通过了《关于在国营工厂企业中建立工厂管理委员会与职工代表会议的决定》，从而使工厂管理委员会和职工代表会议成为国营企业管理的两项基本制度。1950 年，政务院财政经济委员会发布《关于国营、公营工厂建立工厂管理委员会的指示》，对工厂管理委员会和职工代表会议的人员组成、职权进行了界定，标志着工厂管理委员会制度和职工代表会议制度已经由最初的华北解放区扩大到全国范围。

（二）职工代表大会制度正式建立（1956—1978年）

1956年底，社会主义三大改造基本完成，如何在国有企业开展民主管理再次受到党中央的关注。1956年9月，党的八大确定了在国营企业贯彻执行党委领导下的厂长负责制和群众路线的领导方针。1957年4月，中共中央发出《关于研究有关工人阶级的几个重要问题的通知》，把职工代表会议改为职工代表大会制，并把其权利大致拟定为四项：一是听取和审查厂长的工作报告，审查和讨论企业的生产计划、财务计划、技术计划和劳动工资计划及实现这些计划的重要措施，定期检查计划执行情况，并且可以提出建议。二是讨论和审查企业奖励基金、福利费、医药费、劳动保护拨款、工会经费以及其他有关职工生活福利的经费开支；在不违背上级机关指示命令的条件下，可以作出决议，交由企业行政或者其他有关方面执行。三是在必要的时候，向上级管理机关建议撤换某些企业行政领导人员。四是对上级管理机关的规定有不同意见的时候，可以向上级管理机关提出建议。但是如果上级管理机关经过研究仍旧坚持原有决定的时候，就必须贯彻执行。我国企业职工代表大会制度由此产生。

1960年3月，中共中央批转《鞍山市委关于工业战线上的技术革新和技术革命运动开展情况的报告》，毛泽东代中央起草批示，将鞍钢实行的“两参一改三结合”的管理制度称作“鞍钢宪法”，要求在工业战线加以推广。“鞍钢宪法”体现了企业管理中全心全意依靠工人阶级的基本理念，对于我国企业民主管理制度的建立具有重要意义。1965 年 7 月，中共中央在对 1961 年制定的《国营工业企业工作条例（草案）》进行修改和完善的基础上，形成了《国营工业企业工作条例（修正草案）》（以下简称“工业七十条”），进一步明确地规定了职工代表大会的性质和权力。

（三）企业民主管理制度进入恢复发展期（1978—1992 年）

企业民主管理制度的恢复。1978 年 4 月，中共中央决定在工业企业中恢复党委领导下的职工代表大会或职工大会制度，要求以“鞍钢宪法”为基础在工业企业中广泛推行“工人参加管理、干部参加劳动和领导干部、工人、技术人员三结合”的民主管理制度。1978 年 10 月，中国工会九大召开，提出了新时期工会工作的基本方针，确定了工会的五项重要工作，其中一项就是吸引工人参加管理，保障工人当家作主的民主权利。

企业民主管理制度的发展。1981 年 7 月，中共中央、国务院转发了《国营工业企业职工代表大会暂行条例》，这是新中国成立以来第一部有关职工代表大会制度建设的全国性法规。与 1957 年的《关于研究有关工人阶级的几个重要问题的通知》相比，职工代表大会被赋予更多职权。1982 年，五届全国人大五次会议通过《宪法》，第一次明确提出在国有企业和集体经济组织中依法实行民主管理。1984 年 10 月，党的十二届三中全会通过《中共中央关于经济体制改革的决定》，提出在实行厂长负责制的同时，必须健全职工代表大会制度和各项民主管理制度，企业职工代表大会的作用得到进一步肯定。1986 年 9 月，中共中央、国务院颁发《全民所有制工业企业职工代表大会条例》，明确规定职工代表大会是企业实行民主管理的基本形式，规定了职工代表大会的五项职权。1988 年，七届全国人大一次会议通过的《全民所有制工业企业法》，职工代表大会作为企业民主管理的基本形式首次在立法中得到明确；在企业生产经营重大事项上，规定职工有知情权、参与权和审议权等三项权利。截至 1989 年底，全国已经有 37.1 家企事业单位建立了职工代表大会制度，占 44 万家应建职工代表大会制度单位的 84%；职权也得到更广泛的落实。1991 年，《城镇集体所有制企业条例》明确规定了集体企业职工（代表）大会的职权。1992 年，《工会法》规定，全民所有制和集体所有制企业事业单位的工会，组织职工依照法律规定参加本单位的民主管理和民主监督。

（四）企业民主管理制度进入创新发展期（1992—2012 年）

随着社会主义市场经济体制的逐步建立，我国企业民主管理制度进入创新发展的时期，开展的企业范围不断扩大，民主管理的形式越来越丰富。

一是企业民主管理立法取得重要进展。1994 年 7 月，《劳动法》提出，劳动者依照法律规定，通过职工大会、职工代表大会或者其他形式，参与民主管理或者就保护劳动者合法权益与用人单位进行平等协商，为所有企业开展民主管理作了原则性规定。2002 年 11 月，党的十六大报告中提出，坚持和完善职工代表大会和其他形式的企事业民主管理制度，保障职工的合法权益，为企事业民主管理指明了方向。2007年，《劳动合同法》明确了企业在制定直接涉及劳动者切身利益的规章制度或者重大事项时，要经过职工代表大会讨论，这奠定了职工代表大会是所有企业民主管理基本形式的制度基础。2009年，修正后的《工会法》第三十七条规定："本法第三十五条、第三十六条规定以外的其他企业、事业单位的工会委员会，依照法律规定组织职工采取与企业、事业单位相适应的形式，参与企业、事业单位民主管理。"为国有和集体企业以外的其他企业、事业单位开展民主管理奠定了法律基础。

二是职工董事、职工监事制度逐步建立。1993年11月，党的十四届三中全会通过《中共中央关于建立社会主义市场经济体制若干问题的决定》，提出转换国有企业经营机制，建立现代企业制度。1993年12月，八届全国人大常委会第五次会议通过《公司法》，规定国有独资公司、两个以上的国有企业或者其他两个以上的国有投资主体投资设立的有限责任公司，其董事会成员中应当有公司职工代表。1994年，国务院决定选择百家国有企业进行现代企业制度试点，提出了建立现代企业制度的企业改革方向，为职工董事、职工监事工作的开展及其制度的建立提供了契机。1995年，全国总工会下发《关于加强现代企业制度试点企业工会工作和职工民主管理的若干意见》，提出了在董事会、监事会中应有职工代表的明确要求。1996年，全国总工会、国家经贸委、国家体改委下发《关于国务院确定的百家现代企业制度试点中工会工作和职工民主管理的实施意见》，成为改制企业确定职工代表大会职权的基本政策依据。1999 年 9 月，党的十五届四中全会通过《中共中央关于国有企业改革和发展若干重大问题的决定》，明确要求国有独资企业和国有控股公司董事会与监事会都要有职工代表参加。2006 年国务院国资委发布的《国有独资公司董事会试点企业职工董事管理办法（试行）》和全国总工会发布的《关于进一步推行职工董事、职工监事制度的意见》、2009 年国务院国资委发布的《董事会试点中央企业职工董事履行职责管理办法》，都对建立健全职工董事、职工监事制度提出了更具体的要求。2012 年 2 月，《企业民主管理规定》设立专章，对所有公司制企业建立职工董事、职工监事制度提出了明确要求。

三是厂务公开制度产生并得到发展。20 世纪 90 年代中后期，许多企业自觉地开始了民主管理的新探索——厂务公开。石家庄天同拖拉机厂等国有企业率先实行厂务公开，积极推行民主管理，推动企业走出了困境。1998 年，党中央对石家庄天同拖拉机厂的“厂务公开、民主监督”经验多次进行批示，肯定厂务公开在落实民主监督中的积极作用，号召在全国其他企业推广。1999 年 9 月，党的十五届四中全会通过《中共中央关于国有企业改革和发展若干重大问题的决定》，要求国有企业坚持和完善集体合同、职工代表大会、民主评议领导干部、厂务公开等民主管理制度。为了推行厂务公开制度，中央有关部门联合召开会议、颁发文件，提出了一系列的政策措施。2000 年 2 月，中纪委、国家经贸委、全国总工会联合颁发《关于认真学习贯彻党的十五届四中全会精神进一步做好厂务公开工作的通知》，要求进一步加大推行厂务公开的力度，争取用两年左右的时间，使国有、集体及其控股的企业，普遍建立规范的厂务公开制度。2002 年 6 月，中共中央办公厅、国务院办公厅联合下发《关于在国有企业、集体企业及其控股企业深入实行厂务公开制度的通知》，成为我国企业实行厂务公开最基本的法规性政策依据。截至 2009 年 9 月底，全国已有 22 个省（自治区、直辖市）颁布了 27 个关于厂务公开、民主管理方面的地方性法规；已建工会、实行厂务公开制度的企事业单位有 175.2 万家，覆盖职工 12751.2 万人。①

（五）民主管理建制扩面取得新进展（2012 年至今）

党的十八大以来，针对企业民主管理工作在市场经济条件下出现的新情况、新问题，各级工会加强了政策理论研究，积极探索企业民主管理工作的特点和规律，推动了企业民主管理不断向广度和深度拓展。2019 年 11 月，习近平总书记提出人民民主是一种全过程的民主，为新时代推进企业民主管理提供了根本遵循。2022 年 10 月，党的二十大报告把发展全过程人民民主确定为中国式现代化本质要求的一项重要内容，强调全过程人民民主是社会主义民主政治的本质属性。

一是民主管理制度建设取得新进展。2012 年，《企业民主管理规定》在职工代表大会职权上针对公有制企业和非公有制企业进行了二元制度设计，并把区域性、行业性企业民主制度涵盖到

---

① 向德荣. 中国企业民主管理的发展历程［J］. 工会信息，2021（08）.

制度体系中。各地企业民主管理的立法工作不断推进，全国已有 28 个省（区、市）出台了 35 部有关企业民主管理的地方性法规，推动了全国企业民主管理立法进程。2015 年，中共中央、国务院印发《关于构建和谐劳动关系的意见》，对完善以职工代表大会为基本形式的企业民主管理制度，推进厂务公开制度化和规范化，推行职工董事、职工监事制度提出了明确要求。同时，切实保障职工民主政治权利的目标也被连续纳入《国家人权行动计划（2012—2015 年）》《国家人权行动计划（2016—2020 年）》当中。

二是国有企业民主管理工作进一步推进。早在 2009 年，全国总工会就下发《关于在企业改制重组关闭破产中进一步加强民主管理工作的通知》，就企业改制中落实职工知情权、参与权、决策权和监督权作出要求。进入新时代，各级工会将工作重点放在推动坚持和规范转改制的民主程序上，把“审议”企业改制方案和“审议通过”职工安置方案这两个重要的民主程序作为红线和底线，带动落实职工的知情权、参与权、表达权和监督权，凝聚共识、化解矛盾。2017 年 5 月，国务院办公厅印发《关于进一步完善国有企业法人治理结构的指导意见》，明确了职工代表大会在国有企业公司治理结构中的重要地位，为公司制企业建立健全以职工代表大会为基本形式的民主管理制度提供了有力的政策依据。

三是非公企业民主管理工作取得重要进展。2016 年，全国总工会印发《关于深入推进非公有制企业民主管理工作的意见》，提出着力推进非公有制企业民主管理建制扩面工作，着力推进制度化、规范化建设，着力推进理论创新、制度创新和工作创新，使非公有制企业民主管理组织机构更加健全、工作内容更加丰富、工作机制更加完善、运行程序更加规范、作用发挥更加有效。同年，全国总工会下发《关于加强公司制企业职工董事制度、职工监事制度建设的意见》，突破了企业所有制界限，依法分类指导和推动所有建立董事会的公司制企业建立职工董事制度。与此同时，在非公企业中，职工代表大会制度有了长足发展，出现了一批开展较好的企业，取得了成功的经验。各地非公企业探索实行了民主管理委员会、民主议事会、劳资恳谈会、民主协商会、总经理接待日等多种民主形式，企业民主管理的实践更加丰富。在经济发展比较快、中小企业比较集中的地方，建立了区域（行业）职工代表大会制度，以解决区域（行业）内带有共性的问题。

四是平台企业民主管理开始起步。近年来，我国新产业、新业态、新商业模式快速发展，平台经济、共享经济风起云涌，全新的用工方式和就业形态应运而生，快递员、外卖配送员、网约车司机等新就业人员大量出现，劳动用工去雇主化、劳动关系灵活化特征明显，劳动者劳动保护和社会保险权益缺乏、平台企业民主管理空白等问题日益突出。2018年，中国工会十七大明确把推进货车司机、快递员等八大群体入会作为工作重点。为切实有效维护新就业形态劳动者权益，各级工会以快递、外卖行业为重点，就配送单价、薪酬结构、劳动保护等开展集体协商，培育了一批行业集体协商典型案例。

二、企业民主管理制度建设的成效

改革开放以来，我国企业民主管理建制扩面不断取得新进展，职工民主政治权利实现和维护的内容日益丰富、渠道更加顺畅。

（一）企业民主管理覆盖面持续稳定增长

2008—2016年，各地工会不断扩大民主管理的有效覆盖，推动职工代表大会、厂务公开、职工董事和职工监事等制度建制率总体上升，企业民主管理的基层基础进一步夯实。全国31个省（区、市）都建立了政府和工会联席会议制度，7个驻会全国产业工会与相关部委、相关产业局（行业协会或联合会）建立了联席会议制度。

根据全国总工会相关调查数据显示，截至2016年底，全国已建立工会的企事业单位单独建立职工代表大会制度的有515.4万家，比2008年增长228.7%，职工代表2304万人，覆盖职工2.5亿人。其中，公有制企业28.2万家，建制率为92.8%；单独建立职工代表大会制度的非公有制企业426.6万家，建制率为92.2%，区域（行业）职工代表大会覆盖企业183.3万家。到2021年，全国已建立工会的企事业单位单独建立职工代表大会制度的有320.7万家，覆盖职工1.85亿人。

截至2016年底，全国已建立工会的企事业单位单独建立厂务公开制度的有504.7万家，比2008年增长141.9%，覆盖职工2.4亿人。其中，公有制企业27.9万家，建制率为91.7%；单独建立厂务公开制度的非公有制企业 417.8 万家，建制率为 90.3%。到 2021 年，全国已建立工会的企事业单位实行厂务公开制度的有 311.8 万家，覆盖职工 1.79 亿人。

截至 2016 年底，全国已建工会所在单位建立了董事会的有 34.2 万家，其中建立了职工董事制度的有 17.0 万家；全国已建工会所在单位建立了监事会的有 32.0 万家，其中建立了职工监事制度的有 16.5 万家。

（二）非公企业民主管理建制工作取得跨越式发展

各级工会组织主动作为、勇于创新，使职工民主政治权利实现的领域得以不断延展。全国总工会印发《关于深入推进非公有制企业民主管理工作的意见》后，非公有制企业民主管理建制工作得到了跨越式发展。根据全国总工会相关数据显示，2008—2016 年，单独建立职工代表大会制度的非公有制企业从 109.8 万家增加到 426.6 万家；单独建立厂务公开制度的非公有制企业从 102.7 万家增加到 417.8 万家。

非公有制企业职工代表大会、厂务公开、职工董事和职工监事等民主管理制度，不仅有量的突破，而且整体水平也显著提高，一批规模以上、管理水平较高的非公有制企业，在结合企业自身特点的基础上创新发展，建立起来了一整套行之有效的民主管理制度。成都彩虹电器股份有限公司坚持把民主管理工作融入企业的生产经营、重大决策和管理制度之中，形成了股东大会与职工代表大会两会并存、优势互补的格局。唐山鑫丰集团通过厂务公开、协商共决等制度，促进企业效益每年以10%的速度上升。湖北达雅生物科技股份有限公司鼓励职工参与管理，实现了企业劳动纠纷多年为零。各地在推行区域（行业）职工代表大会制度的实践中进行了各具特色的探索，不断扩大包括劳务派遣工、农民工在内的各类人群参与面。上海徐汇区天平街道加强餐饮行业职工代表大会制度建设，坚持做到13年连续召开不间断、每5年换届不间断、提案征集不间断、上级指导不间断。

（三）职工民主政治权利实现和维护的内容日益丰富

大量公司制企业积极推动民主管理与企业管理深度融合，使职工参与从源头决策拓展到日常管理的各个层面。一是以多层级职工代表大会制度为载体，推动职工民主管理融入公司治理。中国铁路工程集团有限公司对公司股东会、董事会、监事会、经理层与职工代表大会各自的职权范围做了清晰的定位，创建了“集团公司、子分公司、工程项目部”三级职工代表大会制度，职工代表大会在公司治理结构中的重要地位得以切实体现。二是以落实职工代表大会职权为关键，充分发挥职工代表参政议政作用。许多公司制企业抓住职工代表大会提案制度、涉及职工切身利益的重大事项须经职工代表大会审议通过制度、职工代表大会民主评议领导干部制度这三个关键环节，发挥好职工代表企业民主管理中的积极作用。陕西鼓风机（集团）有限公司实行职工代表大会提案季度常态化收集，并狠抓提案落实，为企业发展注入了勃勃生机。三是以职工董事、职工监事制度为平台，实现职工源头参与企业决策管理。上海市总工会联合上海市国资委、上海市组织部等相关单位连续下发多个文件，明确要求职工董事、职工监事对劳动关系、职工利益与民主管理等问题重点关注，切实履行自身职责。

（四）职工民主政治权利实现和维护的渠道更加顺畅

目前，我国初步形成了以职工代表大会为基本形式，以厂务公开制度，职工董事、职工监事制度，集体协商和集体合同制度为法定形式，以职工民主管理委员会、民主议事会、劳资恳谈会、民主协商会等为补充形式的企业民主管理制度体系。新媒体、新平台广泛运用，职工民主管理参与的互动性进一步增强，实行成本进一步降低，更多的职工群众能够在更广的范围内参与进来。面对突如其来的新冠疫情，一些地方和企业探索用数字赋能民主管理，尝试将互联网、大数据、人工智能为代表的新一代信息技术运用到民主管理实践之中。例如，上海市总工会探索建立网络职工代表大会平台；中国铁路工程集团有限公司利用“互联网+”技术，建立“职工代表议事厅”移动会议平台，畅通职工互动渠道。全国总工会相关调查数据显示，有57.5%的职工认为有机会对工作单位的经营管理和自身权益发表意见或者反映愿望，在单位职工代表大会上发表意见、提出提案和通过民主议事会、恳谈会等发表意见已成为职工发表意见或反映愿望的主要渠道。

三、企业民主管理制度变迁的特点

适应经济体制的变化，我国企业民主管理制度不断创新发展，呈现以下特点。

（一）政府是企业民主管理制度变迁的主导力量

从主体角度来看，制度变迁主要分为诱致性制度变迁和强制性制度变迁，前者强调基层推动，后者强调政府主导。从发展历程来看，我国企业民主管理制度变迁的主导力量主要来自政府。改革开放前，企业民主管理从实行工厂管理委员会和职工代表会议制度，过渡到职工代表大会制度，完全依赖于党政主导。改革开放后，以1986年中共中央、国务院印发《全民所有制工业企业职工代表大会条例》为标志，国家自上而下地恢复和推行了以职工代表大会制度为基本载体的企业民主制度。国有企业实行建立现代企业制度的改革后，企业民主管理制度也在职工代表大会的基本形式之上，增建了厂务公开制度和职工董事、职工监事制度。随着社会主义市场经济的不断发展，在“资强劳弱”格局下，劳动关系领域中的矛盾开始突出。为加强劳动关系协调，及时化解劳资冲突，我国把实行企业民主管理的范围逐步扩大到非公企业，以制约资方资本主权的倾轧风险。总之，我国企业民主管理制度从新中国成立初期建立，到改革开放后恢复，再到市场经济建立时期的创新发展，政府在其中都居于主导地位。

（二）企业民主管理的实施范围逐步扩大

新中国成立以来，我国企业民主管理的范围从公有制企业逐步推广到了全部企事业单位。在计划经济体制时期，国家政策推动的企业民主管理参与范围仅限于公有制企业。1986 年，中共中央、国务院发布的《全民所有制工业企业职工代表大会条例》，也不适用于非公企业。1994 年，八届全国人大常委会第八次会议通过的《劳动法》则没有将民主管理的范围局限于公有制企业，为所有企业开展民主管理预留了空间。1997 年，党的十五大报告中，职工代表大会第一次作为企事业单位民主制度的基本形式予以确立。2012 年，《企业民主管理规定》将适用范围明确扩大到全部企业，只是国有企业职工代表大会职权和厂务公开事项范围相对较大。党的十八大以来，全国总工会相继制定了多个文件，对进一步完善国有企业、非公有制企业、公司制企业的民主管理制度建设提出了明确要求。

（三）企业民主管理的形式由单一走向多样化

计划经济体制时期，我国全民所有制企业实行民主管理的基本形式是职工代表大会制度，形式比较单一。改革开放初期延续了这个特点，1986 年，中共中央、国务院印发《全民所有制工业企业职工代表大会条例》，其中第一条规定："为保障全民所有制工业企业职工的民主管理权力，充分发挥职工的积极性、智慧和创造力，办好全民所有制工业企业，发展社会主义经济，特制定本条例。”随着社会主义市场经济体制的逐步建立，国有企业改革步伐开始加快，企业民主管理的形式也随之走向多样化。1996年，全国总工会国家经贸委、国家体改委发布《关于国务院确定百家现代企业制度试点中工会工作和职工民主管理的实施意见》，提出逐步建立平等协商和集体合同制度，做好董事会和监事会中职工代表的选举工作并建立相应的工作制度，大大丰富了企业民主管理的形式。1998年，厂务公开在落实民主监督中的积极作用得到党中央的肯定，并开始在全国推广，厂务公开由此发展成为企业民主管理的一种重要新形式。2012年，《企业民主管理规定》明确规定，建立以职工代表大会为基本形式的民主管理制度，实行厂务公开，推行民主管理。公司制企业应当依法建立职工董事、职工监事制度。至此，我国企业民主制度形成了以职工代表大会制度为核心，涵盖厂务公开制度，职工董事、职工监事制度等其他形式在内的多样化制度体系。同时，根据《企业民主管理规定》，工会作为职工利益的代言人，可以与企业就工资、福利、工时等职工切身利益相关事项开展集体协商，并以集体合同的形式固化下来。2013年，党的十八届三中全会允许在混合所有制经济中实行企业员工持股，为职工参与企业经济事项提供了新的途径。此外，在民主参与的探索实践中，民主管理委员会、民主议事会、民主协商会、劳资恳谈会等也逐渐发展成为企业民主管理的重要补充形式。

四、企业民主制度发展的前景

新中国成立以来，我国企业民主管理制度经过几十年的发展，已形成以职工代表大会制度为核心，涵盖厂务公开、职工董事、职工监事制度等其他形式在内的多样化制度体系，在推动维护职工的合法权益、保持企业和社会的稳定方面发挥了重大作用。但企业民主管理制度的推进和运行效果还受制于企业的内部拉力和外部推力，在制度运行中依然存在很大提升空间。

（一）推进企业民主管理中存在的问题与面临的挑战

一是从顶层设计来看，法律政策依据不够充分。已有的企业民主管理立法散见于不同的法律法规，在适用范围、职权表述等方面已开始滞后，迫切需要国家层面出台专门性法律。二是从推进力量来看，企业民主管理组织领导呈现弱化趋势。在深化国有企业改革的过程中，存在随意撤并工会组织的现象，一些中央企业工会主席被排斥在公司领导层之外，直接影响到民主管理工作在微观层面的推进力度。三是不规范、不到位成为企业民主程序运行存在的普遍问题。个别企业还存在职工代表大会与工会会员代表大会概念不清的情况，简单地实行“二会合一”的现象。有的企业，特别是一些去产能、转改制企业的职工代表大会履行民主程序打折扣，或是直接取消，或是以网上征集意见的方式取代职工代表大会中职工代表审议的环节。有的企业将职工代表大会主席团作为常设机构，未经职工代表大会授权，以职工代表团组长联席会议行使职工代表大会的部分职权。四是持续推进混合所有制改革进程中，民主管理制度与现代企业制度的“有机融合”亟待破题。现代大型混合所有制企业中多层级职工代表大会如何运作、多种民主管理制度如何协同推进、以职工代表大会制度为基本形式的企业民主管理如何更好地与公司治理相融合、职工代表大会这一中国特色的企业管理传统和优势如何在新形势下更好发扬等问题，尚需探索出可推广可复制的成功经验。

（二）进一步推进企业民主管理的关键

1. 协调好非公企业民主管理与企业经营自由之间的关系

一般认为，企业民主管理能够提供制度化的、常规化的渠道让员工在不同环节和层面进行民主参与，有利于劳资双方之间的利益表达、沟通和协调，形成利益共同体，增强企业的凝聚力和竞争力。但现实是，非公企业民主管理推行的实际效果仍有待提高，相较于国有企业中职工代表大会更多的审议决定权，一些非公企业职工往往只有知情、建议等权利。民营企业在成立之初就确立了“老板”不可挑战的支配权力，故而不愿意接受企业民主管理，认为实行企业民主管理会妨碍企业经营自由。

因此，企业民主管理的制度设计应着眼于协调好与企业经营自由之间的关系，解决好民主管理权限量的问题。换言之，制度设计应在平衡企业经营自由利益的基础上，对职工代表大会的职权范围做出清晰的定位，并解决好职工董事、职工监事的规模和适用范围，以及厂务公开的内容、范围和限度等主要问题。只有民主管理权限量的问题解决好了，才能防止企业民主管理权限无限扩大，影响企业所有权，使民营企业推行民主管理工作。

2. 合理确定国有企业管理者和职工代表大会的职权范围

合理确定国有企业管理者和职工代表大会的职权范围，是推动国有企业民主管理健康运行的关键一环。具体来讲，要处理好三个关系：一是理顺职工代表大会与股东大会、董事会、监事会的关系；二是理顺董事会领导下的经理负责制与发挥党委作用的关系；三是理顺公司监事会与纪检委的关系。党的十八大以来，党中央对全心全意依靠工人阶级、健全以职工代表大会为基本形式的企事业单位民主管理制度提出明确要求。各级政府和工会要积极解读国家有关法律、政策，让企业管理者明白，建立企业民主管理制度是法律明文规定的，决不能凭个人好恶违反相关制度。国资委等部门要强化对国有企业管理者的监管和培训，引导他们树立依靠职工办企业的理念，督促其落实以职工代表大会为基本形式的民主管理制度。

3. 推动企业民主管理法制化进程

纵观我国企业民主管理立法，至今还没有一部系统全面的专门法，仅有 1986 年的《全民所有制工业企业职工代表大会条例》和 2012 年的《企业民主管理规定》对企业民主管理做出相对完整的规范。《全民所有制工业企业职工代表大会条例》制定时间早，对当下的指导价值有限。《企业民主管理规定》存在立法层次不高、法律责任薄弱、约束力不强等问题，在推动落实上有较大难度。而散见于《宪法》《劳动法》《劳动合同法》《工会法》《公司法》等法律中有关企业民主管理的条文，大多过于原则，缺乏可操作性，也不利于企业民主管理制度的落地落实。

通过制定法律保障职工民主权利是国际通行的做法，建议推动企业民主管理法制化进程，适时制定《企业民主管理法》，并在此基础上，建立与之配套的实施细则。例如，职工代表大会条例、厂务公开条例、职工董事职工监事条例、违反企业民主管理法处罚办法等，做到企业民主管理有法可依、有法必依。

4. 进一步发挥工会在企业民主管理中的积极作用

企业工会作为民主管理制度的重要推动者，其力量的强弱直接影响到制度实行的效果。目前基层工会主席兼职化现象十分普遍，专职工会干部人数又很少，能在民主管理工作上花的时间和精力很少；同时，民主管理制度通常被企业经营管理者认为是对行政权利的分散与监督，企业工会干部作为企业成员之一，在经济上受制于企业，往往会对推行民主管理制度产生畏难情绪。此外，有些职工代表专业素质不足，对国家的政策法规也不甚了解，在参与企业民主管理时常常随波逐流，造成参与不进来的情况。

加强基层工会建设，进一步提升组织职工民主参与的能力。一是加强基层工会组织建设，完善基层工会主席民主产生方式，努力破解基层工会主席角色定位问题。落实和完善《工会法》，解决企业工会干部兼职过多问题，在符合条件的企业设置专职工会干部。二是抓制度促管理，规范工会参与企业民主管理的内容、程序、形式，充分发挥职工参与企业管理的民主决策权，抓住职工代表大会提案征集处理、涉及职工切身利益重大事项须经职工代表大会审议通过制度、职工代表大会民主评议监督等关键环节，让企业民主管理真正落地见效。三是加强基层工会干部培训工作，通过集中培训、送教上门、网络培训等多种方式，建设一支懂业务、善指导的高素质企业民主管理干部队伍。

第十四章　劳动争议处理

劳动争议处理制度是通过劳动立法的形式将劳动争议处理的机构、原则、程序、受理范围等确定下来，用以处理劳动争议的一项法律制度。劳动争议处理制度体现了国家的公共政策目的，不仅有利于提高经济效率，同时也有利于减少劳资关系的不均衡。基于此种政策目的，建立劳动争议解决机制的思路应是尽量通过非诉程序，且成本较低、速度较快的方式解决问题，避免进入法院审判程序。新中国成立 70 多年来，我国劳动争议处理制度不断完善，争议处理工作在不同时期克服各种问题和挑战不断取得进展，对于维护劳动者合法权益，协调劳动关系，维护企业正常生产秩序和社会稳定，起到了积极作用。

一、劳动争议处理制度的变迁

新中国成立 70 多年来，我国劳动争议处理制度经历了初步建立和取消、恢复和探索、正式建立、发展、整合和加强等较为曲折的发展历程，逐步建立起了具有中国特色的劳动争议处理制度体系。

（一）劳动争议处理制度初步建立和中断阶段（1949—1978年）

新中国成立以后，由于存在大量私营企业和公私合营企业，劳资矛盾相对比较突出，劳动争议案件时有发生。按照《中国人民政治协商会议共同纲领》提出的“发展生产、繁荣经济、公私兼顾、劳资两利”方针，1949年11月，全国总工会发布《关于劳动争议解决程序的暂行规定》，明确了劳动争议应采用协商、仲裁、法院审理的处理程序。1950年6月，劳动部发布《劳动争议仲裁委员会组织及工作规则》。同年11月，又发布了《关于劳动争议处理程序的规定》，该规定适用于一切公私营企业，明确了劳动争议处理机构、劳动争议的受案范围，建立了包括协商、调解、仲裁和诉讼在内的多层次劳动争议处理制度基本框架。这两个规章的颁布，标志着我国劳动争议处理制度已初步建立。

1956年底，随着对资本主义工商业社会主义改造的完成，高度集中的计划经济体制在我国最终确立，企业所有制结构和劳动关系形式趋于单一，劳动争议案件逐渐减少。1955年7月，劳动部发布了《关于撤销劳动争议仲裁委员会的通知》，各级劳动部门设立的处理劳动争议的机构相继撤销，劳动争议仲裁工作随之中断，人民法院也不再受理劳动争议案件。1957年之后，劳动争议处理工作按照分级负责、归口管理的原则，由信访部门承担。

（二）劳动争议处理制度恢复和探索阶段（1978—1992年）

1978年12月13日，邓小平在中央工作会议闭幕会上作了题为《解放思想，实事求是，团结一致向前看》的讲话，指出国家和企业、企业和企业、企业和个人等等之间的关系，也要用法律的形式来确定；它们之间的矛盾，也有不少要通过法律来解决，这为我国制定劳动争议处理法律法规指明了方向。在这个时期，我国处于计划经济体制下的固定工制度向市场经济体制下的劳动合同制度转变的过渡时期，市场化改革带来了劳动争议问题，重建劳动争议处理制度势在必行。

1987年7月，国务院发布了《国营企业劳动争议处理暂行规定》，规定了处理劳动争议的范围、程序，明确了处理劳动争议的组织、办案形式以及当事人在仲裁活动中的权利与义务，标志着中断了多年的劳动争议处理制度得以恢复。随后，劳动部和各地劳动部门相继组建了劳动争议处理机构，选调工作人员进行业务培训。劳动争议案件的审判程序也重新开始启动，由人民法院经济审判庭受理劳动合同纠纷案件。1989年9月，劳动部颁布《关于私营企业劳动管理暂行规定》。至此，劳动争议的处理制度已覆盖所有企业。其中，国营企业是通过“调解—仲裁—诉讼”的路径来解决，而私营企业和合资企业都是通过“协商—仲裁—诉讼”的路径来解决。出现这种情况的主要原因是，当时的私营企业和合资企业普遍没有建立起工会组织，企业内部还未设置劳动争议调解委员会。这个时期，在劳动部的指导下，各地创造性地开展了劳动争议处理工作。例如，北京市率先制定《劳动争议仲裁委员会办案暂行规则》和《劳动争议仲裁委员会暂行组织规则》，提高了仲裁机构办案的质量和水平。

（三）劳动争议处理制度正式建立阶段（1992—2002 年）

这一阶段的主要标志是《企业劳动争议处理条例》和《劳动法》的出台。1993 年 7 月，国务院于发布了《企业劳动争议处理条例》，规定了劳动争议处理的主要程序，明确了“一裁两审”的处理体制，并将劳动争议处理范围从国营企业扩大到各类企业。随后，劳动部又相继出台了配套的《〈企业劳动争议处理条例〉若干问题解释》《劳动争议仲裁委员会组织规则》《劳动争议仲裁委员会办案规则》《企业劳动争议调解委员会组织和工作规则》。各地为此相继加强了劳动争议仲裁机构的组织建设、仲裁员的队伍建设，并形成了比较规范的办案制度。到 1995 年底，全国 26 个省、自治区和直辖市逐级成立了劳动争议仲裁委员会，共建立 3003 个劳动争议仲裁委员会和 2969 个劳动争议仲裁委员会办公室，分别占应建数的 98%和 97%。

1994 年 7 月，八届全国人大常委会第八次会议通过《劳动法》，对劳动争议处理制度作了专章规定，确立了以协商、调解、仲裁、诉讼为主要环节的处理制度，正式以法律形式确立了“一调一裁两审”的劳动争议处理制度，标志着我国劳动争议处理法律体系基本建立。20 世纪 90 年代中期以后，随着非公经济的快速发展以及国有企业“减员增效、下岗分流”政策的实施，劳动争议处理呈现出以下六个特点：一是立案受理的劳动争议案件数量及涉及劳动者人数略有上升。立案受理的劳动争议案件数量及涉及劳动者人数从1995年的33030件122512人上升到2001年的154621件467150人，年均增长超过20%。二是集体争议数量及涉及劳动者人数略有上升。集体争议数量及涉及劳动者人数从1995年的2588件77340人上升到2001年的9847件286680人，集体争议人数占劳动争议人数的比例一直保持在60%左右。三是仲裁裁决比重加大，劳资冲突略为突出。仲裁裁决占结案数的比例从1995年的23%增长到2001年的48%，仲裁调解则在同期从52%下降到28%。四是用人单位劳动争议调解委员会基层调解受理及调解成功的劳动争议数量逐年减少。全国申请基层调解的劳动争议数量从1997年的54689件下降到2001年的6374件，申请调解与申请仲裁的劳动争议之比从0.878∶1下降到0.041∶1。五是劳动者申诉比重大，胜诉比重高。用人单位申诉比例从1995年的13%下降到0.5%，劳动者申诉比例从87%增长到99.5%；劳动者胜诉率一直维持在50%左右，用人单位胜诉率则从20%下降到15%。六是劳动争议焦点是劳动报酬、保险福利、解除劳动合同。从1997年到2001年，这些种类的劳动争议案件一直占劳动争议案件总数的80%左右。[①]

① 刘文华．发展创新改革劳动争议处理制度恢复20年历程［J］．中国劳动，2007（06）．

（四）劳动争议处理制度发展和整合阶段（2002—2012 年）

在这一阶段，劳动仲裁机构实体化建设不断取得进展，出台了《劳动争议调解仲裁法》，劳动争议仲裁和人事争议仲裁整合为一体。

劳动仲裁机构实体化建设不断推进。2001 年，深圳成立了全国首家专门化的劳动争议仲裁办案机构——深圳市劳动争议仲裁院。通过实体化改革，剥离了劳动争议仲裁机构原来承担的行政职能，使之回归仲裁本位，突出其作为独立的、中立的、体现三方机制的准司法机构的特性。实体化后，60%的案件通过调解解决了，对仲裁裁决不服到法院起诉的不足 20%；结案时间从原先最长 9 个月缩短到 2 个月，法院对仲裁结果的维持率高达 95%。深圳劳动仲裁机构实体化后，不少省份也分别在部分地级城市开展了实体化试点。2006 年 11 月，劳动保障部要求各地加强劳动争议仲裁机构实体化建设，争取用 3 年左右的时间，逐步在全国各省会城市和其他中心城市率先建立实体化的劳动争议仲裁机构。

《劳动争议调解仲裁法》出台。进入 21 世纪，随着国家推进新一轮政府机构改革，全国劳动保障行政部门的机构、编制和人员精简近一半，劳动争议处理能力开始略有不足，人少案多的矛盾日益突出。在此背景下，2007 年 12 月，十届全国人大常委会第三十一次会议通过《劳动争议调解仲裁法》，这是我国劳动争议处理的第一部专门性法律，体现了鼓励和解、强化调解、完善仲裁、诉讼救济的精神，并在以下五方面做了制度创新：一是强化调解职能，二是部分案件实行一裁终局，三是缩短了审理时限，四是合理分配了举证责任，五是实行仲裁免费受理。在这期间，最高人民法院还出台了《关于审理劳动争议案件适用法律若干问题的解释》，对劳动争议案件的受理、管辖、诉讼主体、证明责任、仲裁效力等问题作出明确规定，为人民法院处理劳动争议案件提供了重要依据。

劳动争议仲裁制度和人事争议仲裁制度开始整合。改革开放初期，我国人事争议仲裁仅限于人才流动争议。1990 年 4 月，《沈阳市人事争议仲裁暂行规定》率先扩大受案范围，将人才流动争议仲裁发展成为人事争议仲裁。1997 年 8 月，人事部发布《人事争议处理暂行规定》，标志着我国人事争议解决机制正式建立，2007 年 8 月又以此为基础出台了《人事争议处理规定》。2008 年 3 月，人事部、劳动保障部组建了人力资源社会保障部，下设调解仲裁管理司，统一管理全国劳动人事争议工作。此后，人力资源社会保障部加快制定配套规章，先后出台了《劳动人事争议仲裁办案规则》《劳动人事争议仲裁组织规则》，对劳动人事两种仲裁制度和两套仲裁机构进行了整合。

（五）劳动争议处理制度加强阶段（2012 年至今）

进入新时代，随着经济社会转型步伐加快，劳动关系主体及其利益诉求越来越多元化，我国劳动争议案件略有上升，预防化解矛盾纠纷的任务艰巨繁重，加强争议处理制度建设、形成多元处理格局势在必行。同时，新形势下劳动争议处理工作中也出现了一些新情况新问题，主要是我国劳动争议处理体系中调解仲裁基础比较薄弱，与争议处理的需要不相适应，主要体现为调解组织作用发挥不够充分，仲裁办案制度不够健全等。针对这些问题，党的十八大以来，我国加强了调解仲裁制度建设。

针对争议处理中最为薄弱的协商调解问题，2011 年和 2015 年，人力资源社会保障部等部门先后发布《企业劳动争议协商调解规定》《关于加强专业性劳动争议调解工作的意见》，规范企业劳动争议协商、调解行为，发挥专业性调解在争议处理中的基础性作用。针对仲裁基层基础工作薄弱、能力不足的问题，2012 年，人力资源社会保障部、中央编办、财政部联合印发《关于加强劳动人事争议处理效能建设的意见》，就加强仲裁机构实体化建设、加强仲裁队伍建设等六个方面做了具体要求。为解决调解仲裁工作与争议处理的需要仍然不相适应的问题，2017 年，人力资源社会保障部等八部门联合印发《关于进一步加强劳动人事争议调解仲裁完善多元处理机制的意见》，聚焦完善制度、创新机制，进一步加强调解仲裁工作。针对仲裁与诉讼衔接不畅的问题，2017 年和 2022 年，人力资源社会保障部与最高人民法院先后联合印发《关于加强劳动人事争议仲裁与诉讼衔接机制建设的意见》《关于劳动人事争议仲裁与诉讼衔接有关问题的意见（一）》，通过加强裁审衔接，统一裁审法律适用标准，使劳动者维权渠道更加畅通。

二、劳动争议处理制度建设的成效

（一）法律政策体系逐步完善

目前，以《劳动法》为基础，以《劳动争议调解仲裁法》为主干，以《劳动人事争议仲裁办案规则》《劳动人事争议仲裁组织规则》《企业劳动争议协商调解规定》为配套的劳动争议处理法律政策体系逐步建立和完善。其主要内容是：劳动争议发生后，当事人可以协商，不愿协商或协商不成的，可以向劳动仲裁委员会申请仲裁，争议一方也可以不经调解而直接申请仲裁，对仲裁裁决不服的，可以向人民法院起诉，人民法院审理劳动争议案件，实行两审终审制，但对一些特殊案件可以适用一裁终局或直接向法院起诉。因此，我国劳动争议处理法律体制可以概括为“一调一裁两审”的体制。2007 年 12 月，十届全国人大常委会第三十一次会议通过《劳动争议调解仲裁法》，确立了一裁终局制度后，又增加了有条件的“一裁终局”模式，这样我国劳动争议处理模式就成了“一调一裁两审”模式与“一调一裁终局”模式的综合体。

（二）多元处理格局基本形成

新时代以来，劳动行政部门会同其他有关部门陆续出台了《关于进一步加强劳动人事争议调解仲裁完善多元处理机制的意见》等一系列法规政策，加强机制建设，强化基础保障，劳动争议的多元处理格局基本形成。预防协商解决机制逐步健全，调解的基础性作用得到更大发挥，仲裁制度优势显著增强，司法保障作用进一步加强。在我国劳动争议处理制度的设计中，协商、调解、仲裁和诉讼这四个环节各有优势和特点，相互协调，有序衔接，最终实现功能各异、方式各异，但结果趋同、形成合力的效果。协商、调解是通过当事人自身合意解决争议，在劳动争议解决中处于基础性地位。多年来，我国一贯坚持“预防为主、基层为主、调解为主”的工作方针，不断加强调解组织建设、队伍建设和制度建设，已基本形成了多层次、广覆盖的劳动人事争议调解组织网络。仲裁在我国劳动争议处理中处于核心环节，近年来，经过办案机制创新和办案程序优化，我国劳动争议仲裁机构及时处理了大量争议案件，使尽可能多的案件终结在仲裁环节。诉讼是当事人最终的司法救济渠道，以法的强制性保证劳动争议的彻底解决。这一制度不仅维护了用人单位和劳动者的合法权益，也初步形成了对劳动争议仲裁委员会的司法监督机制，对提高仲裁质量十分有利。

（三）劳动争议解决机制简便、快捷、低廉的优势逐步凸显

劳动争议解决机制简便、快捷、低廉的优势主要体现在调解和仲裁过程中，加上及时有保障的执行，从而为稳定社会秩序，规范劳动市场起到重要的保障作用。从效率角度来看，调解和仲裁阶段的办案周期明显缩短。调解委员会调解劳动争议的时限，从 1987 年的“30 日内”，缩短到 2008 年后的“15 日内”；一般劳

动争议案件的办案时限从 60 日缩短为 45 日；部分实行“一裁终局”的案件可以更快捷、高效地化解在仲裁阶段，对劳动者起到了倾斜保护的作用。根据《2019 年人力资源和社会保障事业发展统计公报》，2019 年，全国终局裁决 17.7 万件，占裁决案件数的 41.2%。此外，小额简单劳动争议案件适用仲裁简易程序，采用要素式办案，采用流动、派驻仲裁庭方式就地就近办案，这些机制都有效地提高了仲裁办案效率。从成本角度来看，较低的纠纷化解成本，大大降低了劳动者的维权负担。化解纠纷的成本既包括当事人的成本，也包括行政成本和司法成本；既包括金钱成本，也包括时间等其他机会成本。仅从金钱成本来看，我国劳动争议处理制度的各个程序中，调解免费，《劳动争议调解仲裁法》实施后仲裁也免费，诉讼实行低收费，低成本的优势十分明显。据测算，《劳动争议调解仲裁法》实施后的十年间，仅仲裁案件受理费一项就为劳动争议当事人节省了 1.4 亿元，劳动者的维权成本进一步降低。[①]

（四）劳动争议处理机构和队伍能力建设不断加强

在调解方面，法定调解组织范围不断扩大，调解组织和人员数量增加。调解组织从原来的企业内调解委员会扩大至法定的三类调解组织，实践中还进一步扩展至区域性、行业性以及社会化调解组织。在仲裁方面，经过实体化建设，仲裁机构和仲裁人员

① 孙瑜香，李天国．新中国成立 70 年我国劳动人事争议处理制度的演变、成就与经验［J］．中国劳动，2019（10）．

队伍力量得到加强。截至2019年底，全国大中型企业劳动争议调解委员会组建率超过50%，乡镇（街道）劳动就业社会保障服务所（中心）调解组织组建率超过90%，乡镇（街道）矛盾纠纷调解工作平台普遍设立劳动争议调解窗口，全国共建立仲裁院3097家，建院率达到93.3%。全国专兼职仲裁员达到2.28万人，其中专职仲裁员1.36万人。① 在诉讼方面，劳动争议专门法庭开始初步探索，部分地方通过设立专门的劳动争议审判庭或指定专门的劳动争议办案人员，探索劳动争议诉讼的专业化。

（五）工会在化解劳动争议方面发挥着不可替代的重要作用

一是源头参与相关法律法规的制定。新中国成立以来，全国总工会相继发布了《关于劳动争议解决程序的暂行规定》《工会参与劳动争议处理试行办法》《关于进一步加强劳动争议调解工作的若干意见》等一系列规范性文件，联合其他单位发布了《关于进一步加强劳动人事争议调解仲裁完善多元处理机制的意见》《关于在部分地区开展劳动争议多元化解试点工作的意见》等一系列规章制度。二是工会在企业劳动争议调解委员会中发挥着关键作用。企业调解委员会由职工代表和企业代表组成，调解委员会主任由工会成员或双方推举的人员担任，调解委员会的办事机构设在企业工会委员会，工会在企业内部调解中作用明显。截至2019

① “十三五”，我国和谐劳动关系工作交出满意答卷！[N]. 中国劳动保障报，2020-11-24.

年底，全国建立了劳动争议调解委员会的基层工会所在单位共861086个，调解委员会中的工会成员共1851759人，受理劳动争议151003个，调解成功97520个。[①]三是依据《劳动合同法》，用人单位违反集体合同侵犯职工劳动权益的，工会可以依法要求用人单位承担责任；因履行集体合同发生争议，经协商解决不成的，工会可以依法申请仲裁、提起诉讼。

三、劳动争议处理状况

改革开放以来，我国劳动关系的格局发生了巨大变化，特别是市场化改革以来，劳动关系冲突和矛盾趋于多发。同时，我国劳动争议处理制度不断完善，预防和处理了大批劳动争议案件，促进了劳动关系的和谐稳定。

（一）劳动争议处理状况总体稳定

1994—2020年，在有完整数据可查的26年间，全国各级劳动争议仲裁委员会立案受理的劳动争议案件数量从1.9万件增加到109.5万件，增长56.6倍；涉及劳动者从7.8万人增加到128.3万人，增长15.4倍（见图14-1）。劳动争议案件数量的大幅增长既反映了经济总量的持续扩大、劳资纠纷的增多和劳动关系的紧张程度，也展现出劳动争议调解仲裁作为制度化争议处理渠道强大的吸纳能力。分时段来看。1994—1996年，随着《企业劳动争议

① 全国总工会. 中国工会统计年鉴2020［M］. 北京：中国统计出版社，2020.

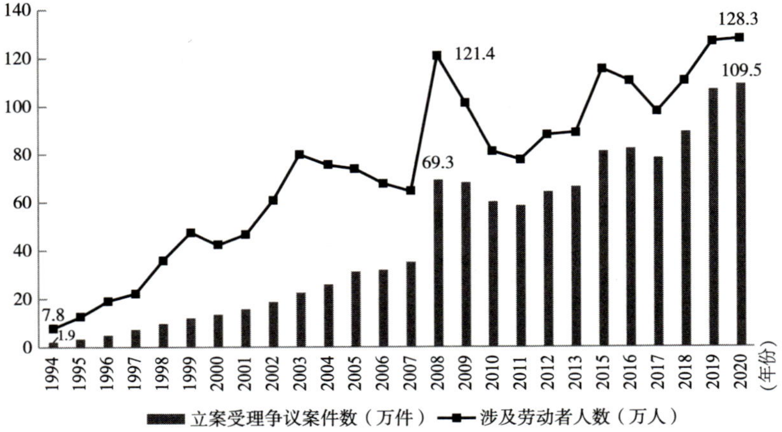

图 14–1　全国立案受理劳动争议案件和涉及劳动者数量

资料来源：根据历年《劳动事业发展统计公报》《劳动和社会保障事业发展统计公报》《人力资源和社会保障事业发展统计公报》《人力资源和社会保障统计快报数据》的数据绘制。

处理条例》和《劳动法》相继颁布实施，劳动争议处理制度基本建立，劳动争议案件的数量开始增多，全国各级劳动争议仲裁委员会共立案受理劳动争议案件就从 1.9 万件增加到 4.8 万件，涉及的职工从 7.8 万人增加到 18.9 万人，立案外调解等行政方式处理劳动争议案件从 4.4 万件增加到 9.2 万件。此后，劳动争议案件呈逐年增多趋势。2008 年是《劳动争议调解仲裁法》实施的第一年，与之前相比，各级劳动争议仲裁委员会立案受理劳动争议案件的数量出现增长。全年各级劳动争议仲裁委员会共立案受理劳动争议案件 69.3 万件，涉及劳动者 121.4 万人，同比分别增长 98.0% 和 86.8%。受国际金融危机影响，争议内容大多集中在“三保”方面，即保就业岗位不流失、保劳动关系不中断、保工资收入不拖欠。2008 年以后，我国劳动争议案件数量较为平稳，增速有所放缓。2020 年，全国各级劳动争议仲裁委员会共立案受理劳动人事争议案件 109.5 万件，涉及劳动者 128.3 万人。

（二）中小企业和民营企业的劳动争议

近些年来，我国民营企业劳动关系总体和谐稳定，但受成本、管理等因素影响，劳动争议仍需要重视。根据《广州市劳动争议审判白皮书（2018 年）》，2015—2017 年，广州市涉民营企业劳动争议调解仲裁案件分别达到 19957 件、29885 件和 25903 件，占劳动争议调解仲裁案件总量的比例分别为 58.41%、70.24% 和 66.07%，其中涉及餐饮、加工制造等行业的劳动密集型中小型企业的争议最为突出。中小企业和民营企业普遍存在企业规模小、用工成本高、利润空间窄等特点，再加上用工管理方面不规范，以及自主预防化解纠纷方面能力不足等方面原因，中小企业和民营企业的劳动纠纷时有发生。部分中小企业和民营型企业为了降低用工成本，甚至出现不支付加班费、无理扣发员工工资等违法行为。从争议焦点来看，绝大部分争议诉争焦点集中于劳动报酬、解除劳动合同、确认劳动关系，争议整体处于较低层次。

四、劳动争议处理制度的完善

新中国成立 70 多年来，我国劳动争议处理制度不断建立健全，但在实际运行中仍存在一些不足。其中比较突出的：一是企业调解组织的作用较弱，对争议案件的分流能力有限；二是大量劳动争议案件涌向诉讼环节，滥诉现象较为严重；三是仲裁和诉讼相互脱节，导致部分劳动争议案件处理周期长、成本高、效率低；四是集体劳动争议处理制度尚不健全。在全面依法治国、加强和创新社会治理的背景下，新时代我国劳动争议处理制度的完善应在保持原有制度框架不变的前提下，充分发挥调解、仲裁、诉讼各个环节的优势作用，切实维护劳动关系和谐稳定。

（一）加强企业调解的基础作用，将大量争议解决在基层

从制度设计来看，企业调解委员会一直是我国劳动争议处理制度中承担调解功能的重要主体，但目前企业调解委员会受理的案件数量有限，大量本可以在单位内部解决的劳动争议不得不寻求外部解决方式。造成这种情况的原因主要：一是立法对小微企业建立劳动争议调解委员会并没有提出强制性要求，同时企业本身也缺乏主动性和积极性，导致大量小微企业尚未设立调解委员会。二是劳动争议调解委员会只是企业内部的一个附属机构，委员会成员都是被用人单位管理着的员工，其调解的公平性、公正性常常得不到认可。三是《劳动争议调解仲裁法》只规定了调解协议对当事人具有约束力，但并未规定不履行协议会产生什么样的法律后果，致使调解协议缺乏法律强制力，只能依靠当事人自觉履行，从而大大削弱了调解的作用。

为此，要从完善相关制度入手，充分发挥企业调解组织处理劳动争议的重要作用。一是把调解摆在争议处理工作更加突出的位置，推进已建工会企业依法建立健全劳动争议调解委员会，做

到企业内部调解组织应建尽建，制度不断完善，作用更好发挥。二是积极推动按三方原则建立多层次区域性、行业性劳动争议调解组织，覆盖本区域、本行业的所有企业，特别是大量未建工会的小微企业和私营企业，减少基层调解组织对企业的依赖，同时最大限度地将劳动争议解决在基层。三是从立法上进一步明确当事人不履行调解协议的法律后果。对当事人之间通过司法之外渠道达成的调解协议，只要内容不违法，并且不存在显失公平问题，应赋予其强制执行力。可考虑规定当事人在法定期限内不申请仲裁，该协议即生效。一方当事人违反协议不履行，另一方当事人可以向人民法院申请强制执行。

（二）完善劳动仲裁制度，发挥其在争议处理中的核心作用

在现行的劳动争议处理体制中，劳动仲裁居于无可争议的核心地位。其必须承接不愿经过企业调解程序或未能通过企业调解程序解决的所有劳动争议案件，同时应该终结绝大部分劳动争议案件。从一定程度来说，劳动仲裁程序的有效运行是现行劳动争议处理体制合理存在的基础。但是，目前我国的劳动仲裁制度还有所欠缺。一是法律上对劳动争议仲裁委员会的性质缺乏明确规定，劳动争议仲裁变成了劳动保障行政部门在独家办案，不符合国际上劳动争议案件三方共同参与处理的原则。二是各地仲裁院普遍存在机构性质不统一、人员编制不足、专职仲裁员数量较少等情况，案件处理能力还有待提高。三是仲裁诉讼化倾向明显，

仲裁程序设计不灵活，失去了其应有的简易、快捷、低成本优势，又缺乏诉讼的强制执行权，导致案件向诉讼集中。

为此，要完善劳动仲裁制度，发挥其在劳动争议处理中的核心作用。一是明确劳动争议仲裁委员会的性质和地位，落实“三方性”要求，由三方共同推举仲裁员名册，确认当事人选择仲裁员的权利。二是明确劳动争议仲裁机构的性质，增加机构编制和仲裁人员的数量，提高仲裁员队伍的职业素质，提高仲裁机构办案能力。三是完善仲裁制度，优化仲裁程序，减少对抗性，发挥其灵活、快捷、低成本的优势，以区别于诉讼烦冗复杂的特点，尽可能将案件终止在仲裁阶段，使之不进入诉讼环节。

（三）优化裁诉关系，让诉讼回归“最后一道防线”的作用

当初设计现行劳动争议处理体制的初衷是，通过诉讼程序监督劳动仲裁程序并最终终结极少数疑难劳动争议案件。但随着劳动争议诉讼化倾向的发展，大量的劳动争议案件进入诉讼程序，造成劳动争议处理周期长、成本高、效率低，给劳动者造成很大的负担。出现这种情况的主要原因，一是仲裁和诉讼还没有形成统一的协调机制，裁审分离，相互之间衔接不够，浪费了宝贵的审判资源。二是仲裁依据的是《劳动法》，而诉讼依据的主要是《民事诉讼法》，两者办案依据、举证责任、判罚尺度不统一，不仅容易造成仲裁结果与判决结果不一致，也使诉讼对仲裁的监督作用难以发挥。例如，民事诉讼“谁主张、谁举证”的原则，对

劳动者显然是不利的，因为证据大都掌握在用人单位手中。三是诉讼门槛过低，滥诉现象较为突出。例如，法院每个劳动争议案件只收取 10 元诉讼费，部分劳动者认为仲裁与调节无异，索性就只关注在最后一道司法程序上。

为此，要优化仲裁和诉讼程序之间的关系，科学界定各自发挥作用的范围。一是建立合理的仲裁诉讼衔接机制，将法院审理不服仲裁裁决的劳动争议案件由全面重新审理改为部分审理，只审理双方有争议的事实和法律问题，让诉讼回归“最后一道防线”的作用。二是完善诉讼制度，在法院探索设立专门的劳动争议审判庭，统一仲裁和诉讼的判案依据、举证责任、判罚尺度，发挥诉讼对仲裁的监督作用。

（四）完善集体劳动争议处理制度

我国劳动法律法规中关于集体劳动争议处理的规定较为有限，位阶最高的仅有《劳动法》《工会法》《劳动合同法》，且这三部法律的对集体劳动争议的规定都较为笼统。例如，《劳动法》规定，因签订集体合同发生争议，当事人协商解决不成的，当地人民政府劳动行政部门可以组织有关各方协调处理。因履行集体合同发生争议，当事人协商解决不成的，可以向劳动争议仲裁委员会申请仲裁；对仲裁裁决不服的，可以自收到仲裁裁决书之日起 15 日内向人民法院提起诉讼。但对于政府劳动行政部门协调处理不成怎么办，以及集体合同以外的其他集体劳动争议怎么处理，《劳动法》没有明确规定。

完善集体劳动争议相关法律。一是完善《劳动争议调解仲裁法》，增加“集体劳动争议调解和仲裁”专章，根据集体劳动争议的特点制定相应的调解仲裁规则，做到集体劳动争议处理有法可依。二是针对因签订集体合同发生的争议，完善集体协商和集体合同制度，提高协商程序的规范化水平，明确无正当理由不协商的法律责任，以及政府有关部门在集体协商中的责任，预防和化解集体合同纠纷。

第十五章　劳动保障监察

劳动保障监察，在国际劳工组织和世界多数国家又称为劳动监察，是指法定专门机关代表国家对用人单位遵守劳动保障法律法规依法进行检查、纠正、处罚的一项法律制度，是政府依法调整劳动关系的一项强制性手段，具有法定性、行政性、专门性、强制性等特点。新中国成立以来，我国劳动保障监察制度经历了从无到有、逐步发展完善的过程。劳动保障监察执法成果丰硕，化解了大量劳资关系纠纷，维护了劳动者的合法权益，保障了社会的和谐稳定。

一、劳动保障监察制度的发展历程

我国现代劳动保障监察制度的历史可追溯至土地革命战争时期，1930 年全国苏维埃区域代表大会通过的《劳动保护法》，规定了劳动保障监察制度，以此保障劳动法的实施。新中国成立初期，我国劳动保障监督处于探索阶段。改革开放后，随着社会主义市场经济体制逐步确立，我国劳动保障监察制度随之建立和发展起来。总体来说，新中国成立以后，我国劳动保障监察制度大致经历了五个阶段的发展。

（一）劳动监察制度探索建立（1949—1978年）

1950年，政务院财经委员会颁布《关于各省、市人民政府劳动局与当地国营企业工作关系的决定》，明确规定劳动局有权监督、检查国营企业内有关劳动保护、劳动保险、工资待遇、童工女工、雇用解雇、集体合同、文化教育等劳动政策法令的执行，确立了地方劳动行政部门的劳动监察执法权、监察对象与内容。同年，在劳动部公布的《省、市劳动局暂行组织通则》中，劳动监察对象从国营企业扩大到一切公私营企业，监察内容也扩大至审查登记及批准公私企业中的集体合同、劳动合同及工厂劳动规则并监督其执行，检查工厂和矿山安全卫生并督导劳动保护实施事宜。1956年，国务院颁布了关于劳动安全卫生的“三大规程”，即《工厂安全卫生规程》《建筑安装工程安全技术规程》《工人职员伤亡事故报告规程》，以此为基础初步形成了劳动安全卫生监察制度。同年，国务院发布《劳动部组织简则》，明确了由劳动部统一行使劳动监察权，领导地方劳动部门的劳动工作，指导各行业主管部门对其主管企业的劳动监察工作。

1956年底，社会主义三大改造基本完成，高度集中的计划经济体制正式实施。在政企不分的管理模式下，国家作为唯一的雇主，企业和劳动者之间形成的是利益一体型的劳动行政关系，劳动关系矛盾不突出，这一时期劳动监察工作重点侧重于劳动安全卫生监察。

（二）以劳动安全为主要内容的劳动监察（1978—1992年）

改革开放以后，国家对劳动关系的调整逐步从行政命令向法制化转变。1982年，国务院发布《矿山安全条例》《矿山安全监察条例》《锅炉压力容器安全监察暂行条例》，对矿山安全和特种设备实行国家监察制度。1983年5月，国务院批转劳动人事部、国家经委、全国总工会《关于加强安全生产和劳动安全监察工作的报告》，要求劳动行政部门建立劳动安全国家监察制度。随后，劳动监察机构和监察队伍加速建设，各省（自治区、直辖市）、地、县的三级劳动行政部门在建立矿山和锅炉压力容器监察机构之后，又相继成立了职业安全卫生监察机构。1986年，国务院发布《国营企业实行劳动合同制暂行规定》《国营企业招用工人暂行规定》《国营企业辞退违纪职工暂行规定》《国营企业职工待业保险暂行规定》，对企业用工制度进行改革。在随后公布的《国营企业招用工人暂行规定》《全民所有制企业临时工管理暂行规定》《企业职工奖惩条例》《禁止使用童工规定》等一系列法规中，都规定了关于劳动部门监督检查的内容。20世纪80年代末，在市场经济发展较快的深圳、珠海等地，劳动部门开始对企业遵守工资分配、社会保险、劳动技能开发等法律法规的情况进行监督监察，劳动监察由对用人单位遵守劳动安全卫生法律法规的情况，逐步扩展到对所有劳动法律法规的情况进行监察。

（三）劳动保障监察制度正式建立（1992—2002 年）

1992 年，党的十四大提出了经济体制改革的目标是建立社会主义市场经济体制，劳动关系调整和劳动力市场监管的法制化进程进一步加快。1993 年，劳动部颁布了《劳动监察规定》，以行政规章的形式对劳动监察的职责加以明确，对劳动安全监察以外的一般劳动监察制度的规则做出了详尽的规定，标志着我国劳动监察制度正式建立。1994 年 1 月，劳动部设立劳动关系与监察司。1994 年 7 月，八届全国人大常委会第八次会议通过《劳动法》，设“监督检查”专章，规定了劳动行政部门及其监督检查人员的职责和权限，从法律上确立了劳动监察制度的地位。与此相配套，劳动部相继制定了关于劳动监察员的管理办法、准则和监察程序规定等一系列规章制度。

在 1998 年国务院机构改革中，成立了劳动保障部，我国劳动监察机构从此发生了重大变化。在这次国务院机构改革中，将劳动部承担的安全生产综合管理、职业安全卫生监察、矿山安全卫生监察职能交由国家经贸委安全生产局承担，职业卫生监察职能交由卫生部承担，锅炉压力容器监察职能交由国家质量技术监督局承担。1999 年 1 月，国务院公布《社会保险费征缴暂行条例》后，劳动监察的范围从劳动领域扩大到社会保险领域，劳动监察由此发展成为劳动保障监察。2001 年，劳动保障部和全国总工会发布《关于加强劳动保障监察与工会劳动保障法律监督相互协调配合工作的通知》，要求进一步加强劳动保障监察与工会劳动保障法律监督的协调配合工作，建立工会劳动保障法律监督员制度。

（四）劳动保障监察制度进一步完善（2002—2012年）

进入21世纪以后，非公企业急剧增加，劳动关系日趋复杂。在此背景下，2004年11月，国务院颁布了《劳动保障监察条例》，详细规定了劳动保障监察的法定职责、监察执法程序和法律责任等内容。这一具有里程碑意义的法规政策的出台，不仅让劳动保障监察的立法提升了一个层次，而且使劳动保障监察有了统一的执法依据，标志着我国劳动保障监察制度进入了一个新的发展时期。随后，劳动保障部先后颁布了《关于实施〈劳动保障监察条例〉若干规定》和《关于进一步做好劳动保障监察工作的意见》，前者对劳动保障监察具体实施规则和程序作了具体详细的规定，后者就完善劳动保障监察机构和队伍建设、提高监察执法人员业务素质做了安排。同时，各级地方政府也结合经济发展实际，颁布了一系列地方性法规或者规章，逐步建立和完善本地区的劳动保障监察制度。

2007年6月，十届全国人大常委会第二十八次会议通过《劳动合同法》，进一步强化了监察职责，确立了监察的法律地位。2008年国务院机构改革中，人力资源社会保障部设立了劳动监察局，组织实施与培训就业、人力资源市场、劳动关系、劳动标准、社会保险等业务相关的劳动保障监察。同年举办的全国劳动保障监察工作座谈会，提出了实现劳动保障监察监管范围从以城镇为主向统筹城乡转变、监管模式从被动反应型向主动预防型转变的中长期目标。2011 年 7 月，人力资源社会保障部发布《关于进一步推进劳动保障监察两网化管理工作的意见》，决定从 2011 年起在全国范围内开展劳动保障监察“两网化”管理工作。

（五）劳动保障监察体制机制建设全面加强（2012 年至今）

2012 年 11 月，党的十八大报告首次将“加强劳动保障监察”写入党的纲领性文件，充分体现了党中央对劳动保障监察工作的高度重视。2015 年 7 月，人力资源社会保障部、中央编办、财政部联合印发《关于加强劳动保障监察执法能力建设的意见》，提出加强劳动保障监察执法能力建设的总体要求和目标。在这一时期，我国不断加强监察“两网化”建设。2015 年，全国劳动保障监察“两网化”管理地级城市覆盖率达到 95.5%，基本实现了地级城市全覆盖的发展目标。与此同时，我国劳动保障监察制度机制建设进一步得到加强，劳动保障监察行政执法与刑事司法衔接机制逐步完善，劳动保障守信激励和失信惩戒机制逐步健全，随机抽查规范事中事后监管制度普遍推广，人力资源社会保障部颁布实施了《重大劳动保障违法行为社会公布办法》。2019 年 12 月，国务院颁布《保障农民工工资支付条例》，开启了依法治欠的新阶段。根据人力资源社会保障部发布的《人力资源和社会保障事业发展“十四五”规划》数据，被欠薪的农民工比重从 2015 年底的 1%下降到 2020 年底的 0.16%。

二、劳动保障监察的方式及其成效

劳动保障监察主要采用主动监察和书面审查、投诉处理、专项检查三种方式。

（一）主动监察和书面审查

主动监察让违法者面临时时有可能被监察的威胁，有助于预防和减少违法行为的发生。因执法资源不足限制了对全面覆盖型主动监察方式的采用，我国各级劳动保障监察机构选择了更具有可操作性的小范围选择性主动监察方式，即主动监察和书面审查。所谓小范围的主动监察，即通过日常巡视检查和书面审查在小范围搜寻违法者，以期达到震慑效果。《2021 年人力资源和社会保障事业发展统计公报》的数据显示，2021 年，全国各级劳动保障监察机构共主动监察用人单位 116.3 万户次，涉及劳动者 4298.9 万人次。约覆盖到 7.5%的当年第二、三产业就业人口。书面审查用人单位 107.1 万户次，涉及劳动者 4484.2 万人次，约覆盖 7.79%的当年第二、三产业就业人口。

（二）投诉处理

在主动监察方式尚难以覆盖到每个工作场所和劳动者的情况下，依靠投诉的被动监察方式就成为各级劳动保障监察机构查处劳动违法者的重要途径。2013 年，全国各级劳动保障监察机构共查处劳动保障违法案件 41.8 万件（见图 15–1），其中投诉案件

32.9 万件，占整个案件数的 78.6%。举报投诉往往是事后维权，通过等待举报投诉信息来发现违法者，可能会延迟最佳监察时机或保护最多劳工的干预时机。同时，仍有些实际存在的违法现象因没被投诉而未能及时反映和制止，这反过来可能造成守法企业因面临同行不公平竞争压力，而放弃遵守劳动法律情况的出现。

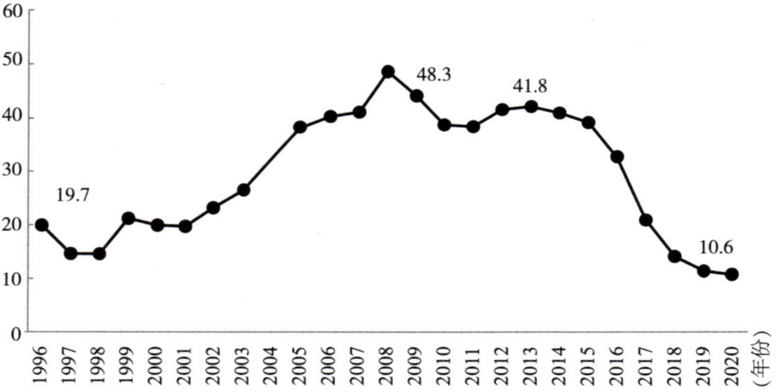

图 15-1　1996—2020 年全国各级劳动保障监察机构查处劳动保障违法案件数量情况（单位：万件）

资料来源：根据历年《劳动事业发展统计公报》《劳动和社会保障事业发展统计公报》《人力资源和社会保障事业发展统计公报》的数据绘制。

（三）专项检查

在劳动监察机构面临检查内容多、任务重、覆盖面广的情况下，实行专项检查，即在一定的时间内集中人力物力对一定范围的用人单位进行全面监察，可以消除部分企业逃避监察的侥幸心理，较快地解决用人单位劳动管理方面的突出问题，创造良好的劳动法治环境。

1997 年 11 月，劳动部印发《关于对新开办用人单位实行劳动规章制度备案制度的通知》，建立新开办用人单位劳动规章制度的备案制度，组织开展了劳动监察执法月活动和各种形式的检查。1999—2001 年，各地劳动保障监察机构深入开展社会保险扩面征缴和“两个确保”专项执法监察活动。1999 年督促 28.8 万家用人单位办理了社会保险登记，涉及职工 1270 万人，督促 15.8 万家用人单位缴纳养老保险费、失业保险费 56.6 亿元，责令 2569 家用人单位为 17.9 万名下岗职工补发基本生活费 5173.4 万元。2003—2010 年，在全国范围内重点组织开展了农民工工资支付、清理整顿劳动力市场秩序、贯彻《禁止使用童工规定》、劳动用工情况、整治非法用工打击违法犯罪等专项监察活动。2011—2014 年，在全国范围内组织开展了清理整顿人力资源市场秩序、用人单位遵守劳动用工和社会保险法律法规情况、农民工工资支付情况三项专项整治活动。

根治欠薪工作取得了显著成效。党中央、国务院历来高度重视解决拖欠农民工工资问题，2016 年 1 月，国务院办公厅印发《关于全面治理拖欠农民工工资问题的意见》。2019 年 12 月，国务院颁布《保障农民工工资支付条例》，明确了用人单位主体责任、政府属地责任和部门监管责任。经过多年不懈的整治，农民工欠薪这个顽疾，通过不断完善的制度设计、年年推进的专项行动，得到了有效治理。2015—2021 年，全国各级劳动保障监察机构为劳动者追讨工资等待遇金额从 421.2 亿元下降到 79.9 亿元（见

图 15-2）。

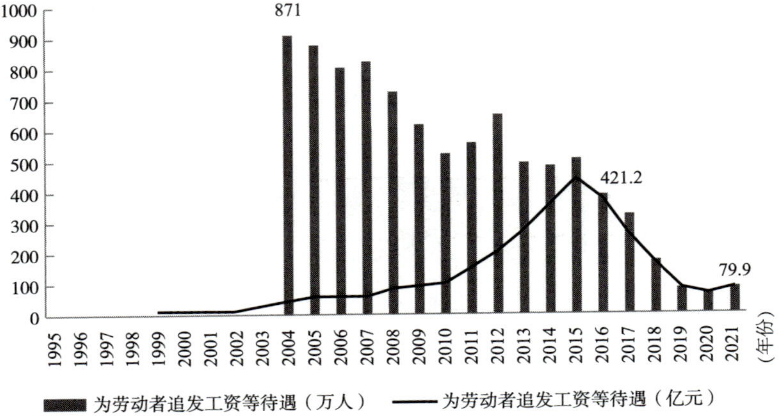

图 15-2　1995—2021 年全国各级劳动保障监察机构为劳动者追讨工资等待遇情况

资料来源：根据历年《劳动事业发展统计公报》《劳动和社会保障事业发展统计公报》《人力资源和社会保障事业发展统计公报》的数据绘制。

三、劳动保障监察制度的局限性和完善思路

在市场经济条件下，用工主体常会做出违反劳动法律法规的行为，以侵害劳动者权益为代价来实现自身利益最大化的目的。劳动者在劳动关系中处于弱势地位，这决定了劳动保障监察机构必须以劳动关系管理者和劳动关系双方利益平衡者的身份，运用国家公权力维护劳动者合法权益，对用人单位侵害劳动者合法权益的行为进行干预和处罚，这也是劳动保障监察制度价值之所在。总体来看，我国劳动保障监察制度建立的时间还不算长，在立法、

执法、队伍建设等方面还存在一些局限性，需要在发展中逐步改进和完善。

（一）当前劳动保障监察制度的局限性

一是相关法规立法层次较低，且内容过于原则化。作为一项重要的劳动法律制度，劳动保障监察在劳动法律体系中具有重要的地位。然而，《劳动保障监察条例》却仅是由国务院出台的一项行政法规，层级较低。由于缺乏效力层级更高、呈体系性的全国性法律规定，削弱了劳动保障监察的权威性和稳定性。且有关规定过于原则化，可操作性不强，导致地方性的政策法规形式多样，内容繁杂，妨碍了劳动保障监察的统一性，也在一定程度上说明了以行政法规形式颁布的《劳动保障监察条例》在层级和效力上存在的缺陷。

二是处罚力度不足，且缺少强制手段。首先，我国劳动保障监察制度存在处罚力度不足，用人单位违法成本偏低的问题。《劳动保障监察条例》规定的对劳动违法行为的处理方式，有责令限期改正决定、行政处理决定、行政处罚决定（警告、罚款）三种，处罚标准偏低，震慑作用有限。多年来，我国的经济发展水平有了极大的提高，但劳动保障监察的处罚标准并没有调整过，依然停留在 2004 年《劳动保障监察条例》出台时的水平，致使用人单位违法用工成本远低于违法用工收益，难以形成有力制约。其次，《劳动保障监察条例》没有赋予劳动监察人员查封、扣押等强制措施，致使劳动保障监察缺少强制手段。当用人单位不履行或者怠于履行相应责任时，只能申请法院强制执行。但申请法院强制执行往往需要经过复杂的法定程序和较为漫长的过程，这就为用人单位转移财产、逃避法律责任提供了可能，造成事实上的执行难。根据《中国劳动统计年鉴 2017》的数据显示，在 2016 年全国各级劳动保障监察机构查处的 322618 件违反劳动保障案件中，作出责令限期改正决定的案件共 177183 件，行政处理决定的案件共 9276 件，行政处罚决定的案件 10830 件。[①] 可见，我国的劳动保障监察偏向于奉行纠正原则，即强调在不处以罚款的情况下纠正违法行为，即使施加处罚也是轻微的。因为劳动违法的成本低，监察程序对于改变雇主的行为成效往往不显著。

三是执法力量仍然薄弱。1993 年，劳动部颁布《劳动监察规定》，标志着我国劳动监察制度正式建立。1994 年，中央编办、劳动部发出《关于建立劳动监察机构配置劳动监察和劳动争议处理人员编制意见的通知》后，我国劳动保障监察机构和队伍逐步建立起来。但目前，我国劳动保障监察执法力量仍显薄弱，监察队伍的数量和质量难以满足不断增加的维权需要，主要体现在编制和人员数量少、队伍专业素质有待提高、经费保障不足等方面。2016 年，我国专职劳动保障监察员仅有 2.6 万名，另有兼职劳动保障监察员 3 万名（见表 15–1）。同年我国第二、三产业就业人员达到 5.6 亿人，专职劳动保障监察员与劳动者数量的大约比例为 1∶215000（即使算上兼职人员比例仍不过 1∶10000），而世界通

① 国家统计局人口就业统计司，人力资源和社会保障部规划财务司 . 中国劳动统计年鉴 2017［M］. 北京：中国统计出版社，2017.

行的专职劳动保障监察员与劳动者数量的比例是 1：8000。一些县级劳动保障监察机构不仅监察员数量少，有的还身兼数职，由于监察员必须 2 人以上共同执法，现场监察难以及时到位。

表 15-1　1995—2016 年劳动保障监察的机构和队伍建设情况

年份	全国共建立劳动保障监察机构个数（单位：个）	机构组建率	全国共配备劳动保障监察员人数（单位：个）	全国专职劳动保障监察员人数（单位：个）
1995	2829	86.6%	18200	——
1996	2998	95.8%	24194	10344
1997	3301	——	32310	——
1998	3330	98.3%	34000	——
1999	3091	——	40000	——
2000	3152	——	41063	——
2001	3174	——	40000	——
2002	3196	——	37000	17000
2003	3223	——	43000	19000
2004	3277	96.5%	——	19000
2005	3201	94.8%	——	20000
2006	3201	94.5%	——	22000
2007	3271	94.2%	——	22000
2008	3291	94.7%	——	23000
2009	3291	——	——	23000
2010	3291	——	——	23000

续表

年份	全国共建立劳动保障监察机构个数（单位：个）	机构组建率	全国共配备劳动保障监察员人数（单位：个）	全国专职劳动保障监察员人数（单位：个）
2011	3291	——	——	25000
2012	3291	——	——	25000
2013	3291	——	——	25000
2016	4725	98.0%	56000	26000

数据来源：历年《劳动事业发展统计公报》《劳动和社会保障事业发展统计公报》《人力资源和社会保障事业发展统计公报》。

（二）劳动保障监察制度的完善思路

一是适时出台《劳动保障监察法》。1994 年 8 月，劳动部曾发布《关于贯彻实施〈劳动法〉的意见》，提出要使《劳动法》规定的各项基本原则得到很好的贯彻执行，还必须制定与之配套的《劳动保障监察法》等九个单行法律和法规，形成完善的劳动法律体系。但时至今日，劳动保障监察法的立法进程仍未启动。适时将行政法规升格为法律，不仅是一个形式变更的问题，更重要的是通过形式变更使劳动法律体系更加完备和合理，同时为劳动法律的实施创造更有利的制度环境，提供更有效的制度保障。

二是适度调整处罚力度，适度赋予劳动保障监察机构行政强制权。相较于西方主要市场经济国家，我国的《劳动保障监察条例》对于用人单位劳动违法的处罚太过于“心慈手软”，难以形成有效震慑。为此，应进一步完善相关立法。一方面，修改法律责任的规定，适度提高对违法行为行政处罚标准；另一方面，对主观违法恶性较大、造成负面后果较为严重的用工单位，增加责令停产停业和提请吊销营业执照的行政处罚，以加大对严重侵犯劳动者权益行为的处罚力度。为了保证劳动保障监察机构所实施的行政处罚、行政处理行为能够顺利有效落实，在对欠缴社会保险费事项享有强制划拨、强制扣缴等行政强制执行措施的基础上，应探索适度扩大能够依法采取行政强制执行措施的事项及行政强制措施种类。例如，对严重拖欠劳动者工资且有逃匿可能的行为，规定劳动保障监察机构有权查封扣押资产、冻结银行账户，以防止用人单位转移资产逃避执行；对不履行劳动保障监察处理决定的，劳动保障监察机构有权强制执行资产，以提高维权效率。

三是加强劳动保障监察队伍建设。劳动保障监察队伍是劳动保障监察工作的具体实施者，他们的组织状况及履行工作职责的制度化和规范化，从根本上决定了劳动保障监察工作的广度、力度和质量。加强劳动保障监察队伍建设，要按照“机构标准化、队伍专业化、执法规范化”的要求，规范劳动保障监察机构设置，适当增加人员编制，保障经费支持，加强在岗人员培训，增加专职劳动保障监察员数量，切实解决劳动保障监察执法力量不足的问题。

参考文献

［1］习近平．习近平谈治国理政［M］．北京：外文出版社，2014.

［2］习近平．习近平谈治国理政（第二卷）［M］．北京：外文出版社，2017.

［3］习近平．习近平谈治国理政（第三卷）［M］．北京：外文出版社，2020.

［4］习近平．习近平谈治国理政（第四卷）［M］．北京：外文出版社，2022.

［5］黎征，陈骥．全面深化改革中的工会和工会的改革：工会十一大文件辅导讲话［M］．北京：工人出版社，1988.

［6］邓力群．中华人民共和国国史百科全书（1949－1999）［M］．北京：中国大百科全书出版社，1999.

［7］梁书文，回沪明．劳动法及配套规定新释新解（中）［M］．北京：人民法院出版社，2001.

［8］张厚义，明立志，梁传运．中国私营企业发展报告 No.3（2001）［M］．北京：社会科学文献出版社，2002.

［9］程连升．中国反失业政策研究（1950—2000）［M］．北

京：社会科学文献出版社，2002.

［10］王永玺，何布峰，曹延平．简明中国工会史（1925—2005）［M］．北京：中国工人出版社，2005.

［11］本书编辑组．中国职工状况调查报告（1978—2018）［M］．北京：中国工人出版社，2018.

［12］人力资源社会保障部教材办公室．沧桑巨变：中国技工教育成就发展历程［M］．北京：中国劳动社会保障出版社，2018.

［13］杨伟国，吴清军，张建国，等．中国灵活用工发展报告（2022）［M］．北京：社会科学文献出版社，2022.

［14］李文德．新中国的劳动保险事业［J］．中国劳动，1959（19）.

［15］乔健．略论我国劳动关系的转型及当前特征［J］．中国劳动关系学院学报，2007（02）.

［16］徐川府．有计划地改善劳动条件——回顾“一五”期间的职业安全卫生工作［J］．现代职业安全 2007（04）.

［17］改革开放中不断奋进的中国工会［J］．工运研究，2009（01）.

［18］郑秉文，于环，高庆波．新中国60年社会保障制度回顾［J］．当代中国史研究，2010（02）.

［19］胡鞍钢，马伟．现代中国经济社会转型：从二元结构到四元结构（1949—2009）［J］．清华大学学报（哲学社会科学版），2012（01）.

［20］辜胜阻，韩龙艳．中国民营经济发展进入新的历史阶段

[J]. 求是，2017（07）.

[21] 杨志明. 新生代农民工就业创业的“四新”变化与对策建议——基于“百企万人”的调查分析[J]. 中国劳动，2019（07）.

[22] 孙瑜香，李天国. 新中国成立70年我国劳动人事争议处理制度的演变、成就与经验[J]. 中国劳动，2019（10）.

[23] 姜颖、沈建峰. 论企业民主管理的正当性基础[J]. 中国人力资源开发，2019（10）.

[24] 徐艳，陈玉杰. 新中国职业技能培训70年：历程、经验与趋势[J]. 中国劳动，2019（11）.

[25] 曹晔. 我国技工学校发展历程和成就[J]. 职教发展研究，2020（03）.

[26] 张车伟，赵文. 国民收入分配形势分析及建议[J]. 经济学动态，2020（06）.

[27] 杨志明. 新业态劳动用工的发展趋势[J]. 中国人力资源社会保障，2021（04）.

[28] 林嘉. 论我国劳动法的法典化[J]. 浙江社会科学，2021（12）.

后　记

本书的构思和写作意向是在2020年提出的。作为全国总工会中国工运研究所的一名研究人员，本人十分关注中国劳动关系研究的进展情况，目前关于新中国成立以来劳动关系演变发展的贯穿式梳理还不多，已有的成果大都是对中国劳动关系发展的阶段性解读或某一方面问题的研究。鉴于此，本人于2020年向中国工运研究所提出了开展当代中国劳动关系发展研究的计划并得到支持，列入2021年中国工运研究所年度课题计划，本书正是以此为基础编撰而成的。

努力构建中国特色和谐劳动关系，是坚持中国特色社会主义道路、贯彻中国特色社会主义理论体系、完善中国特色社会主义制度的重要组成部分，其政治、经济和社会意义十分重大而深远。当前，我国正处于经济社会转型时期，劳动关系矛盾复杂，构建和谐劳动关系的任务非常艰巨。在此背景下，系统梳理当代中国劳动关系发展历程，研究和解释中国特色劳动关系的正当性和合理性，针对存在的问题分析构建中国特色和谐劳动关系的思路，具有很大的现实意义，也是十分必要的。中国工运研究所始终重视劳动关系问题研究，多年来持续开展相关课题研究和职工权益状况调查，形成了十分丰富的研究成果，为撰写本书打下了基础。

本书分为四部分共十六章，一是总论，二是劳动关系主体，三是劳动者基本权益的实现状况，第四部分是劳动关系调整机制。全书从劳动关系的各个侧面分章节对当代中国劳动关系的发展概况进行了梳理。从章节来看，聚焦劳动关系某个方面的内容，研究其发展历史、发展特点，做出回顾与展望。从时间线来看，本书把当代中国劳动关系发展主要分为改革开放前、改革开放后和新时代三个历史时期，每个时期又分不同阶段进行研究。

作为本书的作者，在此向为本书完成作出贡献的朋友表示衷心感谢。首先，感谢中国工运研究所所长徐璐，本书是在她的指导下完成的。其次，感谢中国工运研究所劳动经济研究室的同事，他们在本书编写过程中给予了大力帮助。最后，必须感谢中国工人出版社对本书的出版给予了大力支持。在此一并深表感谢！

当代中国劳动关系研究的成果十分丰富，本书正是在前人研究的基础上开展的。囿于水平和视角所限，本书编撰工作中难免存在诸多不足之处，望阅者不吝赐教。感谢长期以来社会各界对工会工作的关注和支持，希望未来能进一步加强交流与合作，共同书写中国劳动关系研究的新篇章。

袁朝辉

2023 年 7 月

图书在版编目（CIP）数据

当代中国劳动关系发展研究 / 袁朝辉著. —北京：中国工人出版社，2023.7
ISBN 978-7-5008-7867-4

Ⅰ. ①当…　Ⅱ. ①袁…　Ⅲ. ①劳动关系—研究—中国　Ⅳ. ①F249.26

中国国家版本馆CIP数据核字（2023）第119772号

当代中国劳动关系发展研究

出 版 人	董　宽
责任编辑	罗荣波　王晨轩
责任校对	张　彦
责任印制	栾征宇
出版发行	中国工人出版社
地　　址	北京市东城区鼓楼外大街45号　邮编　100120
网　　址	http://www.wp-china.com
电　　话	（010）62005043（总编室） （010）62005039（印制管理中心） （010）62382916（工会与劳动关系分社）
发行热线	（010）82029051　62383056
经　　销	各地书店
印　　刷	三河市国英印务有限公司
开　　本	880毫米×1230毫米　1/32
印　　张	10.25
字　　数	300千字
版　　次	2023年8月第1版　2023年8月第1次印刷
定　　价	58.00元
